JN116802

血のつながりと家族のかたち

わたしたちが血縁を意識するとき

久保原 大
Masaru Kubohara

晃洋書房

はじめに

近代日本の「家」制度のもとでは、家督の継承が最重要事項であり、家族形成における血縁はそれほど重視されていなかった。しかし、近年のDNA研究の進展や生殖補助医療技術の発展にともない、人びとの血縁に対する意識が高まっている観がある。特に生殖補助医療の現場では、以前では子どもを持つことが叶わなかった人たちに、自分（たち）の遺伝子を引き継ぐ子どもを持つことの可能性がひろがり、日本全国でおよそ四七万人[1]が不妊治療を受けているという。単に子どもを持ちたいということであれば、高額な不妊治療よりも特別養子縁組のほうが経済的な負担は少ない。しかし、現代の日本では特別養子縁組は最後の選択肢となるか、それよりは子どもを持たない人生を選択するというケースも多い。その背景には、血縁に対するこだわりがうかがえる。そしてその特別養子縁組においては、子どもと実親の法的親子関係が解消され、養親とのあいだに実子と同様の法的親子関係が構築される。通常親が離婚しても、親権を持たない実親と子どもの親子関係は解消されることはないが、特別養子縁組においては、実親との関係がなくなるのである。

そして、生殖補助医療は、性行為をともなわない妊娠・出産を可能にし、女性が自分と血縁のない子どもを産むことをも可能にした。そのことが代理出産というシステムを生み、代理出産がビジネスとして成り立つようになった。代理出産については、国によって禁止されているところもあり、それを求める人たちが他国の商業的代理出産の利用を求めてツーリズムを展開するまでに至っている。そして、その代理出産においても、依頼者のカップル双方もしくは、一方の血縁（遺伝的つながり）のある子どもを持つことが目的とされている。しかし、代理出産では、複数の父親または母親が存在することになる。代理出産により生まれた子どもたちは、その事実にどのように向き合い、自身のアイデンティティを形成するのだろうか。また、代理出産には子どもの引き取り拒否の問題や、人身売買などのリスクもある。近年、日本人男性[2]がタイで代理出産を利用し、十数人の子どもを産ませたことも明らかになり、さまざまな課題があるにもかかわらず、対策が実態にともなっていない。

さらに、近年AID[3]によって生まれた人たちによる手記などが出版され、AIDへの問題提起をしている。精子提供者が匿名で行われてきたAIDは、AIDで生まれた人たちのアイデンティティの揺らぎや、そのことを秘匿していた親に対する不信感をもたらし、親子関係におけるトラブルの要因となっている。

そして、離婚の増加にともなう再婚の増加によって、現在では婚姻の四組に一組が再婚であり、ステップファミリーも増加している。ステップファミリーは、どちらか（もしくは両方）の親に非血縁関係にある子どもがあり、血縁親子関係と非血縁親子関係が混在する。このような親子、きょうだい間における血縁／非血縁関係において、血縁に対するこだわりはステップファミリーの成員の関係形成に影響を及ぼすのではないだろうか。

そのような状況の一方で、社会的養護のもとで生活する子どもたちの中には、血縁者である実親から切り離されて生活している人たちがいる。通常、親には自分の子どもを養育することが期待されているが、さまざまな理由でそれが果たされないケースがある。特に、近年の児童の入所理由の多くは虐待によるものであり、その後の家庭復帰が難しいケースもある。相談対応件数が増加する一方である子ども虐待においては、虐待者の多くが実親である。なぜ血縁のある自分の子どもを虐待してしまうのだろうか。さらに、虐待には、実親だけでなく継（養）親や、実親の非血縁パートナーが関与しているケースもある。このようなケースでは、子どもと血縁がないことが影響しているのではないだろうか。

このように、技術の進歩や社会状況の変化によって、家族の多様化がひろがり、家族に対する人びとの意識も変化してきていると思われる。しかし、ステップファミリーの増加や特別養子縁組に見られるように、親子関係における血縁からの距離化が図られている一方で、生殖補助医療の現場では血縁に対するこだわりが見られる。この相反するような血縁に対する意識のひろがりは、今後の家族観にさまざまな問題を提起するだろう。親子関係における血縁が当たり前ではなくなりつつある現代社会において、親子にとって血縁とはなにかを問う必要があるのではないか。

これまで家族社会学では、「家」制度において血縁がどのように扱われてきたか、里親、養子縁組、ステップファミリーにおいて血縁がどのように克服されるか、などの研究は見られたが、血縁に対する意識そのものについては対象とされてこなかったように思われる。

そこで本書では、多様な家族関係における、親子の血縁と血縁に対する意識、そしてアイデンティティのかかわりを血縁／非血縁親子関係から検討することにより、親子関係を再考するための新たな視座を提供することを目的とする。

注

（1）厚生労働省「不妊治療の患者数・治療の種類等について」（http://www.mhlw.go.jp/shingi/2006/10/s1018-7h04.html　2015/09/13 取得）。

（2）「タイで二〇一四年、日本人男性が代理出産で多数の子どもをもうけていたことが明らかになった問題で、バンコクの裁判所は二〇日、タイ政府の保護下にある子ども一三人を引き渡すよう求めた男性の訴えを認めた。男性側弁護士が明らかにした。代理出産ビジネスが盛んだったタイで一四年、男性が産ませた乳児一三人が保護された。男性は刑事責任を追及されておらず、今回の民事裁判の勝訴で子どもの親権を実質的に手に入れた。だが代理出産で多数の子どもをもうけるという例を見ない行為に対する倫理面の問題は残ったままだ」（共同通信社ホームページ、二〇一八年二月二二日取得、https://this.kiji.is/338530651261207649）。

（3） 提供精子による非配偶者間人工授精（Artificial Insemination with Donor's Semen）の略。

目次

第1章 問題の所在――家族の変遷と新たな問題

本章では、まず近代における家族構成と家族観の変遷について概観し、家族における血縁がどのように捉えられ、扱われてきたかをこれまでの文献および研究から検証する。ただし、家族の定義については、さまざまな議論[1]があることと、本書の主旨ではないため論述しない。また、家族史の分析が目的ではなく、親子関係と血縁にかかわる議論をすることが目的であるため、血縁に関連する研究を概観することにとどめる。

次に、近代家族の親子関係と家族にかかわる問題について概観し、血縁に対する意識に影響を与えていると思われる科学技術の進展についても概観する。そして、いまなぜ血縁に着目するべきなのかを、家族に起因する問題や生物科学の進展がもたらした新たな問題から提示する。

1 家族構成と家族観の変遷

本節では、前近代家族から近代への家族構成と家族観の変遷を示す。

近代日本の「家」[2]制度は、家督の継承を目的としていたため、家族における血縁はそれほど重要視されていなかった。しかしながら、「家」制度が廃止（一九四七）されてからも、戦後の経済成長と人口増加の過程において家父長制が姿を消すことはなく、長男が家を継ぐことが一般的であり、離婚もタブー視されていた。その後、社会状況の変化、出生率の低下や離婚、再婚の増加などもあり、家族に対する意識の変化の兆しが見られるようになった。

Philippe Aries（1960=1980）によれば、家族意識が中世には認識されておらず、一五世紀から一八世紀にかけて、発生し、発達したという。また、かつて子どもは「小さな大人」として認知され、中世、近世初頭には七歳くらいになるとすぐ大人たちと一緒にされており、「子供期」として大人と区別されるようになったのは一六世紀の上流階級からであり、一八世紀にかけてあらゆる階層に広まった（Aries 1960=1980）。

また、柏木恵子は、以下のように述べている。

> アナール派家族史研究の成果のひとつは、かつては夫婦間、親子間の感情がきわめて淡泊なものであり、家族は必ずしも深い愛情で結ばれていたものではないことを明らかにしたことである。今日、家族といえば他の人間関係とは比類もない強い愛情で結ばれた集団だと思い、それはいつの世も変わらぬ家族固有の特質と考えられてさえいる。しかし、歴史に照らしてみれば、それは決して普遍的なものではないのである。（柏木 二〇〇三：三五 - 四）

つまり、現在認識されている「家族」というものは、それほど古いものではなく、かつ普遍的なものでもないということである。

（1）前近代家族

西田知己は、「血のつながり（血筋・血縁・血統）[3]」という発想が国内に普及したのは一見したところ古そうで実は思いのほか新しく、江戸時代に入ってからやっと世の中に広まり始めた」（西田 二〇〇二：一）という。それは、「室町以前の社会は今と違って、不吉で不浄な血という印象が先立っていた」（西田 二〇〇二：一一三）からだと指摘している。そして、「末葉」「苗裔」のように「植物の生成と人間の世代交代を重ね合わせた表現は、血という動物的な素材が普及する室町以前には大きな比重で活用されていた」（西田 二〇〇二：二二）という。また西田は、「血筋・血縁・血統」の中でも「血縁」は定着がもっとも遅れた一語であるとして、以下のように述べている。

ただし、そういう江戸時代的な「縁」が形成されてから即座に「血縁」が普及したわけではなかった。意図的な「縁切り」が語られるようになってからもなお「縁」と「血筋」との間には容易に折り合いのつけにくい溝が横たわっていたのである。結果的にみると、江戸時代に量産された数ある血筋関連の新語の中にあって「血縁」は定着がもっとも遅れた一語だった。逆にいえば「血」と「縁」の接合は、江戸社会に「血」のつながりという意識が深く根ざしたことを如実に物語る出来事だった。（西田 二〇〇二：一一一）

そしてその結果、江戸時代の人びとに「遠い祖先に対する肉親のような親近感が増した」（西田 二〇〇二：一三七）、「血のつながった親子という事実だけで尊重に値すると受けとめられやすくなった」（西田 二〇〇二：一三七）という意識上の変化をもたらしたという。このような認識の変化がその後の家族観に影響したことがうかがえる。

北村達は、前近代家族を直系家族に傍系家族を含むものとし、その特性を、①血統継続の原則が支配する、②家族個人よりも家族そのものが尊重される、③家族共同体の中心として権力者が存在する、④親子関係が基本とされる、⑤家族は非合理的愛情によって結合されている、としている（北村 一九五五：一〇 - 一二)。

北村は、①について以下のように述べている。

前近代家族では常に血統の者による「家」の継続を要求し、血統の者のみが祖先の祭りを伝承出来、家産の承継者となり、抽象的家継承の資格者である。従つて婚姻は必ず子供を作る事を目的とし、不幸にして子供のない時は妻が離婚させられる事もあつた。又養子は自然から拒まれた血統を法によつて擬制して家を継承する為である。家族は無限に連続する一本の管の様なもので、此の管の中で、人間が生れ、生活し、死んでいく。個人に交替はあつても、管たる家そのものは不変とされている。(北村 一九五五：一〇 - 一一)

ここでは、血統が重視されているが、血統による継承ができない時には、血統を法によって擬制し、養子による家の継承がなされ、血統よりも家の継承のほうが優先されていたことがわかる。また、子どもができない時には妻が離婚させられることもあったことから、男性側の不妊の可能性が問われず、女性側の問題とされていたと推測される。そこには、③の家長という絶対的な権力者としての地位もかかわっていたと思われる。

④の親子関係においては、「家の無限継承が第一の目標とされるので、自然親子の縦の関係が夫婦の横の関係より重んぜられる」(北村 一九五五：一二) といい、現代の家族における親子の親密性とは違うものであることがわかる。また、「親は子を献身的に保護養育する対価として、子は親を扶養すべき事を強制的に義務づけられている」(北村 一九五五：一二) とされ、愛情などの情緒的なつながりではなく、義務としての扶養があり、個人の選択の余地がなかったことがうかがえる。

（2）「家」制度

岩本通弥は、イエとは一般的にイメージされるのは「明治民法（一九八九）で法的根拠が与えられた、家長に強大な権限を認めた戸主権と長男子優位の家督相続を基軸とした、家父長制的な戦前のイエ」（岩本 二〇〇二：一五五）であり、「通常これは家制度と称されるが、すべての国民は天皇の赤子とされていたように、国家もイエの拡張と見做し、家長を媒介に天皇制とを擬制的に結びつけた、いわゆる家族国家観と呼ばれるイデオロギー装置でもあった」（岩本 二〇〇二：一五五）と述べている。

岩本は、日本の「家」制度の特徴として、中国や韓国の親族体系とは異なり、父系出自（血縁）原理が貫徹していないこと、イエや同族になぜ非血縁者も含まれうるのかなどを指摘している（岩本 二〇〇二：一五八‐九）。さらに、養子においても、「非血縁の者より血縁のある者を好む傾向はあるが、それが絶対的な条件とはならない」（岩本 二〇〇二：一五九‐六〇）と述べている。

養子について有賀喜左衛門は、「その子が家長の親類であるかどうか、また、同姓であるかどうかなどは問題ではなかったが、その子は、必ず家長の家と、同じぐらいの社会的地位の家からもらわなければならなかった」（有賀 二〇〇一：一九二）と養子の社会的地位について指摘している。

また西欧においては、「自然法とキリスト教の教えに反する」とされ、第一次大戦前には非血縁者を養子にすることは、原則的に許されなかったという（岩本 二〇〇二：一六〇）。

したがって、「日本のイエは構造的に血縁に対する拘りが弱く、イエの連続性において、相続者間の生物学的な血縁の連続性よりも、相続者を確保するということ自体を重視すると説かれてきた」（岩本 二〇〇二：一六〇）と述べている。また有賀も「家の系譜の本質は、たとえそれが親族関係の人々によって継がれる場合が多いとしても、血縁による個人間の親族関係を意味するのではないことを結論することができる」（有賀 二〇〇一：一九二）という。

しかし、今日の日本ではその状況も変化し、「西欧では第一次大戦で大量発生した孤児救済策として、子の福祉のための養子・里子という近代養子制度が整備されるとともに、ステップファミリーの増加など、新たな家族形態の多様化のなかで、親子関係はより血縁外に開かれつつあるのに対し、日本ではむしろ逆にオヤコは『血縁』に収斂されていく動きが見出せる」（岩本 二〇〇二：一六二）という。

（3）近代家族

では、その「家」制度の廃止と社会の近代化によって生まれたとされる近代家族とは、どのような家族なのだろうか。

落合恵美子は、歴史社会学の見地から近代家族の特徴を、①家内領域と公共領域との分離、②家族構成員相互の強い情緒的関係、③子ども中心主義、④男は公共領域・女は家内領域という性別分業、⑤家族の集団性の強化、⑥社交の衰退とプライバシーの成立、⑦非親族の排除、（⑧核家族）[4]、としている（落合 二〇〇四：一〇三）。そして、現代において近代家族を論じるときには、この落合の議論が引用されることが多い。ただし落合は、近代家族を定義しているわけではない。

千田有紀は、落合の議論に加えて西川祐子（一九九一）や山田昌弘（一九九四）の議論を分析している（千田 二〇一一：一一‐一五）。ここでは、近代家族の定義についての議論はしないが、これらの特徴の中から、本書と関連のある、子どもを持つことについて見てみる。

落合は、子どもの数が減った、あるいは画一化した理由として、農業社会において「生産財」であった子どもが、サラリーマン社会において「消費財」になったというように、「子どもの価値」が変わったことを指摘している（落合 二〇〇四：六〇）。また、「子どもが大切な存在になり、育てるコストが増大したからこそ、こどもは二、三人に制限されるようになった」（落合 二〇〇四：六四）と述べている。さらに、結婚して子どもを持つことが当たり前ではなくなった社会において、「人はなぜ子どもを産むのか」という問いが、これからの時代に大きな謎とならざるをえないことを指摘している（落合 二〇〇四：一九五‐六）。

千田は、前近代社会ではとるに足らない存在であった「子ども」が、労働力から慈しみの対象となっていく、と述べている（千田 二〇一一：四〇）。

（4）現代の家族観

下夷美幸は、「民法（家族法）と戸籍法が一体的に運用される仕組みのもと、事実上、親族単位の戸籍が日本社会における家族のあるべき姿を作り上げてきた」（下夷 二〇一九：一八）ことが、「現代の家族の問題にも通底しているのではないか」（下夷 二〇一九：一八）と述べている。そして、「婚姻家族」規範[5]が「ひとり親家族やステップファミリー（子連れ再婚家族）など、『婚姻家族』とは異なる構成の家族に生きづらさをもたらしてきたのではないか」（下夷 二〇一九：一八）と指摘している。さらに下夷は、新聞の「身の上相談」欄に掲載された、戸籍にまつわる悩み事を分析しており、そこには「戸籍＝家族」観念[6]があると述べている（下夷 二〇一九：一二五‐一二三）。

このように、戸籍制度が温存されている現代社会においては、個人化が進んでいるとはいえ、さまざまな制度や構造が家族を基準としたものとなっている。

しかし今では、皆婚規範が崩れ、未婚者の増加により、結婚して子どもを持つことが当たり前の社会ではなくなりつつある。未婚化・晩婚化にともなう少子化が問題とされているが、少子化の問題は、年金などの社会システムの持続に影響することが問題であり、少子化そのものの問題ではない。

日本では非嫡出子に対する偏見や法制度における差別待遇があったことなどもあり、事実婚を継続するのではなく、妊娠を契機に法的に結婚する妊娠先行型結婚が増加している。そして、10代の妊娠先行型結婚における離婚率はきわめて高い[7]。

離婚の増加による再婚の増加から、ステップファミリーも増加傾向にある。後述するが、ステップファミリーの社会的認知度は低く、ステップファミリーに関する研究も日本では始まったばかりである。ステップファミリーにおいては、子どもとどちらかの親に血縁関係がなく、親子における血縁関係が当たり前のものではなくなりつつある。

そして、生殖補助医療においては、技術の進展により、これまでにはなかった方法で家族が形成されており、そこには、明らかな血縁を重視する傾向が見られる。また、新型出生前診断（NIPT）[8]の登場により、その利用者が増加し、異常が確定した人の九四％が[9]人工妊娠中絶を選択するという事態に至っている。

さらに、子ども虐待の急増からも、親子の関係性に変化が見られるようになった。背景はさまざまであるが、子どもの養育における環境的要因が多くあげられている。

このように、家族観は、社会状況に大きく影響を受けており、社会状況の変化にともない、これからも変わり続けることが予測される。

2　親子の紐帯

社会学において、家族は集団の最小構成単位のひとつとされている。その家族を構成する親子は、どのようにして信頼関係を構築するのだろうか。

佐々木陽子は、以下のように述べている。

我々をとりまくあらゆる関係が原理的には解体可能とみなしうる中で、血縁の解体不可能性は関係の絶対性・安定性・具体性・可視性に連結する。つまり、宿命としての血縁の絶対性は、あらゆる人間関係が所詮解体可能なものにすぎないとのニヒリズムの深淵に陥る危機から我々を救い出してくれるだけではない。宿命としての血縁の絶対性は、個体としての個人の生命が死をもって終息し、この意味で有限でありながら、時間が我々の死後も流れ永遠を刻むことに戦慄する人間存在の有限性への恐怖からも我々を救出しうる可能性をも孕んでいる。すなわち、有限な時間を生きる個人の生命は、その血をこの世に残し伝えることで時間を生き延びていくと解釈する時間論にも血縁原理は連結しうるのである。（佐々木 二〇〇七：二四－五）

このように、血縁は「切っても切れないつながり」として解釈されることもある。そしてそのことが親子の紐帯の根拠として捉えられる要因となるのではないだろうか。また、生まれた子どもの多くは、家庭の中で、特に母親のケアによって育てられる。北村がいうように、「母子間では、母は既に妊娠中の胎児に愛を向け、出産後長期に亘って授乳、保育が行われて、子は自分の分身として我子意識が強く発生し、母として生きる喜びを感ずるであろう」（北村 一九五五：五三）とするならば、一般的に母親は、自分で産んだことにより、その子が自分と血のつながりを持つことを確信していると考えられる。それゆえ、幼少期の子どもと母親との間に強い紐帯があるといわれている。母親は、自分の子であるという確信によって、その子を育てるという責任を受け入れる、または受け入れなければならないと考えるのだろうか。

けれども、親子の紐帯は、血縁関係よりも生活時間や経験を共有したことによって形成されているのではないだろうか。それは、母親にとっては自分で産んだという事実があるが、子どもにとっては血縁関係を認識することができないからである。性別役割分業への批判が高まってはいるが、依然として母親の育児負担率が高い状況では、子どもにとっても母親が一緒にいる時間が最も長く、依存する存在となる。母親に虐待された子どもが、自分に非があると思いこみ(10)、虐待する母親をかばうような言動を示すのも、依存関係が生んだその紐帯によるものといえるのではないだろうか。

そこで、まず人類学において、親子の絆がどのように捉えられているかを見てみる。

(1) 人類学における親子の紐帯

① 血のつながった親子関係

清水昭俊は、「血縁」のような表現を、「日常の生活でごくありふれたものであり、日常語としての自明性におおわれていて、こうした言葉を用いるときに、家族・親族関係と血・肉・骨との関連をつきつめて考えることなどは、まずないといってよい」(清水 一九八九：四五)という。清水がいうように、一般的な思考としての「血のつながった」親子の関係とは、学校教育などを通して人びとの常識に組み込まれた、生殖過程についての科学的思考であるといえるだろう(清水 一九八九：四六)。

一般的に使われる「血をわけた」という親子関係における表現は、実際には同じ血が流れているわけではなく、関係性の密度を強調するための比喩表現であるといえる。「血をわけた」という表現は、親子関係における遺伝子の共有率が生物学的な父対母において完全に一：一であることが解明される以前からも使われており、さらに、遺伝的なつながりがあっても、同じ血液が流れているわけではない。これについて清水は、人びとは常識として親子といえども血液が同じではないという科学的事実を知っているが、これらの科学的知識は、親子・キョウダイ(ママ)のあいだの「血」の共有の観念と共存していて、この二種類の観念が互いに矛盾するものとは考えていないという(清水 一九八九：四七)。

こうした遺伝子分野などにおける科学的解明がなされる以前の社会においては、本当に「血（液）」をわけていると考えられていたのかもしれない。「血縁」という表現はまさにそれをあらわしているとも考えられる。そこへ、「遺伝的なつながり」という表現が入ってきたことにより、「血縁＝遺伝的なつながり」というように解釈されるようになったのではないだろうか。

②「夫＝父」とは誰か

一部のアフリカの伝統社会においては、「女性婚」[11]があるが、同性愛の要素はまったくなく、妻は公認の男との間で生殖を行うが、妻をめとった女性は、妻に対しては「夫」、妻の生む子どもに対しては、「父」となり、通常は男性に限られる「夫」や「父」の位置を、女性が占めるという（清水 一九八九：四八）。また、ヌア人の「冥婚」[12]などもあり、ここでは親子関係において、父親との血縁（生物学的つながり）は重視されていない。

つまり、「女性婚」や一妻多夫婚のような婚姻制度のもとでは、妻との性的関係、子どもとの生殖の関係が、社会的父であるための不可欠な条件とはされていない（清水 一九八九：五二）。

しかし、このような状況は、政治的、文化的な影響を強く受けており、単純に私たちの現代社会と比較することはできない。日本でも、「家」制度に見られるように、家督の継承のほうが血縁よりも重視されていたこともある。制度や知識が観念に大きな変化をもたらすことはよくあることである。それぞれの社会が、伝統や文明に対してどのようなスタンスをとるかということが、家族や親子関係における観念にも大きく影響するのである。

また、現代日本社会においても、子どもの父親は、婚姻中の懐胎であれば推定[13]によるものであり、嫡出でなければ認知によるものである。[14]代理出産を除けば、産んだ女性が子どもの生物学的母親であるが、父親は、ＤＮＡ鑑定が可能な状況であっても、ＤＮＡ鑑定によるものではなく、法制度に基づく。後述するが、そのことによって、生物学的父親が明らかに違うとわかっていても、婚姻関係にあった場合は、その夫が父親となるのである。このような状況は、技術や実態が先行し、制度がそれにともなっていないことによって生まれている。

葛野浩昭は、親子関係の中でも主に父子関係に焦点を当てて、多様な諸民族社会における親子関係の考え方・実践について考察し、以下のように述べている。

もし、「《血》の繋がり」という観念を生物的原理へと近寄せ、親子関係の基盤をこの生物的原理にばかりに求めようとするなら、そのことは親子関係や家族関係を自己完結的で非・社会的な世界へと孤立させることに繋がりかねない。そして、そのことは、親子関係の取り結び方が持っているはずの「多様な可能性」の道を自らが閉ざすことになりはしないだろうか。（藤崎編 二〇〇〇：一二九‐一三〇）

家族の多様化という観点からみれば、親子関係における血縁を重視することは、良好な非血縁親子関係の形成において問題となるかもしれない。しかしながら、現時点においては、人は必ず生物学上の父親と母親を持ち、そしてそのことが個人のアイデンティティ形成に影響していることを考えれば、血縁を排除することはできないだろう。だからといって、親子関係の基盤を血縁に求める必要もない。つまり、生物学的親子関係と社会学的親子関係を分離せずにバランスを保つことが重要となる。

（２）社会学における親子の紐帯

①　母性イデオロギー

戸田貞三は、以下のように述べている。

　母が子に対する関係は自分の子に対して限りなき愛着心を持つことによって成る関係である。母は他の何ものにも換え難きものとして無条件にその子に無限の執着を感ずる。その子が何をなすや否や、その子が他の者よりも優れた行為をするや否や、外部より賞揚せられるや否や、または隣人の子供らがその子よりも優れたる者なりや否や、すべてかくのごときことは母子の愛情関係の成立になんら重要なる条件となるものではない。もちろん自分の子が優れた者であり、外部より賞讃を受ける場合には、母は自分が優れた者と認められ、外部から賞讃を受けたかのごとく感じて子に対する愛着の念を強めるであろう。しかし反対に他のすべての人々が自分の子を非難し、その子を劣弱なる者と認めるような場合においても、母のみは最期まで真にその子の同情者となり、公平なる第三者としてみるならば、いかにしてもその子の劣弱を否定し得ない場合においても、母一人はその子の擁護者となり、そのために自己を犠牲にすることすら禁じない。（戸田一九八二：九一）

以上は、まさに母性というものであろう。

田間泰子は、「フェミニズムの立場からすると、母性は社会的歴史的につくられてきたジェンダーにほかならず、多様で可変的なもので……それぞれの社会で一つの制度として成立しており、女性たちは望ましい母性の実現に自分から進んで向かうように、また母性から逸脱してしまわないように統制されている」（田間二〇〇一：ii）と述べている。

田間は、戦後日本社会における母性に対して、三つの基本的な視点を持っており、「第一に母性は近代的ジェンダーの重要な構成要素である、つまり〈母親とはわが子を母性愛をもって産み育てるものだ〉ということは近代化過程で抑圧された他者として構築された表象だとする視点である」（田間二〇〇一：四－五）という。そして、「第二に、近代的な母親（と同時に母性愛）の成立には『子ども』という存在が必要不可欠である、という視点」（田間二〇〇一：五）であり、「第三に、上述のような関係性は、家族のあり方やその他さまざまな社会的価値規範と無関係には存立し得ず、その関連が今こそ考察されなければならない」（田間二〇〇一：六）と述べている。

田間は、「母性はジェンダーのなかでも、とりわけ本質主義的に考えられやすい厄介モノである」（田間二〇〇一：一二）といい、それは、「端的に言えば、〈子どもを産める（膣・子宮・卵巣がある）のは女性だけだから、女性だけに母性があるはずだ〉、というわけだ」（田間二〇〇一：一二）と述べている。けれども、「母性が制度として完成するには、三つのステップが自明視され、そこからの逸脱が統制されることが必要で」（田間二〇〇一：一二）あり、それは、「（a）女性は皆、母親になるものだ、（b）母親は皆、わが子を愛するものだ、（c）子どもは皆、実母の愛を必要とするものだ、という三つである」（田間二〇〇一：一二－三）という。

そして、田間は、「母性という社会制度は、女性の身体と子どもの正常／異常という文脈を社会的圧力として統制のために利用している」（田間二〇〇一：一七）といい、「ある個人が『女性』というアイデンティティをもち、それが個人にとって重要なアイデンティティである場合、その個人は自己の重要なアイデンティティを維持するためという理由によって母性を主体的に内面化しやすい」（田間二〇〇一：一七）と述べている。

千田は、日本での母性イデオロギーは、明治に入ってから「良妻賢母」規範としてあらわれ、家庭を守って夫を支え、次世代の「国民」を育成するという、母による教育が大きな位置をしめる規範であったという（千田 二〇一一：三〇）。その後、平塚らいてう、与謝野晶子らによる母性主義論争を経て、ロマンティックラブ・イデオロギーの普及とともに、「家族賃金」が成立し、性別役割分業が普及していく（千田 二〇一一：三〇 - 一）。一九六〇年代に入り、「三歳児検診」が始まると、「三歳児神話」がつくられ、女性たちが育児に囲い込まれていき、七〇年代に入っても、「母原病」などの流行語とともに、母性規範はさらに強まった（千田 二〇一一：三二）。

そして、一九八〇年代の消費社会を通じて、育児が「楽しいもの」としてレジャー化され、母性は、苦しみ、自己犠牲から、積極的な楽しみ、自己実現へと変わったが、「楽しいはずの育児を楽しめない」というプレッシャーを、女性たちに与え始めたことを千田は指摘している（千田 二〇一一：三二）。その後、一九九〇年代に入り、共稼ぎ世帯の増加により「専業主婦による子育て」規範は急速に低下した（千田 二〇一一：九二）。それと、「家庭」が「プライバシーの砦」ではなくなり、「しつけ」の名のもとに行われていた、家庭内暴力が明らかとなり、従来神話に包まれていた母親すら暴力の担い手になりうることが明らかとなった（千田 二〇一一：九二）。

②父　性

そもそも母性や父性とは、子どもに対するそれぞれの性質であり、父性は社会的存在として捉えられることが多い。したがって、それは社会的背景に左右されることにより、時代によって変化するが、それは母性も同じである。

宮坂靖子は、母親像・父親像の変遷について、江戸時代を、「父親が子どもを教育した時代」、明治期後半から大正、昭和前期を、『教育する』母親像」が登場し、「育児からの父親の疎外」が始まり、戦後高度経済成長期に、『「教育する」母親像』が大衆化され、一九七〇年代は、「母性強調、母性抑圧の時代」と「三歳児神話の隆盛期」であり、一九八〇年代は、「専業母・母性神話への懐疑と抵抗の時代」で、「女性による『子どもも仕事も』（女性の孤軍奮闘）」の時代であり、一九九〇年代は、「父親の再発見の時代」「父親と母親（両親）による共同育児の時代」であり、「男女による『男も女も、家庭も仕事も』」という時代であると分析している（藤崎編 二〇〇〇：三二）。

家父長制において、権威や威厳の象徴とされた父性は、現代の「イクメン」の登場にも見られるようにその姿を変えつつある。父親の権威の不在について、浅井美智子は、以下のように述べている。

このような現代の家族の状況からみえてくることは、日本における家族の意識が、「夫（父）・妻（母）・子ども」という形式の存在と母子の情緒的関係から生まれているということである。だが、この家族意識から大きく逸脱してしまっているのが「父親」である。つまり、今日の父親は家族の情緒的結合からもっとも疎外された存在として見受けられる。そして、今日、家族問題の一つとして「父親不在」が取り上げられる。それは、物理的不在の問題でもあるが、本質的には「父親の権威」の不在である。基本的に父親とは社会的約束の上でしかその存在を証明しえないものであり、それが民法が保障してきた家族に関する制度である。しかし、明治の民法は「父親の権威」を明確に規定してきたが、戦後の民法は「だれだれの父親」ということしか保障してくれない。（江原編 一九九六：二七六‐七）

そして、「今や父親が寄りかかることができる権威は『父親である』という、その『存在』だけであるようにすら思われる」（江原編 一九九六：二七七）という。

③ 血　縁

村上泰亮・公文俊平・佐藤誠三郎は、以下のように述べている。

農耕段階初期の未開な（無文字型の）状況の中で、最も身近で意識化しやすくシンボル化し易いのは、「血縁原則（キンシップ）」にほかならないだろう。かくて初期農業社会での基礎的集団の典型は、血縁原則の最も端的な表現としての「単系出自集団（unilineal descent group）」、すなわち「氏族（クラン）」にほかならなかった。（村上・公文・佐藤 一九七九：五六）

そして、「血縁原則や出自の論理は、少なくとも農耕大文明出現以前の段階では、かけがえのないものであって、にわかに放棄できるようなものではない」（村上・公文・佐藤 一九七九：六〇）という。その後、一次的な高度農耕文明において、文明帝国の影響により氏族的原則が否定されるようになる（村上・公文・佐藤 一九七九：七七‐八）。しかし、文明帝国からの影響がほどよく遮断された日本の場合、氏族的原則の支配力は依然として強いが、ひとたび洗礼をうけた高度文明の影響は決定的に大きく、氏族的原則への完全な復帰は不可能であった（村上・公文・佐藤 一九七九：七八）。そして、「とくに有史宗教――キリスト教や仏教――の浸透は血縁原則の神話を打ち砕いて……もはや集団形成原則の正統性は血縁的なものに求めることはできなかった」（村上・公文・佐藤 一九七九：七八）。けれども、「集団形成の母型となったのは成層クラン――同質的でしかも階統的な自立集団――のパターンで……いわばそれは氏族なし氏族社会、血縁なき血縁原則の社会で……日本のイエ社会はその例である」（村上・公文・佐藤 一九七九：七八）。

また、Anthony Giddensは、以下のように述べている。

大半の前近代社会においては、個人的な関係はすでに述べたような意味[15]で外的基準によって固定されていて、信頼も既成のポジションに向けられる傾向にあった。そのような状況において、同族とて決していつも信頼されていたわけではないことは、王家において権力を獲得しようと企む親類どうしの陰謀とそれに対抗する陰謀などが示しているとおりである。だが血縁の義務はおそらくはたいていの場合受け入れられていたし、それは日常生活を組織するかなり安定した信頼環境を作りあげていた。（Giddens 1991=2005: 107）

近代日本の「家」制度により、血縁原則は失われたように見えるが、「家」制度が廃止され、近代家族が形成される過程において、血縁原則は、右記のように「日常生活を組織するかなり安定した信頼環境」を作るものとして再度家族に取り込まれたといえるだろう。

戸田も、「人々は族的接近の程度の強い者、殊に血縁的に強く相接している者に対しては、特殊の親しみを持ち、生来的に自分等と同じ運命を担っている者としてこれを尊重し」（戸田 一九八二：一八二）と言っているように、血縁的つながりが家族成員の関係性とかかわっていることがうかがえる。

ここで、本書における血縁意識と定義（後述）が異なるため詳述はしないが、日本より血縁に対する意識が強いといわれる韓国について少し触れておく。

岡克彦は、韓国の「血縁社会」のゆえんは、父系の血縁家族が主体となり、そこから生み出される「血」の結束力が、韓国の人々にとって家族や血族の基盤を強化しただけでなく、戦後の分断国家体制の下で混乱に陥っていた韓国社会において、「血縁」が社会のセーフティネットとして重要な役割を果たしていたことにより、社会だけでなく経済をも立て直し、復興させる原動力となったことにあるという（岡 二〇一七：九八）。

李文雄によれば、「父系親族制度に基づく男系中心の社会にあっては、血縁はただの生物学的連結ではなく、社会学的な概念として認識された」（李 二〇〇四：一九六）という。そして、韓国人の血縁意識は名字の習慣によくあらわれており、養子縁組においては、その血縁意識がもっとはっきりとあらわれるという（李 二〇〇四：一九六－八）。韓国では、「養子縁組が父系親族員のみを対象として可能であり、しかも親族の系譜上同じ行列（ハンリョル：generation）をなす者のみを養子縁組することが許される」（李 二〇〇四：一九七）という。

しかし、社会状況の変化により父系血統を強調する慣習がさまざまな問題を引き起こし、父系中心の戸主制を廃止しようとする女性運動も起きているという（李 二〇〇四：一九八）。けれども、「いったん韓国文化に深く根を下ろした血縁意識は、現代社会においても、たとえ弱まったとはいえ、大きな影響力を発揮し、多くの場合、血縁関係の有無が直ちに〝内（うち）〟と〝外（そと）〟とを区分するものとして認識されている」（李 二〇〇四：一九八）という。

また、李によれば、「韓国はかなり以前から国際社会から孤児輸出国または海外養子縁組大国などの汚名を着せられてきた」（李 二〇〇四：二〇〇）という。そして、その傾向は現在も継続しており、ここ数年の間にも二〇〇〇名あまりの子どもが海外に養子縁組に出ていった（李 二〇〇四：二〇〇）。その背景について李は、「非血縁者を養子にしない強い伝統によって国内での養子縁組が困難である状況に、問題がある」（李 二〇〇四：二〇〇）と指摘している。その結果、「未婚の母の私生児、婚姻外に出生した子供が日に日に増加している実情ではあっても、実の両親が養育を放棄した場合、事実上これらの子供を国内で養子縁組する方法がなく、海外に出ていくようになるのである」（李 二〇〇四：二〇〇）という。

以上のように、これまで親子関係における紐帯は、社会環境の影響を受け、変化しながらも「血縁連鎖の最も強い者の間に生ずる自然的の愛情にもとづく結合」（戸田 一九八二：九一）のように捉えられてきた。血縁は、親子関係における紐帯であり、関係の安定性を保証しているようにも見える。ところが、子ども虐待における主たる虐待者は実母が半数以上を占め、血縁関係にある実子を虐待してしまうという状況が起きている。戸田のいうように「血縁連鎖の最も強い者の間に生ずる自然的の愛情にもとづく結合」であるならば、実子を虐待するとはどういうことなのだろうか。そこで次節では、子ども虐待の現状を概観する。

3　子ども虐待の増加

児童虐待相談対応件数は、一九九〇年度の一一〇一件から増え続け、二〇一八年度は一五万九八三八件（厚生労働省 二〇一八b）となり、大きな社会問題となっている。ただ、相談対応件数の増加要因は、虐待の定義の変更や、メディアによる社会的認知度の上昇、人びとの子ども虐待への意識の高まりなどの影響を受けているため、子ども虐待の実数が同じように増えているとは言い切れない。また、以前であれば「しつけ」の名のもとに行われていた行為が、現在では虐待とされるものもある。

子ども虐待は、一般に「身体的虐待」「ネグレクト」「心理的虐待」「性的虐待」に分類される。二〇〇六年度（厚生労働省 二〇〇七）は、「身体的虐待」四一・二%、「ネグレクト」三八・五%、「心理的虐待」一七・二%、「性的虐待」三・二%であったが、二〇一七年度（厚生労働省 二〇一八a）では、「心理的虐待」五四・〇%、「身体的虐待」二四・八%、「ネグレクト」二〇・〇%、「性的虐待」一・二%となり、心理的虐待が半数を占めるようになった。これは、親のDVを子どもに見せること（面前DV）が近年新たに虐待と定義されるようになったことに起因する。

厚生労働省発表では、主たる虐待者は実母が半数以上を占めるが、なぜ血縁者である実母が虐待をしてしまうのか。

社会状況の変化により、子育ては、学校などを含めた地域社会から家庭へと押しやられ、男女共同参画社会がうたわれるようになった現代社会においても、特に母親にその負担がのしかかっている。気軽に子どもを預けることが難しい状況において、母親は子育ての責任を負わされており、それが育児ストレスともなりうる。育児ストレスは、子ども虐待の要因ともなりやすく、母親はそのリスクと対峙しなければならない。

実母の次に実父が多いが、前述のように「しつけ」の名のもとに行われる暴力や、ＤＶの実態が表面化してきたことによる面前ＤＶなどにより、近年では実父の虐待が増加している。

児童虐待相談対応件数においては、主たる虐待者は実母と実父で八割を超える。しかし、児童虐待検挙状況をみると、児童虐待相談対応件数では、一割に満たなかった非血縁パートナーの存在が浮かび上がってくる。児童虐待検挙状況においては、実父と実母と養・継父、内縁夫の割合が拮抗しており、近年は実父が増加傾向、実母が減少傾向にある。また、年によっては、養・継父、内縁夫が一番多い時もあり、非血縁パートナーの存在が無視できないものとなっている。この児童虐待相談対応件数と児童虐待検挙状況の違いは、何を示唆しているのだろうか。

子ども虐待における非血縁パートナーの存在については、第6章において検討する。

4　生物科学技術の進展と新たな問題

村上らは、以下のように述べている。

能動主義にとって最も重大な危険は、おそらく実は、工学的技術のもたらす自然破壊よりもむしろ、ライフ・サイエンスの発展のもたらす自然性の否定である。かりに、試験管ベビーさらにクローン人間の試みが成功し、遺伝工学が発達するならば、人間の自然的存在としての性格は次第に希薄となる。しかし皮肉にもそのことは、人間という存在、そして個々の人間という存在の窮極的な意義を失わせる。人間は、もはや厳然として存在するものではなく、自らの手によって作られうるものにすぎない。人間という中心的存在が人工的なものとなる以上、人間を中心におく思想はもはや人々に不動の原点を与えるものではない。人工臓器、臓器移植、安楽死などの問題にその兆しは既に現れている。人間の中に在る自然の征服の試みは、直後に、人間中心主義・能動主義についての哲学的難問(アポリア)をひき起こす。かりにライフ・サイエンスの発達がある限度を超えうるならば、能動主義の価値観はついに原理的障壁に突き当たることになるだろう。(村上・公文・佐藤 一九七九：四九九)

これは、今から約四〇年前の記述である。この記述の一年前の一九七八年に、イギリスで世界初の体外受精によりルイーズ・ブラウンが生まれた。生殖補助医療においては、今では、顕微授精[16]、そして、代理母による出産というところまできており、人工子宮もかなりのところまで進んでいる。また、遺伝子工学においては、遺伝子の切り貼りができるところまできている。

(1) DNA研究

DNAに関する研究は、近年目覚ましい進展を遂げ、ヒトゲノム(全遺伝情報)における塩基配列はすべて解明され、その解析が進められている。遺伝子はDNAの一部であるが、一般的には、DNA

と遺伝子の違いを区別せずに使われていることが多く、違いを知らない人も多くいると思われる。また、DNAや遺伝子という表現が一般的になるまでは、それが「血」や「血縁」として扱われていたと思われる。そして、人びとの会話などにおいてDNAや遺伝子に血縁が含意される、すなわち血縁という表現がDNAや遺伝(子)[17]に置き換えられるようなことが見られる。

ヒトの遺伝子は全部で二三対の染色体によって構成されており、子どもは両親からそれぞれ五〇%(二三対の染色体のそれぞれ一つずつ)の遺伝子を引き継ぐ。遺伝子にはタンパク質の製造方法が示されており、そのプログラムによってタンパク質が作られる。

通常二三対のそれぞれの染色体は二本一組であるが、染色体異常によりそれが三本あるケース[18]がある。たとえば、ダウン症の人には、二一番目の染色体が三本ある(二一トリソミー)。そして、NIPTによる一三、一八、二一トリソミーの診断が可能となった。

小林武彦によれば、ヒトゲノムのうち遺伝子部分はわずか二%[19]しかないという(小林 二〇一七:四)。さらに、ヒトのゲノムは約三〇億塩基対からなり、「個人間での違いは、血縁関係がなければざっくり言って〇・一%程度」(小林 二〇一七:一三〇)という。〇・一%と聞くと、大した違いがないように感じるが、三〇億の〇・一%は、三〇〇万である。三〇億の塩基対の中に「約二万二〇〇〇個」(小林 二〇一七:三九)の遺伝子があるとされ、それも同率で差異があるとするならば、個人間で六万の塩基対の違いが遺伝子にあるということになる。その塩基配列における違いについて、安藤寿康は、「たった一文字違っても、その場所によってはアミノ酸の違いを生み、異なる働きをもつタンパク質を作り出す……それが血液型の違いや、髪の毛や目の色の違い、さまざまな疾患の原因となることが分子生物学で解明されてきた」(安藤 二〇一一:三二)という。

DNA研究の進展により、遺伝子によって親から子どもにどのようなものが引き継がれるのかということもわかるようになってきた。親からの身体的特性などの遺伝については、競走馬における交配に見られるように、その科学的根拠が明らかになる前から行われていた。また、身体的特性だけでなく性格などについても、その科学的根拠とは無関係に一般的な会話の中で当たり前のように使われ、親から子どもに多くのことが遺伝によって引き継がれると信じられてきた。

そして、遺伝子の研究は、膨大な医療費の削減のためという側面があり、未病[20]という観点からの処方として遺伝子検査を行う民間企業に補助金が投入されている。

（2）遺伝子検査

親から子への遺伝について語られてきたものは、身体的特性や性格だけではない。たとえば、以前からよくいわれていた病気の遺伝性については、民間企業による遺伝子検査などにより、注目が集まっている。現在GeneLife、HERSERIES、DHC、DeNA、Genequestなど、多くの企業が遺伝子検査に参入している。検査内容は、企業により多少の差はあるが、生活習慣病や癌などの疾患リスクや肥満タイプなど、三〇〇項目を超える解析を行うものもある。料金は、検査項目により、五〇〇〇円程度から四万円を超えるものまでさまざまであるが、二万円ほどの商品が主流になっているようで、それで三〇〇項目程度の解析がなされている。

筆者もある民間企業が行っている遺伝子検査を利用してみた。そこでは、さまざまな病気の発症リスクや体質の統計的な遺伝的傾向をみることができる。そして、それぞれの病気についての説明や予防法などが記載されているものもある。また、それについてのカウンセリングを受けることもできる。

いくつか例をあげると、食道癌の罹患リスク（日本人平均との対比）、身長、体重、頭蓋骨の大きさなどの遺伝的傾向のようにさまざまな項目がある。また、協調性や誠実さなどの性格にかかわる項目や、センスやスキルにかかわる項目もある。

このように、身体的特性、性格や能力の遺伝性が重視されるようになると、親子関係における遺伝的つながりへの依存、いいかえれば血縁主義が強化されることにもつながりかねない。柘植あづみは、このような技術が社会や文化に及ぼす影響について指摘し、「親子の関係は遺伝子のつながりだけで決まるという考えが優勢になったら生きがたくなる人々が増えるのではないか」（柘植・加藤編 二〇〇七：一八）という。さらに、加藤秀一は、遺伝子決定論[21]が多くの人びとを惹きつけることに、「自分のとりうる行動がすべてあらかじめ決定されているなら、人は責任の重みを免れ、過去を後悔することもなく、未来を思い悩むこともない……遺伝子による決定という観念によって、ある行動や性向に関する個人の責任が解除される可能性が生じるならば、それは遺伝子決定論を肯定する積極的な理由になりうるだろう」（柘植・加藤編 二〇〇七：五四）という。

（３）生殖補助医療技術の登場

生殖補助医療とは、「体外受精をはじめとする、近年進歩した新たな不妊治療法[22]」を指す。先述のように、世界ではじめての体外受精の成功は、一九七八年にイギリスで産まれたルイーズ・ブラウンである。

日比野由利は、生殖補助医療について、以下のように述べている。

精子と卵子を in vitro[23] で人間の手によって受精させて女性の体内に戻す技術の開発は、不妊に悩むカップルに対し、新たな妊娠の可能性を与えただけでなく、卵子や胚を用いたその後の研究開発に端緒を開くものであった……配偶子や胚の凍結保存の技術が開発されたことは、不妊治療の成功率を高め、卵子や胚の提供、代理出産などの不妊カップル以外の第三者がかかわる生殖技術を可能にした。（日比野編 二〇一三：二）

しかし、第三者がかかわるという意味では、人工授精におけるＡＩＤは、日本でも一九四八年より行われている。

日本では、法整備が整っていない状況や利用できない技術があり、利用したい技術を求めて海外に渡航する生殖ツーリズムも起きている。野田聖子（二〇一一）や向井亜紀（二〇〇四）もこれを利用して挙児に至っているが、法的な親子関係において問題を生むこととなった。野田はパートナーの精子と提供卵子を利用した自身の妊娠・出産であり、向井は夫婦の受精卵を利用した代理母（ホスト・マザー）による妊娠・出産である。提供配偶子や代理出産[24]は、生物学的親と養育者としての親という、親の複数性という問題をもたらすことになった。

日比野によれば、代理出産は体外受精よりもはるか昔から存在しており、『旧約聖書』にも「代理出産」についての記述[25]があるという（野辺・松木・日比野ほか 二〇一六：四五）。

日比野は、生殖ツーリズムの状況を踏まえ、「生殖技術は国境や人種、身体、文化を超えてグローバルに浸透しており、生殖ツーリズムのような事象が、医学的・倫理的・法的・社会的にいかなる帰結をもたらすかについて国内と海外の両面からの考察が必要である」（日比野編 二〇一三：二）と指摘している。

生殖補助医療の登場は、生殖における「自然」の意味を変容させたとも言えるだろう。

（4）懸念される問題

これまで述べたように、科学技術の進展により法整備が追いつかない状況や、新たな問題を生む可能性のある事象が多く見られる。ＤＮＡや遺伝子研究は、個人情報の問題や保険加入などにかかわる遺伝子差別の問題がある。そして、生殖補助医療の進展は、親子関係を複雑にするという問題がある。たとえば、遺伝子研究の進展により、親から何をどの程度引き継ぐことがわかると、それが自身のアイデンティティ形成に影響を及ぼすことが考えられる。容姿が親に似ることは日常においてもよく言われることである。しかし、性格や性質も引き継ぐとされると、親の負の特性が自身のアイデンティティを揺るがすこともある。それは、親が犯罪者や精神病患者であるというような場合、子どもが自分にもその特性があるのではないかと不安になることである。

また、特別養子縁組においては、真実告知をすることが推奨されているが、養子縁組までの経緯や事実が子どものアイデンティティ形成に負の影響を与える場合はないのだろうか。血縁上の親に負の特性がある場合でも事実を教えるべきなのだろうか。

そして、生殖補助医療の進展は、子どもを持つということに多くの選択肢を与えることとなった。たとえば、アメリカでは精子バンクを利用した「選択的シングルマザー」になることができる。そして、精子バンクのリストから自分の好みのタイプ（ドナーの身長、体重、目の色など）を選ぶこともできる。これにより、レズビアンカップルがどちらかの遺伝子を引き継ぐ子どもを持つことも可能になった。また、代理出産により、ゲイカップルがどちらかの遺伝子を引き継ぐ子どもを持つことも可能となった。セクシュアル・マイノリティの人たちが子どもを持つことについては、本書の範疇を超えるため議論はしないが、慎重な議論を重ねる必要があるだろう。そして冒頭で述べたように、代理出産は日本人男性に短期間で十数人の子どもを持たせることを実現させた。このような状況は、女性をモノとして扱っているとの指摘もある。

さらに、人工子宮やiPS細胞の実用化が進めば、同性同士の遺伝子を引き継ぐ子どもを持つことも可能になるかもしれない。

以上のように、科学技術の進展や社会状況の変化により、これまで意識させられることがあまりなかった親子関係における血縁の問題に直面する機会が増えており、それが誰にでも起こりうることとなっている。そして、血縁にかかわる適切な情報や知識の不足が最適な選択を妨げ、意図しない結果をもたらすことにもつながる。また、最適な選択肢がないにもかかわらず、選択を迫られることもある。さらに、子どもを持つことにおける選択は、当事者の意識だけでなく、子どもの権利、意識や意志という当事者の範疇を超えるものを考慮しなければならない。これらの血縁にかかわる問題は、人びとの血縁意識がどのようなものかということを明らかにしない限り、問題の解決策を提供することはできない。であるからこそ、血縁に着目するべきであり、そしてその全体像を捉えることが重要なのである。

5　用語の定義と扱い

本書で扱う用語については以下のように定義する。ただし、引用においてはそのまま使用し、必要があれば補足説明する。

(1) 血縁と血縁意識

本書では、血縁を生物学的なつながりとして定義する。したがって、血のつながりといった場合も、同等のものとして扱う。

血縁は、大辞泉で「血のつながりのある間柄」「血のつながっている親族」「血族」など[26]と定義されるが、それ以外に、「血を分けた」「血をひく」「血すじ」「同じ血が流れている」などと表現されるように、比喩的に使われることが多い。実際には「同じ血が流れている」わけではないが、強いつながりや親密性を強調するために用いられる。

生物学的にみれば、親子関係における血縁は、その親子が生物学的なつながりのある親子であること、つまり実親と実子という関係を証明するものにほかならないが、民法が規定する実子は必ずしもこの原則によらない。この事実が、血縁の擬制をもたらし、第三者がかかわる生殖補助医療や特別養子縁組における真実告知の問題のひとつの要因となっている。この擬制された血縁を同等に扱わないために、本書において「血縁がある／ない」という場合は、「生物学的つながりがある／ない」ことを意味する。

血縁意識という言葉は一般的な表現ではないが、木津隆司（一九七九）は、血縁関係用語からヨーロッパ中世における血縁意識を検討している。しかしながら、木津は「血縁意識」を定義しておらず、文脈から親族、姻族関係を規定する血縁関係に対する意識として使用していると思われる。先述の李も「血縁意識」を定義していないが、「信頼できる人間は自分の親族のほかにいないという強い血縁意識」（李 二〇〇四：一九九）という表現から、血縁関係に対する意識であると思われる。小浜逸郎は、「血縁意識」を「（身内意識）」（小浜 二〇〇三：二二〇）としている。

このように、通常血縁意識といった場合には、血縁意識が強い／弱い、高い／低い、ある／ない、というように、「親子や家族における血のつながりが重要である（血縁規範意識）」という概念を基本としている。しかし、民法において親族が血族を基準に規定されていることや、一般的に親子には血縁[27]

があると認識されていることからも、血縁意識が弱い、低いということはありえても、血縁意識がまったくないということは考えにくい。

また、後述するように、血縁関係にある親または子どもという存在が、個人のアイデンティティ形成に密接にかかわっている。そのため、人びとの語りにおける「血縁がある」という表現には、単に生物学的なつながりがあることを示すだけでなく、「切っても切れない」というような強い紐帯が含意されていることがある。そして、「血縁がない」という表現には、「親子には血縁があるべき」という血縁規範意識が含まれていることがある。つまり、生物学的なつながりという事実のみを示す場合以外の「血縁がある／ない」という表現には、すでに血縁意識が含意されていることに注意が必要である。また、人びとが「血縁がある／ない」ということに対する意味づけは、状況によって変化することもある。要するに、その血縁がもたらす効果に対する意味づけによって、人びとの血縁意識が構成されるのである。

したがって、本書では血縁意識を「親子関係に血縁がある／ないことがもたらす効果に対する意味づけ」と定義する。そのため、以降本書では、血縁意識が強い／弱いやある／ないという視点ではなく、人びとの血縁意識とはどのようなものかという視点から検討する。つまり、「血縁にこだわる」というような親子には血縁があるべきと考える人たちは、親子関係における血縁規範意識を内面化しているという血縁意識であり、「血縁にこだわらない」というような親子には血縁があるべきと考えない人たちは、親子関係における血縁は重要ではないという血縁意識であるということであり、すべての人が血縁意識を持っているということである。ただし、すべての人が自身の血縁意識に自覚的であるということではなく、それを意識させるような事態に遭遇することによって、潜在化されていたものが、顕在化されるということである。一般的には、親子関係における血縁はある意味当然のものとして扱われることが多く、そのことが親子関係における血縁意識を潜在化させ、血縁にかかわる問題が起こらない限り、それを問うこと自体を想起させないように作用しているともいえるだろう。

(2) 正／負の効果と正／負の意味づけ

通常、効果という用語は「ある働きによって現れる望ましい結果[28]」のようにポジティブな結果に対して使用される。しかし、本書で「正／負の効果」という場合、その「効果」は英語の「effect」にあたる「(原因の直接的な)結果[29]」として扱い、結果に対する期待を含まない。したがって、正の効果という場合は、結果としての変化が肯定的に受け入れられるものであり[30]、負の効果という場合は、結果としての変化が否定的に捉えられるものとする[31]。

意味づけにおける「正／負[32]」においては、「正の意味づけ」という場合は、その意味づけが「正の効果」と関連するものであり、「負の意味づけ」という場合は、その意味づけが「負の効果」と関連するものをさす[33]。

(3) 生物学的つながりと遺伝的つながり

右記のように、生物学的なつながりは、血縁をさす。しかし、遺伝的なつながりといった場合は、その使用者によって多少意味合いが異なる。血縁と同じように、単純に生物学的なつながりを示す場合もあれば、親から引き継ぐ遺伝子が持つ性格や容姿なども含む場合がある。

また、日比野由利は、遺伝的親（genetic mother）と生物学的親（biological mother）として、生物学的親を妊娠・出産した親と定義しているが、議論の混乱を招くことと、日比野のいう遺伝的親と生物学的親が異なる場合は、代理母（surrogate mother, host mother）と定義できるため、本書では、代理母を使用する。

したがって、本書では、血縁および血縁関係や生物学的つながりは、実体としての血縁および生物学的つながりとして扱い、遺伝的要素を含んだ遺伝的つながりとは区別するが、引用においては、文脈に依存する。

（4）DNAと遺伝子

DNAは、四種類の塩基アデニンとチミン、グアニンとシトシンの結合から構成される二重らせん構造をしたひも状の分子であり、それがヒストンというタンパク質に巻きついて、ヌクレオソーム(34)という構造単位をつくり、それが集まってつくられたクロマチン(35)という構造により染色体を構成している（東京大学生命科学教科書編集委員会 二〇一一：五三）。

遺伝子とは、ある生物種のすべてのDNA配列であるゲノム上において、あるタンパク質をつくり出すために必要な情報が書かれているDNA配列や、生命活動に必要な働きをする特別なRNAの配列情報が書かれているDNA配列である（東京大学生命科学教科書編集委員会 二〇一一：四二）。

しかし、社会において人びとが右記を理解した上で使用しているわけではなく、DNAと遺伝子が同等のものとして扱われることも多い。さらに、DNAや遺伝子が血縁と同義で扱われることもある。また、DNAも遺伝子も比喩的に使われることも多く、それぞれの意味は文脈に依存する。

（5）AIDとDI

生殖補助医療における、提供精子を用いて行われる非配偶者間人工授精はAIDと表記されることが多いが、最近ではDI（Donor Insemination）と表記されることもある。本書では、基本的にAID

と表記するが、引用においてはＤＩを用いることもある。

（6）児童虐待と子ども虐待

本書では、児童の定義の観点から基本的に子ども虐待という表現を用い、引用においてはそのまま使用するが、用語としては同義である。

6　本書の構成

本書の第1章、第2章の各論文は、主として、これまでの家族と血縁にかかわる先行研究に焦点をあてたものである。また、第3章から第8章の各論文は、家族の多様化における血縁／非血縁親子関係と、親子（養育）関係における血縁意識とアイデンティティに焦点をあてたものであり、そしてそれらを総括的に捉えた考察と結論である。

第1章では、これまでの家族の先行研究を参照し、家族がどのように変化してきたかを概観した。さらに、日本の家族の中で、「血縁」がどのように位置づけられてきたのかを検討した。そして、科学技術の進展や、社会状況の変化がもたらしている新たな問題を提示した。

第2章では、まず本書と関連する、生物科学分野における先行研究および生命科学の分野における遺伝子研究の概要を把握し、それが家族形成および血縁意識に及ぼす影響を検討する。次に、人文科学分野における先行研究として、里親、児童養護施設、子ども虐待、養子縁組、生殖補助医療、ステップファミリー、に関する研究を概観し、血縁がどのように捉えられているかを明らかにする。そして、科学技術の進展がもたらした新たな問題や、家族の多様化における非血縁親子関係に起きている問題などから、本書の分析視点を提示する。

第3章では、非血縁者による子どもの養育を、公的実践としての児童養護施設と里親、私的実践としての特別養子縁組とステップファミリー、という観点から分析し、それぞれにおいて血縁がどのように捉えられているかを検討する。

第4章では、大学生に行った家族に関するアンケート調査結果を検討する。実際に子どもを持つ状況になった場合には、その現実が優先されるため意識に偏りが生まれる可能性が高く、学生に調査を行うことにより、子どもを持つ前の潜在意識を把握することができると考える。さらに、親子関係における血縁に対する意識の強弱と家族観の関連について検討する。そして、現代の大学生の血縁意識がどのようなものであるかを検討する。

第5章では、シングルマザーへのインタビュー調査から、母子関係において血縁がどのように捉えられているのかを検討する。離婚前と離婚後で子どもとの血縁に対する意識に変化があったか、また、元パートナーと子どもとの血縁をどのように捉え、関係形成にどのように意識されているかを明らかにする。また、定位家族と生殖家族においての血縁意識に変化があったかどうかなども検討する。

第6章では、増加する子ども虐待において、非血縁パートナーに着目し、児童虐待相談対応件数と児童虐待検挙状況から検討する。児童相談所が公表している児童虐待相談対応件数では、非血縁パートナーの存在はそれほど大きくない。しかし、児童虐待検挙状況をみると、そこには明らかに非血縁パートナーの存在が見てとれる。

第7章では、これまでの議論をまとめ、親子関係における「血縁・血縁意識・アイデンティティ」の関係について考察を述べる。

第8章では、本書の結論を述べる。そして、これからの家族形成における問題を提示し、対処方法と今後の課題を検討する。

注

（1）たとえば、「夫婦関係を基礎として、親子・きょうだいなど近親者を主要な構成員とする、感情融合に支えられた、第一次的な福祉追及の集団である」（森岡編　一九六七：一）、「家族とは、一対の男女の性的親和および性的産出を核として、互いが互いのことをその特定の固定した位置関係にもとづいて『気にかける』ところに成り立っている共同性である」（小浜　二〇〇三：八一）、「家族は、夫婦、きょうだいなど少数の近親者を主要な成員とし、里子など特定の非親族の者をその成員に含む、成員相互の深い感情的関わりあいで結ばれた、子の社会化を基本的機能とする幸福追求の集団である」（園井　二〇一三：二八七）ほか。戸田貞三は、家族の特質として「夫婦、親子というがごとき特殊の関係にある者を中枢的成員とする、少数の近親者の緊密なる感情融合にもとづく小集団である」（戸田　一九八二：五一）と述べている。

（2）「個々の武士の家や明治民法の家は、イエ集団の特殊な派生体の例にすぎない」（村上・公文・佐藤　一九七九：二一二）。「イエは具体的な集団というよりも、通時的な一つの集団形成原則で」（村上・公文・佐藤　一九七九：二一三）ある。イエ型集団の基本特性「（一）超血縁性、（二）系譜性、（三）機能的階統性、（四）自立性」（村上・公文・佐藤　一九七九：二二四）。「明治民法（親族相続編は一八九八年から施行）が、集権化された明治国家機構のための役割従事者の供給源となる外化体的下位主体として設定した『家』は、幕藩家臣団の小イエそのものというよりは、それとヨーロッパ的な個人主義的財産権・家族制度との混淆体であった」（村上・公文・佐藤　一九七九：四六二）。

（3）室町以前にも「血筋」と書く言葉は存在することはしたが、今の血筋とは意味が違っていた（西田　二〇〇二：二九）。

（4）「『核家族』は、日本など拡大家族を作る社会の家族について論じる場合には、カッコに入れておいたほうがよういだろうとわたしは思います」（落合　二〇〇四：一〇四）。

（5）「婚姻届を出した夫婦とその間に生まれた子のみからなる家族」を「婚姻家族」と呼び、これこそが正当な家族であり、あるべき家族であるとみなす考え方を「婚姻家族」規範と呼ぶ（下夷 二〇一九：一八）。

（6） 戸籍と家族を同一視する考え方（下夷 二〇一九：一三四）。

（7） 「図11母の年齢階級別にみた結婚期間が妊娠期間より短い出生の嫡出第一子出生に占める割合—平成七～二一年」厚生労働省ホームページ（二〇二〇年一一月一日取得、https://www.mhlw.go.jp/toukei/saikin/hw/jinkou/tokusyu/syussyo06/syussyo2.html#02）。「図3—2夫婦の同居をやめたときの五九歳までの年齢（五歳階級）別にみた有配偶離婚率（有配偶人口千対、同年別居の年次推移—昭和二五～平成一七年）」厚生労働省ホームページ（二〇二〇年一一月一日取得、https://www.mhlw.go.jp/toukei/saikin/hw/jinkou/tokusyu/rikon10/01.html）。

（8） 無侵襲的出生前遺伝学的検査（Noninvasive prenatal genetic testing）の略。羊水検査のようなリスクが低く、妊婦から少量の血液を採取して行われる。母体血中のＤＮＡ断片の量の比から、胎児が一三番、一八番、二一番染色体の数的異常をもつ可能性の高いことを示す非確定的検査（日本産科婦人科学会倫理委員会・母体血を用いた出生前遺伝学的検査に関する検討委員会「母体血を用いた新しい出生前遺伝学的検査に関する指針」より）。

（9） 『日本経済新聞』電子版 2016.7.19.（二〇一八年三月一九日取得、https://www.nikkei.com/article/DGXLASDG19H7D_Z10C16A7000000/）。

（10） 西澤（二〇〇九）ほかを参照。

（11） 女性が別の女性を「妻」としてめとること（清水 一九八九：四八）。

（12） 「女性婚」での「夫」および「父」の位置につく女性を、死者（未婚で死んだ男子）に置き換えたものに相当する（清水 一九八九：四八）。

（13） 民法第七七二条第一項。

（14） 民法第七七九条第一項。

（15） 「家系、ジェンダー、社会的地位その他の特性」（Giddens 1991=2005: 82）。

（16） 体外受精を行っても受精が成立しない夫婦に対して行う治療。体外受精では卵子が入っている培養液に精子浮遊液を加えて受精するのを待つが、顕微授精では細いガラス針の先端に一個の精子を入れて卵子に顕微鏡で確認しながら直接注入する（卵細胞質内精子注入法、ＩＣＩＳ）。日本生殖医学会ホームページ、二〇一八年一〇月三日取得（http://www.jsrm.or.jp/public/funinsho_qa13.html）。

(17) 二三番目の染色体は性を決定する染色体。「ゲノムという観点からみれば、ヒトの場合、ゲノム中に性を決定するＸとＹという染色体が存在し、両方の親からＸ染色体をもらってＸＸとなれば雌となり、ＸＹとなれば雄となる」（東京大学生命科学教科書編集委員会 二〇一一：四四）。

(18) 三本あるケースをトリソミーという。ほかに一三トリソミー（パトウ症候群）、一八トリソミー（エドワーズ症候群）などがある。二本のうち一本がない染色体欠失症候群（モノソミー）やテトラソミー（四本）、ペンタソミー（五本）、ヘキサソミー（六本）などもある。

(19) 残りの九八％は「非コードＤＮＡ領域」と呼ばれ、そして、非コードＤＮＡ領域には、染色体の働きを支える機能があることがわかっている（小林 二〇一七：五六）。

(20) ここでは、病気が発病する前にそれを抑制するという意味。

(21) 「大まかに言えば、人間の性質が遺伝子によって決定されているという考え方」（柘植・加藤編 二〇〇七：三三）。詳細は、柘植・加藤編（二〇〇七：二一－六二）を参照されたい。

(22) 日本生殖医学会ホームページ（二〇一八年一〇月三日取得、http://www.jsrm.or.jp/public/funinsho_qa11.html）。

(23) 「試験管などのガラス器内で」という意味。

(24) 「出産後、子どもを引き渡す目的で、女性が妊娠・出産すること」（野辺・松木・日比野ほか 二〇一六：四五）。

(25) 「『旧約聖書』「創世記」第十六章には、アブラハムの妻サライは、自身が不妊症だったので、奴隷ハガルに自分の身代わりとして子どもを産ませ、夫アブラハムに提供しようとした」（野辺・松木・日比野ほか 二〇一六：四五）。

(26) 『大辞泉』（二〇一二：一一三六）小学館。

(27) ただし、民法においては嫡出推定によるものであり、実際に血縁関係があることを保証するものではない(民法七七二条)。
(28) 『大辞泉』(二〇一二：一一九七)小学館。
(29) 『ジーニアス英和辞典』(一九八九：五三五)大修館書店。
(30) 例：良好な実親子関係、良好な非血縁親子関係、子ども虐待からの距離化など。
(31) 例：子ども虐待、真実告知によるアイデンティティの揺らぎ、非血縁親子関係の不安定性など。
(32) 例：血縁があるから良好な親子関係が築ける、血縁がなくても良好な親子(養育)関係は形成できるなど。
(33) 例：血縁がないから良好な関係が築けない、元パートナーと子どもの血縁に対する嫌悪など。
(34) 核の中にはDNAと結合する「ヒストン」と呼ばれる塩基性タンパク質の一群があって、四種のヒストンがそれぞれペアをなしている計八個のヒストンの上に、DNAが約一四七塩基ごとに巻き付いている。このようにDNAはヒストンとともに、ヌクレオソームという構造をつくることによって、コンパクトに収められている(東京大学生命科学教科書編集委員会 二〇一一：五二)。
(35) ヌクレオソーム構造がさらに寄り集まって、クロマチンというDNAの高次構造をつくる。このクロマチン構造が細胞ごとに大きく異なっている(東京大学生命科学教科書編集委員会 二〇一一：五二)。

第2章　家族と血縁——先行研究の検討と本書の分析視点

第1章では、近代以降の家族構成、家族意識の変遷を概観し、近年の家族の多様化、生物科学技術の進展、子ども虐待における問題から、本書の課題としての血縁（意識）を捉えることの重要性を示した。

本章では、本書と関連のある先行研究を整理し、血縁（意識）をみる上で参照できるものを取り上げる。そこでまず、生物科学分野で血縁がどのように捉えられているかを検討し、次に人文科学分野における血縁について検討する。そして、これらの研究の盲点を指摘することにより、本書における分析視点を明確にする。

1　生物科学分野における血縁

生物科学分野において親子関係における血縁は、その親子を親子たらしめる唯一のものであり、血縁（五〇％の遺伝的つながり）があるからこそ親子であるという事実以上のものではない。したがって、血縁は遺伝子による遺伝的なつながりとして捉えられる面が多く、血縁意識という視点はないと思われる。また、生物科学における遺伝子研究は、病気の治療目的という面を持っており、社会的にも容認されやすいことが推測される。

(1) 遺伝子

小林によれば、遺伝子は、タンパク質を作るための情報であり、一つのタンパク質を作るのに必要な遺伝情報は、塩基の並び順(配列)として暗号化されている(小林 二〇一七:三九)。その遺伝子により、親から子への遺伝が起こる。そして、「遺伝」とは親から子へ形質(姿、形、性質)が伝わることである(小林 二〇一七:一二)。

小林一久は、顔かたちや背丈、体型等は、ほぼ遺伝子によって決められており、髪が濃いか薄いかもほぼ遺伝子によって決まっているという(小林 二〇一一:一四‐一六)。ただし、「身長や肥満度、肌の色、髪や瞳の色などは一つの遺伝子によって決まるのではなく、多くの遺伝子が総合的に働く多因子遺伝によって遺伝する」(小林 二〇一一:二二)という。

性格については、「遺伝子はその人の大まかな性格の基本型を形作っており、やさしい、小度胸、勇敢、努力家、凶暴、ずるがしこい、残虐、など様々な性格が、生まれた時にほぼ原型が備えられている」(小林 二〇一一:二八‐九)という。しかし、「生まれた時の性格遺伝子はその後の環境によって様々に変わりうる」(小林 二〇一一:二九)ともいう。

これまで、血縁を捉える視座として、「生まれ(血縁、遺伝)」か「育ち(環境)」という二項対立図式がよく用いられたが、現在では、このような二項対立ではなく、「生まれ(血縁、遺伝)」も「育ち(環境)」もという捉え方の方が優位にある(Ridley 2003=2014;安藤寿康 二〇一一;Spector 2012=2014 ほか)。

しかし、先述のようにヒトゲノムにおける遺伝子の情報を持つ領域は二%しかなく、九八%は遺伝子の情報を持たない領域[1]である(小林 二〇一七:五)。そして、その九八%の領域に関しては解明されていないことも多い。したがって、「生まれ（血縁、遺伝）」が人間を構成する要素として重要であることは確かだが、それだけですべてが決まるとは言い切れないのである。

（2）生物科学分野における遺伝的つながり

先述のように、基本的に子どもは両親からそれぞれ五〇%ずつの遺伝子を引き継ぐが、そのために生殖細胞における減数分裂が起こる。安藤によれば、「減数分裂する際、二本の染色体は任意の箇所でランダムに入れ替わるため、同じ染色体からも極めて多様な配列の組み合わせが生じ……同じ一組の親から生まれる子どもが引き継ぐ遺伝子の組み合わせの数の可能性は、事実上無限といってよいほど多様性をもつ」（安藤 二〇一一：二六）という。それが、きょうだいにおける差をもたらす。

では、同じ遺伝子を持つ双子の場合はどうであろうか。

Tim Spector は、双子の遺伝子研究から以下のように述べている。

慢性関節リウマチなどの病気は遺伝率が六〇〜七〇パーセントとされ、ずいぶん遺伝の影響が強いように思える。しかし、わたしたちが調べた女性の一卵性双生児は、一方が慢性関節リウマチを患っていても、もう一方の八五パーセントは、その病気にならなかった――遺伝はもとより、ライフスタイルがほとんど同じだったとしても、である。このパターンは、調査対象となった病気のほぼすべてに当てはまった。双子がそろって同じ病気にかかる確率が五〇パーセントを超えることは稀で、たいていの場合、数値はずっと低かった。（Spector 2012=2014: 3）

なぜこのようなことが起こるのだろうか。小林によれば、「双子のゲノム解析の結果、副産物的に分かったのが、双子だからそっくりと思っていたゲノムが、じつはかなり違っていた」（小林 二〇一七：一三九）という。

また、エピジェネティクス[2]についての研究も進んでおり、遺伝子の発現様式の影響もあると考えられる。したがって、「エピジェネティクスがいかに重要な役割を果たしているかがわかっている現在では、仮にヒトラーのクローンがいたとしても、自分の起源を知らなければ、残酷な独裁者にはならず、年老いた気難しい絵描きかペンキ職人になっていただろう」（Spector 2012=2014: 352）という。

このように、遺伝的なつながりがもたらすものが明らかになるのと同時に、その遺伝子自体がつねに同じ作用をもたらすわけではないことがわかる。

（3）ゲノム編集

遺伝子操作という意味では、遺伝子組み換え食品の登場により、既に人びとの生活の中に組み込まれている。それに対する嫌悪感を示す人もいるが、「糖尿病患者に投与されるインスリンは、遺伝子組み換え技術を利用して生産され、安定的に供給されるようになった」（Specter 2016: 43）というように、必要不可欠となっている面もある。

Specterによれば、「クリスパーというゲノム編集技術が登場したおかげで、ここ三年で生物学は様変わりした。すでに世界中の研究者が、この技術を利用して遺伝性の難病である筋ジストロフィー[3]や嚢胞性線維症[4]、あるいはB型肝炎といった病気の予防や治療の研究を進めている」（Specter 2016: 42）というように、医療分野での研究が進んでいる。

さらに、小林によれば、ゲノム編集技術により「現在では、配列の分かっている領域であれば、原則どんな生物種や細胞種のどんな領域でもより複雑な改変が可能」（小林 二〇一七：一八一）であるという。そして、既に「二〇一五年には、中国でヒト受精卵のクリスパー・キャスナイン[5]によるゲノム編集が行われ」（小林 二〇一七：一八四）ており、早急に国際的な倫理規定を整備するべきであることを指摘している。

医療分野においては、病気の遺伝性についてという面だけでなく、生殖補助医療という面もある。そこで、生殖補助医療技術における遺伝的つながりについて見てみる。

2　生殖補助医療技術の進展

以前では、子どもは授かるものと捉えられており、自然妊娠できなければ、子どもをあきらめるか養子縁組、里親という選択肢しかなかった。ところが、生命科学分野における生殖補助医療の登場により、自然妊娠できない人たちにも、自分たちの（もしくはどちらかと血縁のある）子どもを持つことの可能性がひろがった。日本では、一九四九年に最初のＡＩＤによる子どもが誕生し、その歴史は六〇年以上になる。

（1）不妊と生殖補助医療

現在、日本産科婦人科学会における不妊の定義は、
生殖年齢の男女が妊娠を希望し、ある一定期間、避妊することなく通常の性交を継続的に行っているにもかかわらず、妊娠の成立をみない場合を不妊という。その一定期間については、一年というのが一般的である。なお、妊娠のために医学的な介入が必要な場合は期間を問わない(6)。
不妊治療を受ける人は増加しており、体外受精の治療件数は、二〇〇二年の八万五六六四件から二

〇一二年の三二万六四二六件となっている。[7] 不妊治療は一般不妊治療[8]（保険適用）と生殖補助医療（保険適用外）に大別される。[9] 現在は、自治体による体外受精や顕微授精などの治療費の一部が助成される制度があるが、条件や制限がある。生殖補助医療は、人工授精、体外受精、代理懐胎があるが、代理懐胎は日本産科婦人科学会の会告により、その実施は認められていない。人工授精は、精液を注入器を用いて直接子宮腔に注入し、妊娠を図る方法であり、精子提供者の種類によって、配偶者間人工授精（ＡＩＨ）と非配偶者間人工授精（ＡＩＤ）に分類される。[10] 精子提供者の種類によって、体外受精は（広義）、体外受精・胚移植（ＩＶＦ―ＥＴ）、凍結胚・融解移植、顕微授精（ＩＣＳＩ）、などに分類される。[11] 代理懐胎は、サロゲイト・マザー（代理母）とホスト・マザー（借り腹）に分けられる。[12] また、実用化には至っていないが、人工子宮の研究も進んでいる。

このように、生殖補助医療技術は生命科学がもたらしたものであるが、その技術を利用した人たちが遭遇する事象は、社会学的なものである。そこで、次節では生殖補助医療を社会学的な視点から検討する。

3　生殖補助医療における血縁

現在日本では、生殖補助医療に関する法整備は整っておらず、日本産科婦人科学会の会告による自主的なガイドラインがあるだけである。その結果、会告に反した医師によって、提供卵子による体外受精を利用した妊娠・出産が行われたケースもあった。また、国内でできないのであれば、それができる国へ行って治療を受けるという生殖ツーリズムも登場した。お互いの遺伝的つながりを持った受精卵を海外の代理母に出産してもらい、その子どもを養子縁組により自分たちの子どもとするケースや、代理母の卵子を利用して自分の子どもを多数産ませた日本人男性のケースなどが既に知られている。生殖に第三者がかかわる場合、倫理的問題もあり、早急な法整備が必要とされるが、日本ではいまだ立法には至っていない[13]。

（1）生殖補助医療へのまなざし

既述のように、生殖補助医療の進展は、「子どもを持つ」ということの意味を大きく変容させている。

①授かるものからつくるもの、持つものへ

結婚したからといって子どもを持つことが当たり前ではなくなりつつある。天冨美禰子（二〇〇三）においても、子どもの誕生は、「自然にできるもの」が五割前後、「計画的につくるもの」が三割前後、「授かるもの」がおよそ二割というように、「授かるもの」という意識が低くなっていることがうかがえる。

そもそも、「家」制度がなくなった現代において、子どもを持つということはどういうことだろうか。柘植は、以下のように述べている。

この自分たちの子どもという意識は、「家」という制度が崩壊しつつあるいま、子どもをもつ理由づけの新しい観念としてひろまっている。過去には「家」を継承するために子どもができなければ養取も頻繁に行われていた時代があった。しかし「家」の継承がそれほど重視されなくなってきた現代においては、夫婦の絆を確認するための「自分たちの子ども」という意識が強まっ

た。（上杉編 二〇〇五：一五二）

これは、子どもを「愛の結晶」とたとえることと同様であろう。夫婦は他人同士であるが、双方が子どもとの血縁を介してつながっているという「証し」として捉えられるものである。そして、生殖補助医療の進展により、これまで子どもを持つことが叶わなかった人たちに、「自分たちの子ども」を持つことの可能性をもたらしたのである。

② 不 妊

田間は、現在の日本における不妊は、「女性や男性個々人にとっての身体の問題として現象するのではなく、むしろ結婚して子どもを持とうとした時に初めて問題化する」（田間 二〇〇一：二一三）、といい、それは、「つまり望ましい家族やそのなかの自己の理想が最初にあり、それに対して解決すべき問題として不妊が意味づけられ、不妊『症』として『治療』（つまり社会統制）されるのである」（田間 二〇〇一：二一三‐四）と述べている。したがって、「不妊は、まず家族の理想に対する逸脱として意味づけされていると捉えられねばならない」（田間 二〇〇一：二一四）という。

田間は、その背景には実子主義があるといい、そこに含意されている「近代家族の理念においては、異性愛の夫婦が実子をもつ」という要件が、「諸研究者にとってはあまりにも自明であるがゆえに、近代家族諸特徴の必要不可欠な前提条件であることが見過ごされてしまっているのではないか」（田間 二〇〇一：二二六）と述べている。

それゆえ、実子主義が規範とさえ考えられなかったのではといい、以下のように述べている。

しかし、不妊から近代家族の理念を捉えなおしてみれば、夫婦が実子を持つということは自然でも当然でもなく、まさに人々を拘束する規範だということが分かる。実子がなくては、近代家族の理念は実現し得ない。ここに、近代家族の理念に不可欠な、血縁主義の一種ともいえる実子主義を指摘できるだろう。そして、この実子主義は、三一年民法で規定された家＝家族制度においても、戦後普及したといわれる欧米的近代家族制度においても、共通する要素と考えることができるのである。（田間 二〇〇一：二二六）

③ 生殖補助医療と生殖ツーリズム

日比野によれば、「近年、代理母不足を背景として、先進国などの富裕な住民が新興国に赴いて金銭で代理母を雇う生殖ツーリズムと呼ばれる現象がみられた」（野辺・松木・日比野ほか 二〇一六：四八）という。そして、新興国では、卵子ドナーや代理母のリクルートが容易かつ、安価であったため、世界中から多くの人びとが商業的代理出産を求めて訪れた（野辺・松木・日比野ほか 二〇一六：四八）。

しかし、市場が膨張するにつれて、さまざまな問題点も明らかになり、外国人依頼者を歓迎していた国々も規制の強化に向かい、二〇一五年末までにインド、タイ、ネパールやメキシコ、カンボジアなどの国々が商業的代理出産の禁止や規制強化に転じ、経済格差を利用した新興国への生殖ツーリズムは、収縮に向かいつつある、という（野辺・松木・日比野ほか 二〇一六：四八‐九）。しかし、近年ウクライナでの代理出産が世界の「赤ちゃんオンラインストア」としてニュースになっている。

そして、生殖ツーリズムには、経済的に困窮した女性に妊娠・出産のリスクを押し付けるという側面を持っており、妊娠・出産するのは代理母の女性だが、商業的代理出産の現場では、「子どもは依頼者のもの」だとされ、親子や血縁概念について依頼者にとって圧倒的有利な解釈が流通している、という（野辺・松木・日比野ほか 二〇一六：四九）。

④ 血縁志向への拍車？

日比野は、渡航治療の背景について「卵子提供や代理出産などの第三者がかかわる治療を選択する場合、その動機として、自身や配偶者の遺伝子を継ぐ実子が欲しいという願望があるためとされる。こうした、血縁に対する志向性が、渡航治療の背景にあることは否定できない」（日比野編 二〇一三：四‐五）といい、さらに、伝統的な非血縁親子関係としての養子について以下のように述べている。

かつては事業体としての「家」の継承のため養子がとられていたが、不妊治療や体外受精の導入により、血縁への志向性が強まり養子への需要は低下したように見える。しかしこれは、特別養子縁組に対する不妊カップルのアクセスが制限されていることも影響しているかもしれない。

（日比野編 二〇一三：五）

また佐々木は、生殖補助医療の進展は、「『何がなんでも血縁の実子が欲しい』といった血縁への『欲望の肥大化』に連結している」（佐々木 二〇〇七：一六）と述べている。そして、生殖技術の一つの潜在的機能として、「生殖技術の進展が『血縁』志向を助長させ、その意図せぬ結果として血縁原理に基づく家族の『正統性』を増進させ、それはまた非血縁家族の『異端性』の可視化に連結する」（佐々木 二〇〇七：一六）と指摘している。

以上のように、自分たち、もしくはどちらかと遺伝的つながりのある子どもを持つことを目的とした生殖補助医療技術の進展は、家族、結婚や子どもを持つことの意味を大きく変容させている。さらに、人工子宮が実用化されれば、社会は激変することになるだろう。また、生殖補助医療により、これまで自分たちの遺伝子を引き継ぐ子どもを持つことが叶わなかった人たちに、遺伝的つながりのある子どもを持つことの可能性をもたらしたことが、血縁に対する意識を強化したとも考えられる。

（２）親の複数性がもたらすもの

生殖補助医療であっても、配偶者間の配偶子を使用し、その女性が妊娠・出産する場合には、父親や母親が複数になることはない。しかし、代理出産や提供配偶子を利用した場合には、遺伝的親、産みの親、育ての親という配偶者以外の親をもたらすことになる。

①代理出産

日比野によれば、依頼する女性の卵子を使用する場合、「代理母になる女性にとって、代理出産とは、他人の卵子を用いて妊娠・出産することで」（野辺・松木・日比野ほか 二〇一六：六二）あり、そしてこれは、「女性にとってこれまで経験したことのない、全く新しい事態である」（野辺・松木・日比野ほか 二〇一六：六二）。さらに、依頼した女性が「自らの卵子を用いた代理出産は、胎児の成長にとって不可欠の環境を提供する代理母の身体への関心が強くなりすぎるために、代理母と適切な距離をとることが難しく」（野辺・松木・日比野ほか 二〇一六：六三）く、依頼女性に葛藤をもたらすことがある。

しかし日比野は、「提供卵子を用いた代理出産の場合は、依頼女性と胎児の関係性は、これとは異なる文脈におかれる」（野辺・松木・日比野ほか 二〇一六：六三）という。そして、提供卵子を使用した代理出産の場合に、依頼女性が「母親」としての実感を持つことが難しいケースがあることについて、そこには二重の理由があるといい、以下のように述べている。

一つは、外国人代理母が妊娠している間、依頼者は母国で通常の日常生活を過ごしているため、親になる心の準備が不足しがちである。異国の代理母が妊娠・出産した子どもを抱いても、すぐに親としての実感をもつのは難しいだろう。もう一つは、依頼女性と子どもの間に全く血縁関係が存在しないことである。つまるところ、提供卵子を用いた代理出産で追及されているのは、あくまでも男性の血縁なのである。（野辺・松木・日比野ほか 二〇一六：六三－四）

提供卵子による代理出産を依頼した女性と、ＡＩＤを利用した男性は、ともに妊娠・出産に直接かかわらず、子どもと遺伝的なつながりもないという意味では同じ立場といえる。しかし、そこにはさまざまな思いやジェンダー差だけでなく、生物学的性差がもたらすものがあることも想像できる。それは、男性は、精子が自身のものであっても、提供精子であっても、体外受精の場合における違いは、子どもとの血縁があるかないかである。しかし、女性は、それが誰の卵子であるかという違いだけでなく、自分で産むか産まないかという違いもあるからである。

たとえば、第1章で述べたように向井は、夫婦の受精卵を用いて代理出産により自分たちと遺伝的なつながりがある子どもを得ている。向井は、遺伝的なつながりについて、以下のように述べている。

まだ男性とつきあったこともない思春期の頃から、私は「遺伝子を残す」ことに人一倍ロマンを感じていた。家系が繋がること云々よりも、遺伝子という設計図に込められた思いが血となり肉となって、一つの命を形作ることそのものに胸が熱くなるとでも言おうか。（向井 二〇〇四：三四）

向井は、自身で妊娠・出産できないことについて、遺伝子をたすきに例え、「私はたすきを次世代に渡すことのできない駅伝選手になった」（向井 二〇〇四：二四八）と述べている。

自分で妊娠・出産できないということが大きな衝撃となることは、裏を返せば、妊娠・出産するということがもたらすものがきわめて大きいことがわかる。ベイビーＭ事件[14]のように、サロゲイト・マザーの場合は代理母と遺伝的つながりがあるということもあるが、ホスト・マザーの場合でもお腹の子どもに愛着がわくケース（大野 二〇〇九：九二‐四）もあり、妊娠・出産が女性の身体に及ぼす影響[15]について、さらなる議論が求められる。

② 提供配偶子と提供胚

配偶子の提供には、提供精子、提供卵子がある。現在、胚提供による生殖補助医療は、日本産科婦人科学会の会告によって認められていない[16]。

日本生殖医学会は、第三者配偶子を用いる生殖医療について、「現状では、第三者配偶子を用いる治療を国内で受けることは困難であるため、米国など国外に渡航して治療を受けた夫婦が、これまで少なくとも一〇〇〇程度あると推定される[17]」と述べている。そして、費用や治療の安全性についての懸念などから、「今後解決すべき問題点は多いとはいえ、第三者配偶子を用いる治療を必要とする夫婦が明らかにわが国に一定数存在する以上、提供者・被提供者各々の医学的適応の限定、提供者・被提供者各々への十分な情報提供と同意の任意性の確保、治療によって生まれた子の出自を知る権利への配慮など子どもの福祉に関する厳密な条件を設定した上で提供配偶子を使用することについて、その合理性は十分にあると考える[18]」としている。

しかし、提供精子については、ＡＩＤに見られるようにすでに長い歴史がある。そして、右記の子どもの出自を知る権利と、これまでのＡＩＤにおける匿名性やその技術自体が、ＡＩＤによって生まれた人たちにとって大きな問題となっている。

③ ＡＩＤ

先述のように、卵子に比べ体外へ取り出すことが容易な精子の提供は、ＡＩＤとして日本で六〇年以上の歴史がある。そして、精子の提供者は匿名であることが原則であった。しかし近年、「非配偶者間人工授精で生まれた人の自助グループ」などの登場により、その問題が提起されるようになった。家族における血縁関係だけをみれば、ＡＩＤは継父型ステップファミリーと同じである。しかし、その形成過程や父子間の非血縁関係の事実の扱いにおいて大きな違いがあり、そのことがもたらす衝撃が大きい。

長沖暁子は、ＡＩＤで生まれた人の語りにおける共通点として、「親の嘘の上に人生が成り立っていた、長い間、親に騙されてきた、裏切られたという怒りであり、一方で、自分は何者か、自分の半分はどこから来たのだろうという不安感」（長沖 二〇一四：一七八）があることを指摘している。ここに、血縁がアイデンティティと接続されていることが見られる。

長沖は、アイデンティティついては、「親から伝えられたさまざまな枠組み、何よりもその根幹にあった『血のつながった家族』が壊されることによって、自己の連続性が根本的なところで揺るがされ」（長沖 二〇一四：一七八）る、と述べている。

ＡＩＤで生まれた人たちの語りには、小さい頃から性格や嗜好などの似ていない部分に関して違和感があったケースがある。しかし、このようなことは、実際に血のつながった親子にも起こりうることであり、ＡＩＤで生まれた人たちに特有のものとはいえない。何人かの語りには、告知を受けるまでまったく疑わなかったケースなどもある。けれども、あると思っていた父親との血縁がなかったということは、自身のアイデンティティを揺るがすものであることがわかる。ただ、ＡＩＤや出生時の取り違えに気づかず、普通に生活している人が多くいることも事実である。[19] また、血縁があっても親子関係に違和感を覚えるケースがあることを考えれば、同様のケースがあることもあるだろうし、先述のように父親の態度がＡＩＤの影響を受けており、それに違和感を覚えたケースもあるだろう。

しかし、関係がうまくいっていようがいまいが、ＡＩＤ（父親と血縁がない）という事実は、自分を構成するアイデンティティに揺らぎをもたらすことになる。それは、自分がどこから来たかということの半分を喪失する体験といってもいいかもしれない。

（3）不妊治療経験者にみられる血縁

第1章で述べたように、野田は、提供卵子とパートナーの精子による受精卵を自身で妊娠・出産している。野田は、最初の結婚時に自身の卵子とパートナーの精子で体外受精を行っており、そのことについて、自分たちが欲しいのは、養子ではなく自分たちの血を分けた子どもであると述べている（野田 二〇〇四：一〇六）。そして、再婚後に高齢による自身の卵子の劣化が原因で体外受精に成功しなかったことから、卵子提供を選択する（野田 二〇一一：一〇-三四）。そのことについて野田は、「私たちの子どもには間違いなく夫のＤＮＡが受け継がれるのであって、それだけでも有難いことではないか」（野田 二〇一一：三二）と述べている。[20]

安田裕子が行った不妊治療経験者へのインタビュー調査における当事者の語りには、「あくまでも自分と夫の子どもが欲しいだけで、どうしても子どもを産みたいわけじゃ、まあ産みたいんだけど、他人の卵とか精子をもらってまで産みたいわけじゃないんです」（安田 二〇一三：六二）というものがある。

荒木晃子が行った卵子提供による渡航治療経験者へのインタビュー調査における当事者の語りには、「夫の子どもを産むために、いつも一人で渡米しなければならない……私は自分の児を諦めなければならないのに、夫は自分だけ、ずるい！」（荒木 二〇一三：九〇）というものがある。

以上のように、女性側にも強い血縁主義があるケースもあることがうかがえる。

不妊治療における血縁志向について荒木は、「家族の境界をかたくなに血縁に求めることで治療が長期化し、ついには精子・卵子の提供や代理出産など身体的、さらには道徳的な境界を超える動機につながることもありうる」（荒木 二〇一三：八七）と指摘している。

次に、荒木の調査において、親族間における精子提供がもたらした事例についての考察を紹介したい。

夫の無精子症が原因で不妊治療中の夫婦が、他者からの精子提供を検討する過程で、家族におきた出来事である。カップルは、婚姻二年目に夫の不妊症が発覚し、その時点で、年上の妻の卵子を凍結していた。当時、国内で匿名の精子提供の可能性があることを検討するも、血縁にこだわる夫の希望で、夫の実弟A氏（当時は独身）へ精子提供を依頼し、同意を得た。しかし、その後、A氏は婚約者のB子さんと結婚する。A氏の妻となったB子さんは、「Aの子どもを義理の姉が産むことに抵抗がある」と精子提供を拒否した。このB子さんの語りは、「自分たちの子どもも産まれていないのに」と同様に、（夫が）実兄へ精子提供を拒否した特徴的な語りであった。（荒木 二〇一三：九一）

この語りから、血縁に対するこだわりと、きょうだいであることがもたらす規範がうかがえる。そして、たとえ性行為が伴わないとしても、自分の夫と血縁のある子どもを義姉が産むことへの嫌悪感が見られる。これは、ＡＩＤがもたらす問題のひとつを見事にあらわしている。実兄にとっては、弟の精子の方が血縁的には近いため親近感がわきやすいことが考えられる。しかし、他者の精子であれば、実兄にとって子どもとの血縁はなく、弟からの精子提供に比べ、子どもとの距離を感じる可能性がある。また、他者からの精子提供は、B子さんに影響を与えないが、夫からの精子提供は、B子さんにとって、自分の夫が義姉と子どもをもうけたことと同じであり、耐え難いものとなる。このケースでは、実際にはきょうだい間における精子提供は行われなかったが、もし、これによって子どもが生まれた場合は、真実告知において、子どもが受けるショックや複雑な感情も問題となる可能性がある。

そして、不妊治療における血縁意識として村岡潔は、「不妊症のカップルにとって、最大の苦悩は、単純に愛情の対象としての子どもがもてないことではなく、自分たちと『血のつながった本当の子ども』がもてないことにあるだろう……不妊に苦しむとういうことの根本には血筋に対するカップルの強烈な願望やこだわり（執着）があるといえるだろう」（村岡・岩崎・西村ほか 二〇〇四：五〇）という。

（４）子どもを「育ててみたい」≠養子でもいい

浅井は、不妊女性の子どもがほしい理由における「育ててみたい」に養子縁組という選択肢はなく、それはあくまでも自分の産んだ自分の（あるいは自分たちの）遺伝子を持った子どもであることを指摘している（江原編 一九九六：二七八）。

浅井は、不妊女性が血縁の子どもに固執することについて考えられる点を三つあげているが、その第一の理由として、以下のように述べている。

> 女性にとって子どもをもつことのメリットは、家族制度を生きた時代に比べて格段に少なくなっているということである。女性の社会的活動が認められるようになり、その評価がなされてみ

れば、その継続や社会的評価に対するメリットは、子どもをもって家庭の中でその誇らしさだけに満足していられる状況ではないということである。まして、夫婦の血縁でない養子の養育などは考えられないということではなかろうか。（江原編 一九九六：二七八）

確かに現在の少子化の原因のひとつとして女性の社会進出があげられることは多く、キャリアと子どもを養育することの選択においてキャリアが優先されることもある。けれども、それは子どもを持つか持たないか、または子どもの人数ということに影響することであり、したがって、一人しか持てないのであれば、「血縁のある子」のほうがいいと考えることはあるだろうが、子どもを持つことのメリットの低下が、「血縁のある子」に固執し、養子の養育が選択されないとするのは、いささか説得力に欠けると思われる。

それは、子どもを持つことのメリットが低下したのであれば、子どもにかけるコストも低下してよさそうなものであるが、そのような傾向は見られないことからもわかる。多くの子どもが塾に通い、今でも一部では「お受験」熱も存在している。コストがかかることが子どもを持つことのデメリットであるならば、それが子どもを持つか持たないか、またはコストから算出した養育可能な人数の子どもを持つという選択につながり、現在の状況はそのことを反映していると思われる。そして、コストがかかるのであれば、そのコストに見合った結果を残してほしいという思いが、子どもの養育、教育に注ぎ込まれ、それがひとつの社会的評価[21]として捉えられているように思われる。

したがって、子どもを持つことのメリットが低下したというよりは、子どもを持つことの意味が変容したと捉えるほうがよいのではないだろうか。

浅井は、第二の理由として以下のように述べている。

子どもの養育の難しさ（今日的な子どもをめぐる問題化状況）があげられるだろう。不妊女性は、「子どもの欠点を自分たちの血を引かないことに転嫁しそう」とか、近所の母親たちから今日の教育問題や競争で子育てが行われている状況を聞き、「わざわざ養子を迎えてこんな環境の中に放り込むのかって、真っ先に思いましたね。いらないって思いましたね。自分の子どもはほしいくせに、養子・養女となるとそういうことがでてくるんですよね」と養子を拒否する理由を語る。家族的・社会的評価は別として、「子どもを育ててみたいが養子はいやだ、でも自分の子どもはほしい」、これが不妊女性の偽らざる心境なのではなかろうか。（江原編 一九九六：二七八－九）

筆者は、不妊女性に限らず、多くのカップルが子どもとの血縁にこだわり、血縁関係のない里親や養子縁組を選択しない理由のひとつが、ここでいう、「子どもの欠点を自分たちの血を引かないことに転嫁しそう」にあると考えている。これは第3章でも述べるが、里親養育やステップファミリーにおいて子どもとの関係がうまくいかないときに、その理由を血縁に還元してしまうことが、非血縁親子関係の崩壊につながることにあらわれている。

実際には、血縁があっても子どもとの衝突は起こり、それにどう対処してよいか迷うことはよくあることである。しかし、血縁がある場合は、その理由を血縁に転嫁することはできず、ほかの理由を探したり、自分の子どもだから仕方ないとして受け入れながら試行錯誤する。けれども、血縁がない場合は、その理由が「血縁がない」ことに転嫁されやすい。それは、問題の理由がわからないことが「不安感」をもたらし、理由がわかることが「安心感」と解決方法をもたらすため、その理由として一番思いつきやすく納得しやすいのが「血縁がない」ことであるからだと思われる。

しかし、「血縁がない」ことを理由とした瞬間に、もはや非血縁親子関係における血縁を克服することを不可能にしてしまい、親子関係における相互の信頼を獲得することを困難にすることは、里親養育にも見られる。

最後に、浅井が第三の理由として次のように述べている。

結婚の成就が「子産み」によって完成されると考えられているからではないか、ということである。つまり、「子産み」が夫と妻の性愛の証と受けとられているということである。私は、ある不妊女性の、夫婦の血縁の子どもは「男と女の出会いのシンボルみたいな意味」ということばが忘れられない。それは、日本の近代家族の中にも、ないがしろにされてきたと思われる「性愛」というものがあったのだという感慨であったのかもしれない。しかし、男女の性愛の証が真摯に生殖に求められているのが、不妊のカップルであるという事実に皮肉を感ずるが、子どもが性愛の証であることが養子を否定する理由であるとすれば、近代家族の排他性を感じないわけにもいかないのである。（江原編 一九九六：二七九‐八〇）

そして、「日本の女性が望んでいる家族は、完璧な（私と夫の遺伝子を受け継ぎ、私が産んだ）子どものいる『完璧な家族』である……だからこそ、不妊の女性たちは辛い不妊治療であろうと体外受精であろうと受け入れ、その完璧な家族の実現を目指そうとしているのではないかと思われる」（江原編 一九九六：二八〇）という。

筆者も、浅井がいうように、日本の挙児を望む多くの女性が求めているのは「私と夫の遺伝子を受け継ぎ、私が産んだ」子どもであると考える。そして、不妊という事実に直面した時に、「完璧な家族」に一番近いところにいるための選択（タイミング法に始まり、顕微授精や配偶子提供、代理出産など）をしようとしているのではないだろうか。

（5）血縁から「遺伝子」「DNA」へ

これまで見てきたように、生殖補助医療の現場では、明らかな血縁志向が見られた。そして、生殖補助医療技術の進展がそれを強力に後押ししていることも明らかとなった。

向井（二〇〇四）の遺伝子に対するこだわりは、まさに浅井の指摘するところであると思うが、もうひとつ重要なことは、家系の繋がりではなく、遺伝的なつながりが強調されている点である。これは、遺伝的なつながりが重視されているということだけでなく、親子のつながりを「血」ではなく、「遺伝子」で語ることが一般化されていることを示している。野田も「DNA」という表現をしており、生殖補助医療が多くの人に知られることとなったことや、遺伝子研究の発達により、「遺伝子」や「DNA」という表現の方が、「血縁」よりも一般的になりつつあることがうかがえる。

（6）子どもの商品化？——精子バンク・デザイナーベイビー・三人の遺伝的親——

現在では、インターネットで検索すれば、精子提供に関するさまざまな情報を手にすることが可能である。NPOなどのボランティアによる精子提供や、ドナーの詳細情報から選択するものまでさまざまである。これまで日本で行われてきたAIDは、匿名が原則であるが、子どもの出自を知る権利などの観点から、現在も議論されている。

また、アメリカでの不妊治療をコーディネイトする企業もあり、ドナーの写真、身長、体重、髪の色、目の色、教育レベルなど多くの情報を得ることができる。実際にアメリカの精子バンクを利用して子どもを得たシングルマザーがテレビで紹介されたこともあり、自分の遺伝子と、好みのタイプの精子が持つ遺伝子という組み合わせの子どもを得ることが可能となっている。

精子バンクを利用した場合は、女性が選べる選択肢にはドナーの身長、体重、髪の色、教育レベルなどがあるが、その組み合わせにおいて限界がある。しかし、ゲノム編集を利用すれば、受精卵をゲノム編集し、子どもをデザインすることも可能になる。けれども、ゲノム編集された受精卵はそのカップルの子どもといえるのだろうか。

これまでのゲノム編集をしていない受精卵は、受精までの過程は異なっても、それぞれの遺伝子は選択できない[22]。そして、その選択できないことがもたらす納得（妥協）感によって、子どものさまざまな特徴や性質を受諾し、子どもがそのことで親に文句を言うことの理不尽さが理解されるが、親がデザインしたのであれば、それを子どもが受け入れなかった場合に、子どもが親に不信感を持つことの正当性が生まれてしまう。多くの子どもは親の意思や意図によって生まれるが、子どもは親の所有物ではなく、子どもをデザインすることは子どもをモノ化することにつながるのではないだろうか。そうしてデザインされて生まれる子どもは自分をどう思うだろうか。

これまでの生殖補助医療においては、ＡＩＤの登場による生物学的父と育ての父、代理出産の登場による生物学的母と産みの母、育ての母のように、複数の親が生まれることになったが、産まれてくる子どもの遺伝子は、一人の男性の精子と一人の女性の卵子からなり、遺伝上の親はその二人となる。ところが、二〇一六年にメキシコで、三人の親のＤＮＡを持つ子どもが誕生した[23]。これまで子どもの遺伝子自体は、父母それぞれ一人ずつからであったが、遺伝上の親が二人ではなくなるケースが登場した。このように、今後は三人を超える親の遺伝子を持つ子どもが生まれる可能性もある。

（7）人工子宮がもたらすもの

これまで、男女間において超えることができないものとして、妊娠と出産があった。特に母子関係においては、子どもは遺伝的つながりを持った母親からしか生まれてこなかったが、生殖補助医療によってその自明性さえなくなった。さらに、人工子宮が実用化されれば、もはや人は人から生まれることさえなくなるのである。また、人工子宮の実用化は、代理懐胎による他者の身体への侵襲性が解消される一方で、もはや治療ではなく、挙児の方法の選択肢となることも考えられ、社会を激変させることが予想される。もちろん、数年の間に起こることではないと思われるが、生殖補助医療の進展がもたらした、妊娠・出産の多様化に法律が追いついていない現状をみれば、それを踏まえた議論は始めるべきであることがわかる。

海野信也によれば、「人工子宮―人口胎盤」に関する研究は、最初の取組みから約六〇年が経過しており、海野らのグループが「ヤギ胎仔を対象としてA-V ECMO[24]を用いた長時間子宮外保育実験を行い、現時点でも最長保育期間である三週間の子宮外保育を一九九三年に報告している」（海野 二〇一七：一二三五）という。

しかし、その記録もほかの研究者により、近く更新されることになるという。さらに、海野によれば、「現在、人工子宮―人口胎盤の開発は非常に急速に展開しており、研究者によっては五年以内の前臨床段階への移行を予言するものもある」（海野 二〇一七：一二三九）という。

人工子宮の実用化は、段階的に進められることが予測される。現在行われている人工子宮による羊の研究も、早産による羊を発育させるというものである。したがって、受精卵の状態からの人工子宮による発育には、さらに時間がかかると思われる。

しかし、母体における妊娠期間が短縮されるというだけでも、それがもたらす効用は大きい。それは、早産による死亡や障がいを減らすことに期待できるからである。日本産科婦人科学会によれば、赤ちゃんは、早く生まれるほど、後で重篤な障がいが出現する可能性が高くなり、妊娠三四週以降の正期産に近い早産であっても、呼吸障害など長期に障がいを残すことがあるという[25]。

このように、科学技術の進展は、子どもを持つことを可能にしただけでなく、子どもを選ぶ（デザインする）ことをも可能にしてしまう。血縁意識を反映した遺伝的なつながりのある子どもを持つための技術の進展が、遺伝子を編集することや人工子宮をもたらし、その実用化は利点だけではなく、多くの社会問題をもたらすのではないだろうか。

以上のように、生殖補助医療の進展により、遺伝的つながりのある子どもを持つことの可能性がひろがったことが血縁志向を強化しているように見える。その一方で、かなり前から行われている、男性不妊の問題を隠蔽、解消するという側面の強い（村岡・岩崎・西村ほか 二〇〇四）ＡＩＤが、社会状況の変化や子どもの出自を知る権利により、問題化されている。

血縁は、自分がどこから来たのかという、自分の構成要素を意味するものである。そして、父親、母親の愛情の結果としての自分の存在ということが理想とされているため、その基本路線と異なるものは、何らかの形でアイデンティティに影響を及ぼす。

本節では、生命科学（生物科学）分野からもたらされた生殖補助医療における血縁を社会学的視点から検討した。そこで次節では、人文科学分野において血縁がどのように捉えられているかを検討する。

4　人文科学分野における血縁

これまで、血縁意識に焦点を置いた研究はほとんどされてこなかった。先述のように、「家」制度が廃止されるまでの日本社会では、家督の継承が最も重要であり、そのためには非血縁者を養子にむかえることがごく当たり前に行われており、家族における血縁意識は問われることがなかったと思われる。また、「家」制度が廃止されてからは、家族における血縁はある意味当たり前のこととなり、疑問視されることがなかったのではないだろうか。各機関が行う全国調査などでも血縁意識を問うようなものはほとんどなく、家族における血縁が主題となることがなかったことがうかがえる。けれども、だからといって血縁が人びとに対してもつ力が弱まったわけではない。葛野が指摘しているように、「イエ制度の崩壊と共に〈イエ〉という言葉やそれが持っていた支配力が弱体化したのに対して、《血》という言葉やその力は今もって健在である」（藤崎編 二〇〇〇：一〇八）。

現在、ステップファミリーの増加や第三者がかかわる生殖補助医療技術の進展などにより、家族が多様化し、親子関係における血縁は当たり前のものではなくなりつつある。つまり、親子関係における血縁が問われる機会が顕著になっている。また、DNA研究の進展により、民間企業による二〜三万円で行える遺伝子検査も登場し、人びとの関心も高まっている。二〇〇三年に厚生労働省が行った「生殖補助医療技術についての意識調査二〇〇三」で、ひとつだけ親子関係における血縁意識を問うた設問があり、その結果、およそ半数が「血は水より濃し（親子関係は血のつながりが大切）」と回答しており[26]、一般的な親子関係における血縁規範意識は強そうに見える。けれども、それ以外の血縁にかかわる調査はなく、血縁意識が家族関係にどのような影響を及ぼしているかはわからない。

ただし、大学生の生殖補助医療に関する意識や、出生前診断に関する意識および知識、養子縁組に対する意識に関する研究はいくつかあり、血縁意識に関する記述が見られる。

たとえば、天冨が大阪教育大学の学生に行った調査では、子どもを生み育てる意味について、「自分の命の継承」（男三二％、女三〇・四％）という回答や「家の存続のため」（男一一・八％、女四・八％）のように、「家」制度を彷彿させる回答が見られた（天冨 二〇〇三：六）。生殖補助医療における代理母については、サロゲイト・マザーの利用についての結果から、女子学生が自分からの遺伝伝播を重視し、血縁関係にある子どもを望んでいるという（天冨 二〇〇三：七）。

古澤頼雄は、血縁家族の両親を対象とした調査において、「血縁のない子どもを育てる親をすばらしいと賛美するものの、自分には養子を育てる意思は全くないこと」（古澤 二〇〇五：一四）や「血縁こそが家族にとって重要であるとする意見が、とくに父親においてかなりを占めている」（古澤 二〇〇五：一四）ことを指摘している。

また、ターン有加里ジェシカ・村田光二・唐沢かおりは、犯罪者の子どもに対する偏見の要因について、「遺伝的つながり」と「社会的つながり」を潜在的指標と顕在的指標から検討している。その結果、「人々は顕在的態度としては社会的つながりを重視しているが、潜在的態度としては遺伝的つながりを一定程度重視している……つまり、人々は遺伝子の影響を重視しているにもかかわらず、それを意識的か非意識的か表出しない」（ターン・村田・唐沢 二〇一九）という。

以上のような背景もあり、最近になっていくつかの研究において「血縁」や「遺伝的つながり」という言葉が使われるようになってきた。しかし、多くの研究が血縁意識という観点から家族を検討するというものではなく、これまでの血縁家族のような「血縁」にとらわれない家族的実践を検討するというものである。

そこで、本節では「血縁」を超える家族というアプローチを概観する。そして、子どもの養育において非血縁者が関与する里親、特別養子縁組、ステップファミリー、生殖補助医療[27]、児童養護施設で「血縁」がどのように位置づけられているかを見てみる。さらに、子ども虐待における「血縁」の位置づけについて検討する。

（1）非血縁者が関与する子どもの養育

非血縁者が子どもの養育をするケースは、児童養護施設、里親、特別養子縁組、ステップファミリーなどがあるが、良好な親子（養育）関係となれるかどうかは信頼関係が構築できるかに依存する。そして信頼関係の構築には、Adrian Ward がいう「分かち合ってきた生活がないこと」が大きな障壁となる。

Ward は、以下のように述べている。

　他人の子どもの養育を引き受ける時には、そこには信用を築き相互信頼の基礎となる喜怒哀楽を分かち合い育ってきた生活がない。それどころか、信頼関係の発展を大きく阻害する要因が存在する。つまり、子どもは過去に信頼関係が壊れた経験があるので、再び誰か他の人とかかわるのを非常に恐がっていたり、あるいは今はもう一緒に住んでいない親へ忠誠心を失わずにいると、新しい親代わりの人に心が向かわないこともある。(Rogers, Hevey, Roche and Ash eds. 1992=1993: 90)

これは、後述する中途養育の困難の要因としてあげられるものであるが、中途養育の困難はそれだけではない。

① 家族を超える実践

近年、これまでの家族のような血縁や制度にこだわらないという意味で、家族のオルタナティブや家族を超える実践というアプローチがいくつか見られる。

たとえば、久保田裕之は、シェアハウスに着目し、インタビュー調査を通して、若者の自立／自律と共同性について、血縁や性愛、ケアの必要性が基礎となる家族と比較して考察している（久保田 二〇〇九a）。

久保田は、シェアハウジングを「家族を超える実践」（久保田 二〇〇九a：一〇四）のひとつとして捉え、「家族はシェアの特殊な一形態にすぎないことになる」（久保田 二〇〇九a：一二二）という。そしてそこから、「家族との暮らしや独り暮らしと対比したとき、シェアはどのような暮らし方か」（久保田 二〇〇九a：一二二）という問いを反転させ「家族とはいかなる特徴をもつシェアか」と問い議論を展開する。

しかしながら、シェアハウジングでは家族の重要な機能としての「ケア」（特殊性）の問題がきちんと解決されておらず、そのことを排除してシェアと家族とを比較することには限界があると思われる。「ケア」が介入した場合には、久保田が触れている大規模なシェアやコレクティブハウスでのみ可能であり、中小規模のシェアでは、成員の共同居住へのスタンスや社会的属性、労働形態などに左右されることと、日本の住宅構造の問題があるために難しいと思われる（久保田 二〇〇九a：一二三）。

コレクティブハウスについては橘木俊詔が以下のように述べている。

このような共同住宅において福祉の役割を期待するのは一つの方策として期待できるが、友人・知人であっても人間なので時間が経過すれば、感情のもつれや、生き方や生活方式の違いから生じるいさかいの発生することはありうる。家族同士であればある程度のわがままも容認されようが、他人の間であれば我慢にも限界があって、共同生活から離脱する人も出てくるかもしれない。共同居住で福祉の役割を期待するのは一長一短がある。（橘木 二〇一一：二〇五）

また、小浜は以下のように述べている。

論者の中に非血縁的な家族なる概念を作り上げて、その可能性を提出する向きがあるが、非血縁的な家族などというものはもともと言葉の矛盾なのであって、実際に非血縁の人間が相寄って共同生活を営んでいる場合には、性的な親和力を何らかの形で抑圧・排除あるいは欺瞞的に許容したうえで成り立つ意識的に組まれた組織であるか、そうでなければ、疑似的に血縁であることを黙契として承認しあった疑似家族であるか、そのどちらかなのである。（小浜 二〇〇三：二三八）

久保田は、「ケア」だけを見てもシェアと家族を単純に同列に論じることはできないと述べているが、まさにこのことが、筆者がシェアと家族を比較することがきわめて難しいと考えるところである（久保田 二〇〇九ａ：一三二）。重要なのは、子どもには長期的にかかわる養育者が必要であるということである。一般的には、血縁関係にある親がそれを負っている。要するに、血縁があるということが、親に子どもを養育するという責任を負うことにコミットさせる効果を持つのである。もちろん、子どもの養育者は血縁関係にある人である必要はない。社会的養護にも見られるように、実親が養育できない場合には、児童養護施設、里親、養子縁組などにより、子どもの養育がなされる。そして、それらはすべて法制度のもとに実施されているものである。また、非血縁者が関与する子どもの養育ということでは、右記のものとは少し違うが、ステップファミリーも含まれる。

以上のように、家族をシェアのひとつの形態と捉えることでは家族の重要な機能である「ケア」の問題を解決できない、つまり「家族を超える実践」とはいえないと考えるため[28]、本書の考察では扱わない。

以下、児童養護施設、里親、養子縁組、ステップファミリーについて検討する。

② 児童養護施設――血縁者である実親とは暮らせない生活――

子どもと親の血縁に基づく生活が分離されるケースとして、離婚、養子縁組、里親などがあるが、施設入所もそのひとつである。離婚の場合は、親権者となる親とは一緒に生活するが、施設入所の場合は、実親との生活そのものから分離されることになる。

児童養護施設では、事情により実親と暮らせない子どもたちが、施設の職員と一緒に生活をしている。近年の児童の入所理由は虐待のよるものが多く、家庭復帰がなかなか進まないケースも多くある。きょうだいで同じ施設に入所するケースもあるが、きょうだいが同じユニットで生活するかはケースにより異なる。また、きょうだいでの入所は比率としては低めになるため、多くの児童は、血縁関係にある者とは一緒に生活しない。したがって、児童養護施設では、一般的な家庭のように独占できる親はおらず、気軽に話ができるきょうだいのような存在は、一部を除いていない。施設職員が親の代わりに児童を養育するが、職員が親と同じスタンスをとることは難しい。現在主流となっているユニットケアでは、通常六人までの児童に対して約三人の職員が交代で勤務しているが、当直においては一人勤務になることがほとんどであり、一般的な親のような対応はできない。職員の年齢もさまざまであるため、年齢が若い職員は、親というよりはお兄さんやお姉さんに近い存在となることもある。また、児童が職員に対してとるスタンスも多様であるため、臨機応変な対応が求められる。

児童養護施設では、児童相談所と協議しながら、親子の面会や家族再統合をすすめるが、家庭環境が複雑なケースも多く、対応が難しい。

たとえば、児童が入所中に親が再婚するケースでは、入所児童と継（養）親との関係構築が難しかったり、継（養）親と実親の間に新しい子どもができた場合の児童の立場など、児童が施設にいるために、通常のステップファミリー形成のように、事前に児童と実親と継（養）親がコミュニケーションをとる機会が十分に持てないことが多い。また、国際結婚のケースでは、離婚後に親権者である実親が国外に出なければならなくなることもあり、児童が施設に取り残されることもある。

また、津崎哲郎が指摘するように、家族再統合における「引き取りという形は新たなリスクの始まりであって、決して楽観的に喜べるような単純な事象ではない」（津崎 二〇一五：一八三）。津崎によれば、それはアメリカの制度と比較し、親に対するペアレンティングなどの改善プログラムが徹底されていないため「親の改善があまりなされないままの引き取りになってしまっていることが多い」（津崎 二〇一五：一八四－五）という。そして、「特に乳幼児期の愛着形成時期に年単位で分離体験を有しているような場合は、再統合の作業は相当困難な道筋をたどることになる」（津崎 二〇一五：一八五）と指摘している。

児童養護施設では、一般的な家庭に近づけるためにユニット化が進められているが、児童は里親のような特定の養育者や特別養子縁組のような法的な親ではなく、流動性の高い職員のもとで養育される。津崎によれば「施設生活の場合、いまだ見捨てられ感情が払拭されていなかったり、親との関係が割り切れなかったり、個別の代替的養育者やよりどころの確保が難しかったり、集団内での仲間関係の軋轢や難しさを背負っていたりすることも多い」（津崎 二〇一五：一四八－九）という。

このように、児童養護施設では血縁とは切り離された子どもが、親の代替者としての職員と一緒にある種の疑似家族を営んでいるのである。しかしながら、里親のようにその養育が一般家庭で行われるわけではなく、そして同一の独占できる養育者がずっとかかわることがなく、さらに運営上システマティックになりやすいという面からも、養育者と子どもの間に血縁が意識されるような機会はあまりないといえる。

③ 里 親

日本では里親による養育が進まない。一九五五年には八千世帯ほどあった委託里親数もその後三千世帯ほどまで減少し、二〇一六年にはおよそ四千世帯と微増しているが[29]、里親制度が浸透していない観がある。里親登録数は、ピークであった一九六二年の一万九二七五世帯から一時は七千世帯ほどまで減少したが、二〇一一年に厚生労働省より社会的養護のもとで生活する子どもの措置について、これまで主流であった児童養護施設への措置から里親への措置を積極的に推進していくという指針が出されたことから、二〇一六年には一万一四〇五世帯[30]まで増加した。そのうち委託を受けている里親は四〇三八世帯であり、委託児童の総数は五一九〇人である[31]。里親委託の措置は、児童相談所が行っているが、児童相談所の職員が担当する児童数の増加と、被虐待児童や処遇困難児の増加の問題などからさらなる養育の専門性が要求され、里親と児童のマッチングが難しくなっている（浅倉・峰島編 二〇〇六：一〇八－一〇）。里親登録数は増加したが、マッチングなどの問題もあり、二〇一六年度の調査では、里親制度の利用は二割に至っていない[32]。

日本で里親委託が伸展しなかった理由として、三輪清子は、「里親委託の伸展を妨げてきた要因は、施設が里親委託に消極的であったこと、福祉司の役割過重や里親専任職員の不在、里親が養育上直面する課題などの要因により児童相談所が里親委託に消極的であったこと、など、児童福祉をめぐる制度的構造の問題」（三輪 二〇一四：一四六）である、と述べている。

現在里親制度は、養育里親、専門里親[33]、養子縁組を希望する里親、親族里親[34]に分類されている[35]。養育里親は、養子縁組を前提としていないが、養育の過程において養子縁組をすることはできる。

里親制度は、「要保護児童（保護者のない児童又は保護者に監護させることが不適当であると認められる児童）の養育を委託する制度[36]」とされている。しかし、二〇一一年度末における里親委託率は、一二・

○％（厚生労働省 二〇一四b：二三）と施設養護の方が圧倒的に多い。また、諸外国（オーストラリア九三・五％、香港七九・八％、アメリカ七七・〇％、イギリス七一・七％、カナダ六三・六％（厚生労働省 二〇一四b：二三））と比較しても日本の里親委託率は、きわめて低い。

これには、制度発達の背景の違いや宗教的基盤の違い、社会的認知度の低さ、血縁の問題がかかわっていると考えられる。園井ゆりの調査では、「里親の約四人に一人は宗教を持って」（園井 二〇一三：一三六）おり、「宗教的背景は、アメリカの研究からは里親になる動機の一つとして位置づけられる」（園井 二〇一三：一三六）という。里親制度は、要保護児童の養育が目的となっており養育者と児童に血縁はなく、児童養護施設と同様に血縁からの距離化がはかられている。しかし、児童養護施設のような施設ではなく、その養育が一般家庭で行われること、同一の養育者がかかわることなどからより家庭的なものとなり、親密性が高まる可能性がある。そしてそのことが、「本当の親」を意識させるものとなり、養育における問題が起こったときに「血がつながっていないから」ということが表出することがある。

④ 養子縁組

近代の養子縁組

戸田によれば、一九二〇年の国勢調査の結果から、日本の家族総数中、親子なる成員を持たぬ家族が約一割七分あり、さらに六大都市だけについてみると、かかる家族は六大都市の家族総数中約二割七分ある、という（戸田 一九八二：六〇）。

これらがすべて養子であるとはいえないが、「家長的家族にあっては親夫婦に子供のない場合には、他家（多くの場合子の親と族的関係にある人々の家族）から子供が迎えられ、また子供があってもそれが女子のみである場合には、他家から男子が迎えられて、それがこの親夫婦の子と認められ、その養子となる」(戸田 一九八二：六〇)。

しかし、養親子関係における感情面は実親子関係とは異なり、それについて戸田は、以下のように述べている。

> 家族内においていかに子供と同様なる資格が認められるとしても、養親子の間には実親子の間におけるがごとき愛着的接近が起り難い。実親子の間には隔てなき感情融和が自然的に発露するが、養親子の間にはかかる感情融和の自然的発露が求め難い。親子の愛情のごときは親子の間にのみ起り得るものであり、かかる愛情にもとづく感情的一致は親子間にのみ求められ得るものであるにもかかわらず、事実上親子でない者を家族生活上人為的に親子のごとく認めて、これらの者の間に親子間に起り得るがごとき感情融和を求めんとすることは頗る困難である。したがって一般的に養親子の間には実親子の間におけるよりは大なる心的距離が置かれやすく、殊に相当の年齢になるまで実父母の下に育てられたる者が養子として他家に入る場合には、この養子は実父母に対する愛情と養父母に対する感情との差を明瞭に感じているが故に、養父母に対して常に隔てを設けやすくなる。それ故に養子を迎えんとする者は、かかる意識が未だ明瞭にあらわれ得ないような低い年齢の子ども、または族的意識の起りやすい近親の子供を求めて、養親子間の感情を出来るだけ実親子間のそれに近づけしめんとすることが多い。しかしいかにしても、実親子でないものの間に実親子間におけると同様なる感情融和は起り得ない。したがって養子は実子と同様なる態度を以て養親の家族の一員とはなり得ない。(戸田 一九八二：六一－二)

戸田は以上のように述べているが、これは戸田も言っているように、家長的家族が想定されているものである。ここで述べられている養親子間における感情融和の難しさは、先に述べた里親子の関係に近い。現代の養子縁組は、[37]家長的家族が想定されているわけではなく、特に、特別養子縁組においては、子どもは原則六歳未満であり、実親との法的な親子関係も解消され、養親の子どもに対する意識にも違いがある。

現代の養子縁組

現在、養子縁組は、普通養子縁組と特別養子縁組がある。普通養子縁組は、「戸籍上において養親とともに実親が併記され、実親と法律上の関係が残る縁組形式」（厚生労働省 二〇一七c：八）である。特別養子縁組は、「昭和四八年に望まない妊娠により生まれた子を養親に実子としてあっせんしたことを自ら告白した菊田医師事件等を契機に、子の福祉を積極的に確保する観点から、戸籍の記載が実親子とほぼ同様の縁組形式をとるものとして、昭和六二年に成立した縁組形式」（厚生労働省 二〇一七c：八）である。

特別養子縁組の成立件数は、二〇〇五年から二〇一二年までは三〇〇組前後で推移していたが、二〇一三年から増加傾向にあり二〇一五年は五四四組成立している[38]（厚生労働省 二〇一七c：九）。

縁組の成立においては、普通養子縁組が「養親と養子の同意」により成立するのに対し、特別養子縁組は「養親の請求に対し家裁の決定」により成立しかつ、「実父母の同意が必要（ただし、実父母が意思を表示できない場合や実父母による虐待など養子となる者の利益を著しく害する理由がある場合は、この限りではない）」である（厚生労働省 二〇一七c：八）。

要件においては、普通養子縁組が「養親：成年に達した者、養子：尊属又は養親より年長でない者」に対して、特別養子縁組は「養親：原則二五歳以上（夫婦の一方が二五歳以上であれば、一方は二〇歳以上で可）、配偶者がある者（夫婦双方とも養親）、養子：原則、六歳に達していない者／子の利益のために特に必要があるときに成立」となっている（厚生労働省 二〇一七c：八）。

戸籍の表記は、普通養子縁組が「実親の名前が記載され、養子の続柄は『養子（養女）』と記載」されるのに対し、特別養子縁組では「実親の名前が記載されず、養子の続柄は『長男（長女）』等と記載」される（厚生労働省 二〇一七c：八）。

そして、普通養子縁組では「実父母との親族関係は終了しない」のに対し、特別養子縁組は「実父母との親族関係が終了する」ことになる（厚生労働省 二〇一七c：八）。

このように、特別養子縁組は、「実父母との親族関係が終了する」というように、法律上は実親と子どもの親子関係を完全に切って、養親のみを法律上の親とするものである。

⑤ ステップファミリー

ステップファミリーとは、カップルのどちらか、または双方に前の結婚による子どもがいる人同士の婚姻によって形成される家族形態である。したがって、ステップファミリーにおける親子関係には、非血縁親子関係が含まれる。

Patricia L. Papernow は、以下のように述べている。

> つい最近まで、日本のステップファミリーはその存在が社会に認知されていませんでした。そのために、継親と継子はどちらも理解されず、孤独を感じ、心を痛めていたことでしょう。そして、無理なことを求められて苦しんでいるのではないでしょうか。（Papernow 2013=2015: iii）

そもそも、日本においてステップファミリーという言葉が使われるようなったのは最近のことであり、ステップファミリーに関する研究が少ないことは、野沢慎司・菊地真理（二〇一〇）や勝見吉彰（二〇一四）らにも指摘されている。

また、野沢・菊地が指摘しているように、「親の再婚を経験する未成年子に関する公的な統計が見当たらないことも、離婚後の家族に対する社会的関心の低さを傍証している」（野沢・菊地 二〇一四：六九）。

初婚家族とは違うステップファミリーにおける問題の難しさは、まさに非血縁親子関係にあるといえる。継親子関係は、血縁親子関係とはまったく別のものであり、それを同様に捉えようとすることにより、多くの問題が生まれる。ステップファミリーの困難が中途養育の難しさとして述べられることが多いが、次項で述べるように当事者がその困難の要因として「血のつながり」をあげている。

また、離婚の増加と、それにともなう再婚の増加により、ステップファミリーが増加するだけでなく、シングルペアレントと新しいパートナーという関係も増加することが予測される。シングルペアレントの再婚は、必ずステップファミリーを形成するものであり、交際中から継親子関係を考慮に入れることが求められる。それは、最近ニュースでも非血縁パートナーによる子どもへの虐待事件が報道されることも多くなってきており、そこには、ステップファミリーだけでなく、ステップファミリーが形成される前の、シングルペアレントと交際している新しいパートナーからによるものも含まれているからである。

そこで、次に子ども虐待についての先行研究において、このようなケースをどう捉えているかを見てみる。また、ステップファミリーにおいて血縁がどのように捉えられているかは次章で詳述する。

（2）子ども虐待における血縁

これまで、子ども虐待については貧困との相関について多くの研究がなされており（松本編 二〇一〇：奥田・川松・桜山 二〇一六ほか）、育児不安や発達障害などといった観点からの研究（増沢・大川・南山ほか 二〇一〇）もある。また、上野加代子が分類した、児童虐待リスクを突き止めようとする調査研究における、児童虐待のリスクとして指摘されている「家庭・家族に関する項目」の中に、「定型でない家族」「母子家庭」「一人親」「再婚」「内縁関係」などの非血縁パートナーが関与する、またはその可能性がある形態もあげられている（上野・野村 二〇〇三：一五六）。しかし、親子の血縁（意識）に主眼を置いている子ども虐待の研究は、ほとんど見当たらない。

たとえば、奥田晃久・川松亮・桜山豊夫らは、いくつかの調査報告から、児童虐待にかかわった家庭の四割程度が経済的に困難な状態であることを指摘している（奥田・川松・桜山 二〇一六）。しかし、ひるがえってみれば、五割以上の家庭は、相対的貧困の可能性はあるにしても、経済的に困難な状況ではない可能性もある。であるならば、貧困以外の視点で検証する必要があるだろう。

杉本昌子と横山美江は、父親の虐待的子育てという観点から、関連する要因として、「子どもの人数」「父親の学歴」「育児ストレス」「親役割充足感の低さ」「母親の虐待的子育て」をあげている（杉本・横山 二〇一五：九二八）。

さらに、竹原健二と須藤茉衣子は、国内外の「父親の産後うつ」に関する研究から、父親にも産後うつになる可能性があることやそのリスクファクターをあげており、その中でも「パートナーが産後うつであること」との関連は多くの研究で示されているという（竹原・須藤 二〇一二）。そして、父親の産後うつが及ぼす影響として「体罰の増加」が指摘されており、虐待のリスクであることがうかがえる。

市川隆一郎と藪野栄子は、「育てにくさ」という観点からの虐待予防について検討している。市川らによれば、「育てにくさ」には家庭養育機能の不全が見られ、「母親の精神的社会的未成熟」「育児に夫の協力が得られない」「第三者による育児状況に対する評価とそれへの反発」「相談機関の不適切な対応」の四つを挙げている（市川・藪野　一九九八）。その結果、育児は妻一人に負わされ、孤立し周りに協力を得られないことなどがストレスとなり、日常的な不平・不満が常時膨張し続け、それがわが子への虐待として表出する、と指摘している（市川・藪野　一九九八：八‐九）。そして、児童虐待の予防策として、母親たちの精神的社会的未成熟および家族病理に焦点をあてるだけではなく、親身になってくれる相談方法・体制の普及と男に対する家庭経営、育児知識・技能などの教育機会の提供、家族療法的なアプローチの必要性を述べている（市川・藪野　一九九八：一〇）。市川らの指摘からかなりの時間が経過しているが、相談対応件数が増加の一方であることを見ても、その対応策は不十分と言わざるをえないだろう。

次に、児童虐待相談対応（児童相談所）における主たる虐待者の半数以上を母親が占めていることを踏まえ、大原美知子による母親の虐待行動とリスクファクターについての研究を検討する。大原は、児童虐待に関する要因として、「子どもの数」をあげている（大原　二〇〇三）。そこには育児に対する負担感が指摘されており、とくに母親のみが育児を行っている場合にはその負担が大きく、夫の協力も影響している可能性もあり、母親の育児負担感を軽減することの必要性を述べている（大原　二〇〇三：五三）。また、「子どもが親（母親）の望みどおりにならないこと、母親の指示にしたがってくれないこと」や「気の合わない子どもがいる」のように、子どもに対する不適切な期待感や認知が関連していることも指摘している（大原　二〇〇三：五四）。さらに、市川ら（市川・藪野　一九九八）も指摘しているように、母性意識との関連について、子育て中の母親の三人にひとりが子育てに自信がもてない状況があるといい、それが子どもとのやりとりの中で自己評価を低めることにつながり、母性意識の否定感が虐待のリスクファクターとなると述べている（大原 二〇〇三：五五）。

最後に、血縁とかかわりがある、虐待における継父母の存在を指摘した中澤香織と相模あゆみ・小林登・谷村雅子の研究を見てみる。中澤は、北海道で行われた調査をもとに、家族構成の変動にともなう家族員間の関係と虐待への様相を分析し、虐待が生起した家族の状態を捉えている（中澤 二〇一三）。詳細は第6章分析において参照するが、中澤は、「家族類型ごとの虐待の特徴には、家族員間の不均衡な力関係が関係しており、そこで起きる緊張や葛藤が、弱者である子どもに向かったという共通点が見えた」（中澤 二〇一三：五八）という。

中澤が、これまであまり注目されなかった継父母の存在を指摘していることは、本書においても参考にしているが、中澤の研究には、内縁関係者と交際相手の存在が含まれていないという限界がある。また、サンプルが北海道内の児童相談所で扱ったケースのみである。

相模らは、「平成一二年度児童虐待全国実態調査」から死亡事例について解析し、死亡事例に継父が多くいること、きょうだい中で特定の児のみを対象としたものが多いことを指摘し、「死亡例は全虐待例とは虐待の要因に偏りがあり、防止策も一般の虐待対策とは少し異なる観点から検討する必要があると考えられる」（相模・小林・谷村 二〇〇三：一四七）と述べているが、虐待者と被虐待児との血縁関係の有無という観点からの指摘はない。

子ども虐待と血縁については、第6章で詳述するが、その前に、総務省が行った「児童虐待の防止等に関する意識等調査」（総務省 二〇一〇b）から、児童相談所児童福祉司、市区町村児童虐待相談対応担当者、小・中学校担当者、保育所（園）担当者、児童福祉施設担当者の児童虐待に関する意識を見てみる。

まず、「児童虐待は増えてきていると思いますか、減ってきていると思いますか」について、すべての担当者の八割以上が増えてきていると感じている（**表2－1**）。

そして、児童虐待の発生要因の上位三つ[39]が、**表2－2**のようになっている。

このように、すべての担当者の回答の上位二番目か三番目に「複雑な家族構造（継父母などのステップファミリー等）」が入っており、それぞれの担当者には認識されている。

ステップファミリー研究においては先進国と言われるアメリカのHeather A. Turner・David Finkelhor・Richard Ormrodが行った被虐待経験とメンタルヘルスに関する研究によれば、アメリカのステップファミリーにおいて子ども虐待が非常に多いことがわかる（Turner, Finkelhor and Ormrod 2006）。

表2-1　児童虐待は「増えてきていると感じる」と回答した担当者

児童相談所児童福祉司	81.1%（558人）
市区町村児童虐待相談対応担当者	80.1%（1,144人）
小・中学校担当者	86.9%（1,697人）
保育所（園）担当者	93.2%（1,313人）
児童福祉施設担当者	88.9%（1,129人）

出所）総務省（2010b）より筆者作成。

日本のステップファミリーにおける非血縁パートナーからの虐待は、中途養育の難しさとして述べられることがある。では、中途養育の難しさとはどのようなものか。

たとえば、津崎はしつけの観点から、「親子の間に安心感と信頼関係が存在しているか」が重要であり、「安心と信頼の土台となる関係づくりの必要性が大人側に認識されず、いきなりしつけから始まるところに親子関係形成不全の最大の原因が存在している」と指摘している（津崎 二〇一五）。

しかし、**図2－1**に見られるように、中途養育の困難が「血のつながり」から起こることがある。つまり、中途養育の難しさには「血のつながり」が含意されているのである。そのため、「血のつながり」が

表2-2　児童虐待の発生要因上位三つ

児童相談所児童福祉司	保護者の養育能力の不足	63.4%（435人）
	複雑な家族構造（継父母などのステップファミリー等）	46.8%（321人）
	家庭の経済的貧困	42.1%（289人）
市区町村児童虐待相談対応担当者	保護者の養育能力の不足	83.4%（1,172人）
	家庭の経済的貧困	44.3%（623人）
	複雑な家族構造（継父母などのステップファミリー等）	43.0%（605人）
小・中学校担当者	保護者の養育能力の低下	90.7%（1,500人）
	保護者の地域からの孤立化	46.6%（770人）
	家族構造の複雑化（継父母などのステップファミリー等）	42.9%（707人）
保育所（園）担当者	保護者の養育能力の低下	88.1%（1,127人）
	保護者の地域からの孤立化	46.0%（588人）
	家族構造の複雑化（継父母などのステップファミリー等）	42.0%（537人）
児童福祉施設担当者	保護者の養育能力の不足	79.4%（999人）
	複雑な家族構造（継父母などのステップファミリー等）	41.5%（522人）
	保護者の精神疾患等	37.8%（475人）

出所）総務省（2010b）より筆者作成。

ないことと「ステップファミリーは虐待のリスク要因」を安易に連結させようとする傾向が見られるが、「血のつながり」がないことが問題なのではなく「血のつながり」がないことにどのような意味づけをしているかが問題なのである。つまり、ステップファミリーが虐待のリスク要因なのではなく、ステップファミリーにおいて、血縁がある／ないことに虐待の要因となるような意味づけをしてしまうことがリスクとなるのである。

そしてそれは、非血縁親子間だけの問題ではな

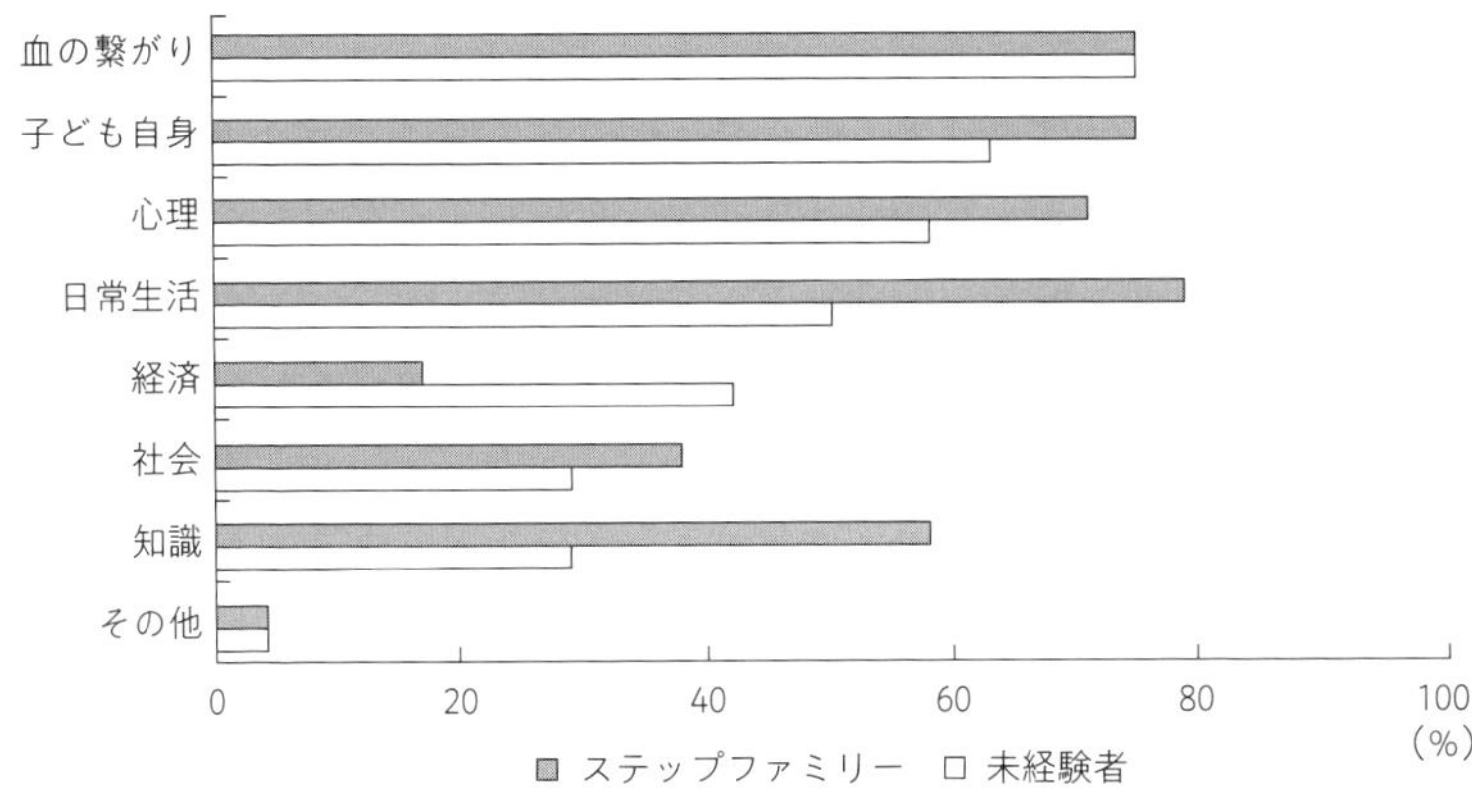

図2-1　中途養育の困難の要因

出所）中途養育者サポートネットホームページ，2020年11月１日取得（https://cysupport.net/images/library/Image/tfu/graph-02.gif.）

い。ステップファミリーにおいては、非血縁親子関係と血縁親子関係が混在する。そして、子どもには同居していない実親がおり、そのことも継／養親に影響を及ぼすことがある。さらに、ステップファミリーが形成された後に、新たな子どもが誕生した場合は、実子と継／養子が混在し、血縁関係はさらに複雑になる。

このように、虐待における非血縁パートナーの存在から、血縁意識がリスク要因として検討されてもよさそうなものであるが、そのような研究は見当たらない。ステップファミリーなどの複雑な家族構造における子ども虐待の認識や指摘はあるが、それは血縁（意識）という視点ではなく、そのため、それを観測できるような調査も行われていない。そして、虐待を受けて児童相談所に保護された児童の多くが児童養護施設で生活している。

本節では、非血縁者が関与する子どもの養育として、児童養護施設、里親、ステップファミリー、養子縁組を見てきた。そして、子ども虐待を血縁という視点から検討した。そこで、次章では本節で述べた児童養護施設、里親、ステップファミリー、養子縁組を公的実践と私的実践に分類しその実践において血縁がどのように捉えられているか検討する。そして、子ども虐待と血縁については、第6章で詳述するが、ここで本書の分析視点を説明する。

5　血縁・血縁意識・アイデンティティに着目することの意義

これまで人びとの血縁意識が議論されることはなかったが、血縁家族を基準としたシステムにより、血縁意識とは無関係に、親が子どもの養育をすることや、子どもが親の介護をすることは当然であるという規範は現在も残っている。それは、親子に血縁があることが当たり前とされてきたことや、血縁がない場合は擬制して社会的血縁を形成してきたことからもうかがえる。そして、「家」の継承の為の子どものように、現在問われている子どもの人権（出自を知る権利など）としてのアイデンティティなど想定されておらず、血縁とアイデンティティが連結されるようなことがなかったことなども、これまで人びとの血縁意識が問われることがなかった要因となっていると思われる。

しかし、これまで当たり前のものとして疑うこともなく存在していた親子関係における「血縁」が、社会状況の変化と科学技術の進展により、これまでとは違った「血縁」のありようを作り出した。そして、子どもを持つことや、血縁に関する人びとの態度や意識について、これまでとは違う角度からのデータを提供してくれている。また、これらの知識は、一般の人びとの血縁に対する意識にも影響を与えていると思われる。さらに、現代家族の個人化傾向（単独世帯比率の増大・家族成員数の減少・離婚の増加等）によって、家族のありよう、親子のありようも多様化しており、特に、非血縁親子関係が増えている。すなわち、社会的親子関係における「血縁」は、「家」制度下におけるものとは異なる意味

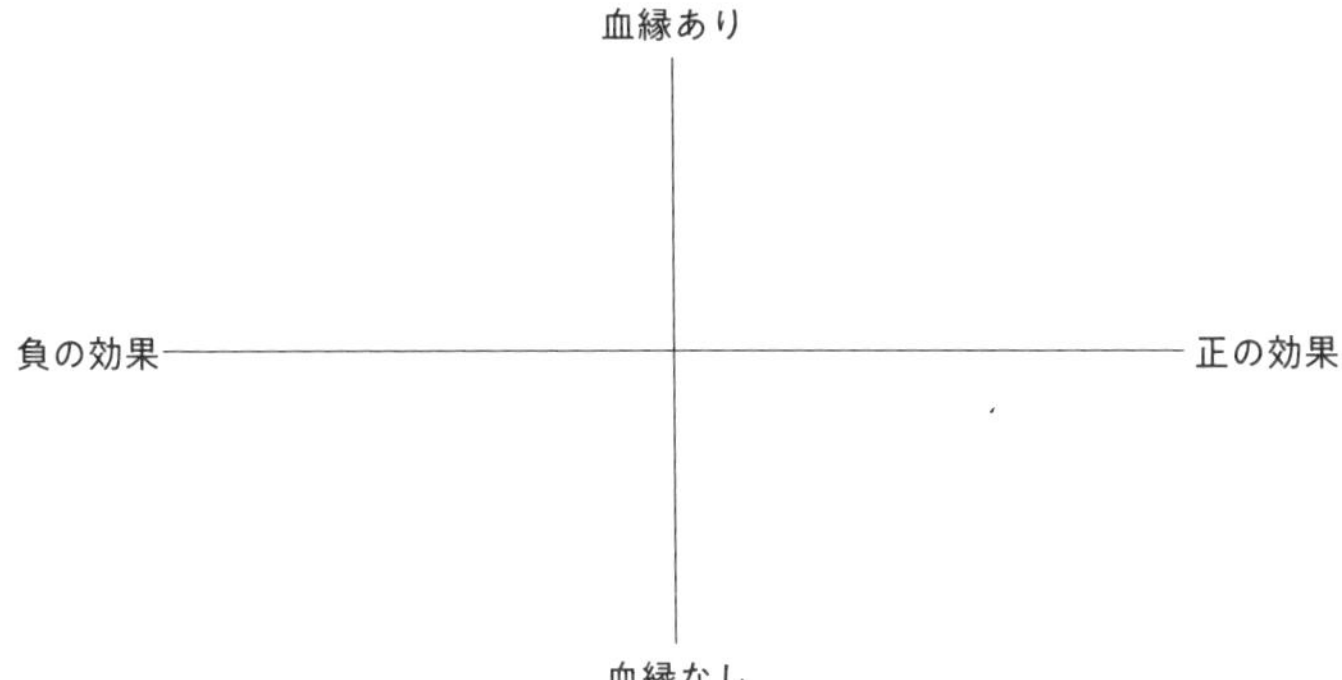

図2-2　血縁がある／ないと正／負の効果

で、自明ではなくなったのである。

これまで述べたように、先行研究では、多様な非血縁親子関係を概観し比較する研究があまり行われていないために、血縁と血縁意識に焦点を当てた研究はこれまであまり見受けられない。しかし、生殖補助医療の進展やＤＮＡ研究の発達が、一般の人びとの血縁に対する意識にも影響を与えていると思われる今日、人びとの「血縁・血縁意識・アイデンティティ」にかかわるこだわりや不安、そして疑念や欲望について、十分な研究を行わず、考慮しないでいることは、非血縁親子当事者が現在直面しているさまざまな問題に対して、的確な対処法を提供しないどころか、問題を正面から受けとめることすらできない状況を作っているのではないだろうか。

そこで、これまで検討してきた先行研究の問題点を集約すると、ひとつは、「家」制度に基づく親子関係において血縁が擬制されたことや、その延長線上にあるＡＩＤに見られるように、親子関係における血縁とアイデンティティが分節されて捉えられていること。ふたつ目に、血縁がある／ないという二項対立が基準となり、血縁がある／ないことそれぞれが持つ正／負の効果を捉えていないこと（**図**

どのようなものであるかを捉えていないという三点に整理できるだろう。

これまで述べた、親子の血縁に関する問題は、潜在化されている血縁意識が顕在化される契機が増えているにもかかわらず、そこにおける判断や選択をするための知識や情報が不足していることにあるだけではない。そもそも人びとの血縁意識とはどのようなものかが捉えられていないのである。血縁は、親子関係において当たり前のこととされていたことにより、これまで議論の対象となることがあまりなかった。けれども、たとえば、親子関係がうまくいっているときには、血縁が関係の安定性における保証のように捉えられることも考えられるが、その一方で親が犯罪者となった場合には、それを遺伝的特性と捉え、自分にもその要素があるのではと不安をもたらすことにもなりうる。このように、血縁があるといった場合にも、その状況により、それは正の効果をもたらしたり、負の効果をもたらしたりするのである。つまり、人びとの血縁意識は状況によって変化すると考えられる。

さらに、科学技術の進展により、これまで法が想定していなかったようなことが既に起こっている。たとえば、死後生殖によって生まれた子どもが法的には親子と認められないことや、夫婦の受精卵による代理出産においても法的実親子関係が認められないなど、生物学的には親子関係が明らかであっても、法的に認められないケースがある。ひるがえって、ＡＩＤのように生物学的には父親とのつながりがないにもかかわらず、法的には実親子として扱われるケースがあり、法が実態に追いついていない現実がある。そしてそのことが、その人たちのアイデンティティ形成に影響しているように見える。

では、人びとの血縁意識とはどのようなものなのだろうか。人びとの血縁規範意識は強いのだろうか、それとも弱いのだろうか。親子関係に血縁がある／ないことが、親子双方にどのような影響をもたらすのだろうか。人びとは自分の血縁意識を自覚しているのだろうか。血縁や血縁意識がなぜアイデンティティ形成に影響するのか。これらのことを明らかにしない限り、親子関係における血縁にかかわる問題への対処はできないだろう。すなわち、人びとの血縁意識がどのようなものであるかということを明らかにすることによって、血縁にかかわる問題への対応策を提供できると考える。

したがって本書の問いは、親子関係における「血縁・血縁意識・アイデンティティ」のかかわりとはどのようなものか、ということになる。そこで本書では、以下に述べるような視点から分析する。

（1）DNA研究の進展がもたらす血縁規範意識の強化

DNAに関する研究の進展にともない、民間企業による遺伝子検査も登場し、比較的安価で利用できるようになった。病気や身体的特性だけでなく性格や能力などの遺伝性が公表されるようになり、人びとの関心も高まっている。また、性格や能力の遺伝性が明らかになるほど、親子関係における血縁規範意識が強化される可能性もある。

そして、血縁がDNAや遺伝子と同様に扱われるようになると、「切っても切れないつながり」のような意識が強化され、関係の安定の「保証」として捉えられることも考えられる。人間関係が希薄になったといわれる現代社会において、子育てを担う多くの母親にとって子どもは、絶対に自分を裏切らない存在である、と捉えられているのかもしれない。

逆に子どもからみれば、両親から半分ずつ遺伝子を引き継いでいるということが、自分の将来像に影響すると考えることもあるだろう。さらにそれは、負の要素として働く可能性もある。

このように、血縁があるということが、コインの裏表のようにその状況に応じて正／負の効果をもたらす。そしてそれは、血縁がないということも同様である。「血縁があるから」良好な関係が築けることもあれば、「血縁があるのに」良好な関係が築けないこともあり、「血縁がないから」良好な関係が築けないこともあれば、「血縁がないのに」良好な関係が築けることもある。そのため、血縁がある／ないことがもたらす関係が正の効果として捉えられるときには「血縁があるから／ないのに」と表現され、負の効果として捉えられるときには「血縁があるのに／ないから」というように表現される。要するに、血縁がある／ないことが良好な親子関係形成に影響しているのではなく、親子関係の良し悪しを説明するために、血縁がある／ないことが便宜的に使用されているのである。これは「血縁」という表現に「(血の）つながり」という「切っても切れない関係」が含意されていることによるものだろう。そして、この「つながっている」という関係性が、現代社会においてきわめて重要なものとして人びとに認識されていることが、親子関係における血縁規範意識の強化や血縁にかかわるＤＮＡや遺伝（子）という表現の一般化に寄与しているのではないか。

しかし、親子関係における血縁規範意識が強化されているからといって、それが必ずしも血縁主義に直結するわけではない。それは、後述するように親子関係における血縁より、相互行為により構築された関係性を重視している人が多いからである。さらに、ステップファミリーや特別養子縁組のように、血縁によらない関係に対する社会的認識も高まりつつある。

つまり、血縁がある／ないという視点だけでは、双方にある正／負の効果を捉えることができず、見逃されてしまう問題がある。したがって本書では、**図２―２**の枠組みを用いて、血縁がある／ないという視点だけでなく、血縁がある／ないことへの意味づけ、そして血縁がある／ないことがもたらす正／負の効果を分析する。

（2）家族の多様化がもたらす血縁／非血縁親子の複雑性

以前は、夫婦関係が悪化しても子どものために離婚しないというケースがあったが、親が不仲で一緒にいるよりは、離婚したほうが子どものディストレスが低いことなども明らかとなった（稲葉 二〇一三）。離婚の増加にともなう再婚の増加によって、ステップファミリーも増加し、血縁／非血縁親子関係が混在する家族が形成されるようになった。そして、養子縁組や生殖補助医療技術による非血縁親子関係も増加している。また、同性カップルへの法整備の取り組みなどにも見られるように、家族の多様化はますます広がっている。

しかし、家族の多様化は進んでいるにもかかわらず、親子には血縁があることが当然というような血縁主義の強まりは、家族形成における軋轢となることが予想される。

生物学的にみた血縁親子関係は生涯において不変であるが、法的な親子関係は変わる可能性がある。社会的な親子関係においても血縁が当然のものであれば、それを問う必要はない。そして、これまで人びとの血縁意識に焦点が当てられることはなかった。しかし、親子関係における血縁は当たり前のものではなくなりかつ、親子関係における血縁がもたらす血縁意識がさまざまな問題の要因となる可能性が示唆されていることを踏まえれば、人びとの血縁意識がどのようなものであるかを捉える必要がある。

したがって本書では、多様化する家族の親子関係において、血縁／非血縁ということがもたらす血縁意識も分析していく。

非血縁親子関係と血縁については次章で、人びとの血縁意識については、第4章の大学生へのアンケート調査結果および、第5章のシングルマザーへのインタビュー調査から考察する。

（3）生殖補助医療の進展がもたらす血縁規範意識の強化とアイデンティティ

既述のように、生殖補助医療の進展はこれまで子どもを持つことができなかった人たちに、自分たちの遺伝子を引き継ぐ子どもを持つことの可能性をもたらした。そのため、生殖補助医療の現場においては、血縁主義的な選好が強く見られる。不妊の原因はさまざまであるが、後述するようにそのことが自身のアイデンティティを揺るがしていることも示唆されている。そして、治療を受けている人たちは、カップル両者と子どもの血縁的つながりを基準にしていると思われる。単に子どもを持つことが目的であれば、里親や養子縁組という選択もある。しかし、それは最後の選択か、それよりは子どもを持たない人生を選択するということになりやすい。その結果、日本では禁止されている(40)代理出産を利用するために、生殖ツーリズムという手段をとる人もいる。そもそも生殖補助医療の進展は、なんらかのかたちで遺伝的つながりのある子どもを持つことが目的とされているため、血縁主義的なものとなる。

以上のように、生殖家族(41)においても定位家族(42)においても、親子関係における血縁はアイデンティティと関連していることがうかがえる。

そこで本書では、親子関係における血縁とアイデンティティの関係について分析する。

（4）「生まれ」も「育ち」も

これまでは、「生まれ」か「育ち」という二項対立図式がとられることが多かったが、これまで見てきたように、もはやこのような二項対立図式では説明できなくなってきている。したがって、本書では、このような先行研究の盲点を突くために、第1節（1）で述べたMatt Ridleyらにならい、「生まれ（血縁、遺伝）」も「育ち（環境）」も、という視点をとる。ただし、これはあくまで分析視点として

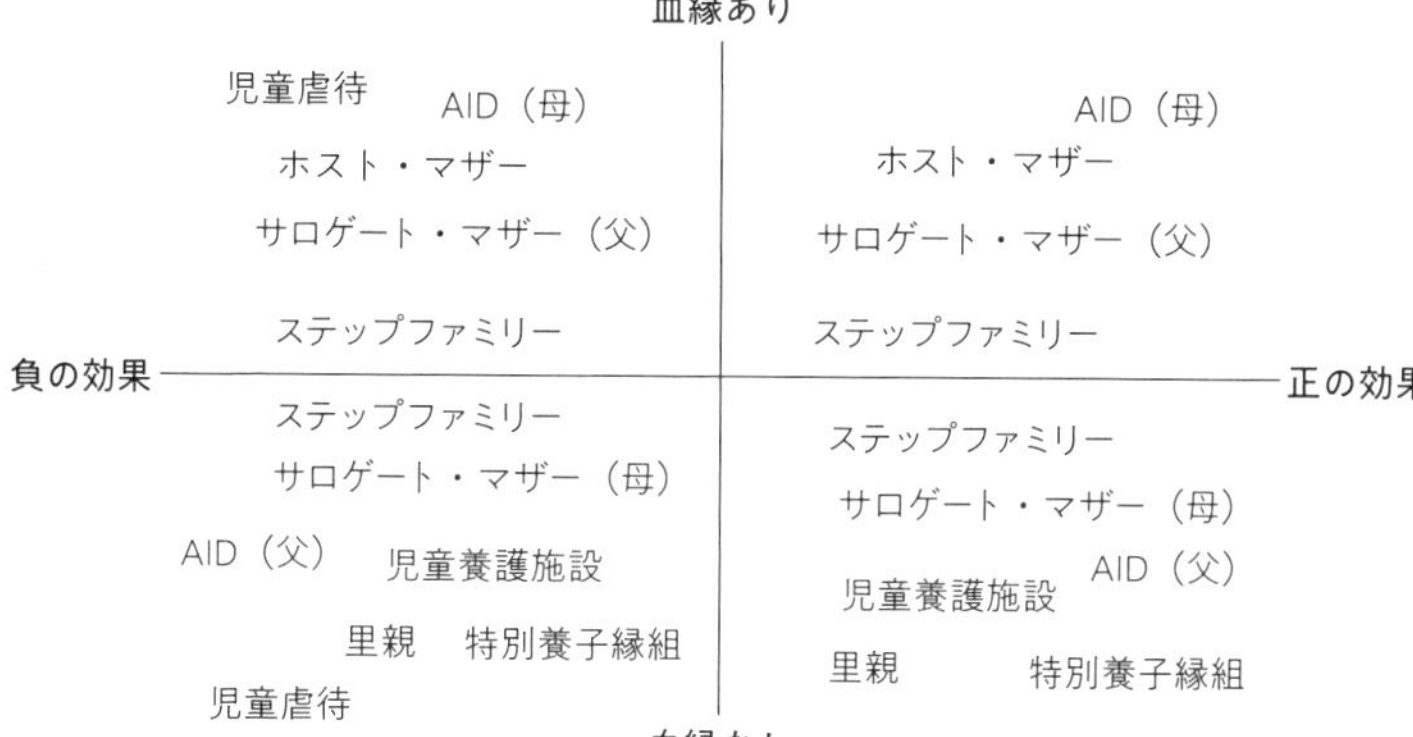

図2-3　養育者と子どもの血縁からみた事象の位置づけ

であって、筆者が親子関係における血縁が重要であるという観点に立っているということではない。

（5）養育者と子どもの血縁からみた事象の位置づけ

これまで検討してきた事象を**図2−2**に当てはめると、**図2−3**のようになる。

これまでは、生殖補助医療や里親や養子縁組などのそれぞれの事象における親子（養育）関係の血縁には焦点が当てられたが、親子（養育）関係における血縁から、それぞれの事象が検討されることがなかった。そのため、さまざまな親子（養育）関係における血縁がどのようなものであるか、ということが検討されなかったことにより、それぞれの事象における血縁意識がかかわっていると考えられる問題に、その対処法を提示することができなかった。

しかし、このようにこれまで個別に捉えられてきた問題をこの枠組みを用いることにより、その関連性を捉えることができたと思う。さらに、その関連性を捉えることによって、それぞれの知見がほかの事象に応用できる可能性にも期待できる。

したがって、次章からは、この枠組みを用いて、さまざまな事象を血縁（意識）という視点から検討する。

注

（1）「正式には『非コードDNA領域』と呼ばれますが、これこそが生命を誕生させ、ヒトをヒトたらしめ、進化の原動力として働いた重要な装置であることが分かってきました」（小林 二〇一七：五）。

（2）「環境に応じてゲノム構造や機能を変化させて遺伝子発現様式を調節する仕組み」（田中知明、二〇一一、「「細胞の記憶」、エピジェネティクスと疾患——細胞と個体、複雑なシグナルとエピジェネティクスを結びつける「生老病死」の分子生物学——」『日本老年医学会雑誌』四八（四）：三〇五）。

（3）骨格筋の壊死・再生を主病変とする遺伝性筋疾患の総称であり指定難病とされている。（難病情報センターホームページ、二〇一八年九月一八日取得、http://www.nanbyou.or.jp/entry/4522）。

（4）CFTRを原因分子とする全身性の疾患であり指定難病。気道内液、腸管内液、膵液など全身の分泌液／粘膜が著しく粘稠となり、管腔が閉塞し感染しやすくなる。難病情報センターホームページ（二〇一八年九月一八日取得、http://www.nanbyou.or.jp/entry/4532）。

（5）「クリスパー・キャス9は、二つの要素からなる。一つは『キャス9』と呼ばれる酵素で、細胞内ではさみのような働きをして、DNA（デオキシリボ核酸）を切断する。この酵素は自然界に存在し、細菌がウィルスのDNAを切断して無害化するために使っているものだ。もう一つの要素は『ガイドRNA（リボ核酸）』と呼ばれるもので、切断すべき遺伝子を見つけて、キャス9に知らせる役割をもつ」（Specter 2016: 42）。

（6）日本産科婦人科学会ホームページ（二〇一八年三月一九日取得、http://www.jsog.or.jp/news/html/announce_20150902.html）。

（7）内閣府ホームページ〈図表3—1‐10—1不妊治療の種類とその概要〉、（二〇一八年四月七日取得、http://

www5.cao.go.jp/keizai-shimon/kaigi/special/future/sentaku/s3_1_10.html)。

(8) 「①排卵誘発剤などの薬物療法（排卵誘発剤二〇〇三年：推計二二六四〇〇人）②卵管疎通障害に対する卵管通気法③精管機能障害に対する精管形成術」内閣府ホームページ〈図表3－1-10－1不妊治療の種類とその概要〉（二〇一八年四月七日取得、http://www5.cao.go.jp/keizai-shimon/kaigi/special/future/sentaku/s3_1_10.html)。

(9) 内閣府ホームページ（二〇一八年四月七日取得、http://www5.cao.go.jp/keizai-shimon/kaigi/special/future/sentaku/s3_1_10.html)。

(10) 治療費（一回あたり平均額）は、一～三万円程度。内閣府ホームページ〈図表3－1-10－1不妊治療の種類とその概要〉（二〇一八年四月七日取得、http://www5.cao.go.jp/keizai-shimon/kaigi/special/future/sentaku/s3_1_10.html)。

(11) 体外受精・胚移植（ＩＶＦ－ＥＴ）は、採卵により未受精卵を体外に取り出し、精子と共存させる（媒精）ことにより得られた受精卵を、数日培養後、子宮に移植する（胚移植）治療法。凍結胚・融解移植は、体外受精を行った際、得られた胚を凍らせてとっておき、その胚をとかして移植する手法。身体に負担のかかる採卵を避けながら、効率的に妊娠の機会を増やすことが可能。顕微授精（ＩＣＳＩ）は、体外受精では受精が起こらない男性不妊の治療のため、卵子の中に細い針を用いて、精子を一匹だけ人工的に入れる治療法。治療費（一回あたり平均額）は三〇万～四〇万円程度。内閣府ホームページ〈図表3－1-10－1不妊治療の種類とその概要〉（二〇一八年四月七日取得、http://www5.cao.go.jp/keizai-shimon/kaigi/special/future/sentaku/s3_1_10.html)。

(12) 代理母とは、妻が卵巣と子宮を摘出したこと等により、妻の卵子が使用できずかつ、妻が妊娠できない場合に、夫の精子を妻以外の子宮に医学的な方法で注入して、妊娠・出産してもらい、その子どもを依頼者夫婦の子どもとすること。借り腹とは、夫の精子と妻の卵子は使用できるが、子宮を摘出したこと等により、妻が妊娠できない場合に、夫の精子と妻の卵子を体外受精してできた受精卵を妻以外の女性の子宮に入れて、妊娠・出産してもらい、その子どもを依頼者夫婦の子どもとすること。治療費（一回あたり平均額）は、一

○○○万円超。八○○○万円超のケースあり。内閣府ホームページ〈図表3―1‐10―1不妊治療の種類とその概要〉（二〇一八年四月七日取得、http://www5.cao.go.jp/keizai-shimon/kaigi/special/future/sentaku/s3_1_10.html）。

（13）二〇二〇年一二月に衆議院において「生殖補助医療の提供等及びこれにより出生した子の親子関係に関する民法の特例に関する法律案」が可決成立した。しかし、ここでは、第三者の卵子または胚を用いた生殖補助医療により懐胎、出産した場合は、出産した女性が母となること。そして、夫の同意を得て第三者の精子を用いた生殖補助医療により懐胎した子については、夫はその子が嫡出であることを否認できないということなどを定めたに過ぎず、子どもの出自を知る権利などについては法制化されていない。衆議院ホームページ（二〇二一年三月一一日取得、http://www.shugiin.go.jp/internet/itdb_gian.nsf/html/gian/honbun/houan/g20306013.htm）。

（14）一九八六年アメリカで、夫の精子を用いた人工授精による代理出産契約において、妊娠・出産した代理母が生まれた子どもの引き渡しを拒否し、手数料を受け取らなかった。その後、夫婦が訴訟を起こし、依頼者夫婦の親権となるが、代理母にも面会権が認められた。

（15）向井夫妻が代理出産を依頼した女性は、その後もほかの依頼者の代理出産を引受けたが、何ケースか目にトラブルに見舞われ、子宮破裂を起こし、それ以降、代理出産はもちろん、自身の子どもを妊娠・出産することができないようになってしまったという（野田 二〇一一：六一）。

（16）「胚提供による生殖補助医療に関する見解」1．胚提供による生殖補助医療について：胚提供による生殖補助医療は認められない。本会会員は精子卵子の両方の提供によって得られた胚はもちろんのこと、不妊治療の目的で得られた胚で当該夫婦が使用しない胚であっても、それを別の女性に移植したり、その移植に関与してはならない。また、これらの胚提供の斡旋を行ってはならない。2．胚提供による生殖補助医療を認めない論拠：1）生れてくる子の福祉を最優先するべきである2）親子関係が不明確化する　日本産科婦人科学会ホームページ（二〇一八年四月七日取得、http://www.jsog.or.jp/about_us/view/html/kaikoku/H16_4.html#top）。

（17）日本生殖医学会ホームページ（二〇一八年四月七日取得、http://www.jsrm.or.jp/guideline-statem/guideline_2009_01.html）。

（18）同上。

（19）ＡＩＤや出生時取り違えは、法律上実親子関係となるため、その事実が露見するような事態が起こらない限り、当事者が知ることはない。

（20）この時には「一時は全く血の繋がっていない子どもをもらおうとまで検討したこともあった」（野田　二〇一一：三二）と述べている。

（21）浅井も「子産み」が社会的評価につながることは述べているが、それは自己実現の選択肢のひとつでしかないという（江原編　一九九六：二七九）。そして、「子産み・子育て」と社会的活動の「両者をこなした女性が日本の社会ではエリート女性と言われるのではなかろうか。しかし、現在、これは一部の女性が享受しえることであるのかもしれない。エリートになれない多くの女性にとって、『子産み』は依然として自己の存在証明であることに変わりがない」（江原編　一九九六：二七九）と述べている。

（22）性別を決定するX染色体をもつ精子とY染色体をもつ精子の選別による、性別の選択を除く。

（23）母親の卵子におけるミトコンドリアの変異により、流産を繰り返したり、子どもが生まれても早期に死亡してしまったため、母親の卵子の核をドナー女性の卵子の核を取り除いたところに移植して、父親の精子と体外受精し母親の体内に戻した。生まれた子が男の子であったため、そのミトコンドリアがその男の子の子どもに遺伝することはない（ミトコンドリアは母親からしか遺伝しないため）。（『ＡＥＲＡ』2016.10.10 No. 44：71朝日新聞社）

（24）A-V（ルート）は、動脈脱血―静脈送血。ＥＣＭＯは、人口肺とポンプを用いた体外循環回路による治療。

（25）公益社団法人日本産科婦人科学会ホームページ（二〇二一年二月二三日取得、http://www.jsog.or.jp/modules/diseases/index.php?content_id=5）

（26）Ａ「血は水より濃し（親子関係は血のつながりが大切）」、Ｂ「産みの親より育ての親」の設問に対して、「Ａに近い」一九・七％（三〇〇人）、「どちらかといえばＡに近い」三〇・三％（四六一人）、「どちらかといえばBに近い」三四・四%（五二三人）、「Bに近い」一五・六%（二三七人）。調査票のみ群と、生殖補助医療技術について理解を深めるために作成したリーフレットを配布した群があるが、上記は調査票のみ群の数値である。リーフレット群では、「Aに近い」が上記結果より六%ほど少なくなり、その分が「どちらかといえばAに近い」と「どちらかといえばBに近い」に分散される。

(27) 生殖補助医療では「非血縁者」が関与しないケースもある（配偶者間人工授精など）。

(28) ただし、子どものケアをシェアすることを目的としたシングルマザー同士のシェアについては、検討の余地があるが、本書の論点とは異なるため今回の考察からは除外する。

(29) 厚生労働省ホームページ（二〇一八年三月二九日取得、http://www.mhlw.go.jp/stf/seisakunitsuite/bunya/kodomo/kodomo_kosodate/syakaiteki_yougo/02.html）。

(30) 厚生労働省ホームページ（二〇一八年三月二九日取得、http://www.mhlw.go.jp/stf/seisakunitsuite/bunya/kodomo/kodomo_kosodate/syakaiteki_yougo/02.html）。

(31) 同上。

(32) 厚生労働省 二〇一七a：一。ただし、里親等委託率は、自治体間での差が大きく、新潟市で五一・一%と五割を超えている県もあり、最近では、さいたま市が平成一八年度末六・三%から平成二八年度末三三・九%、静岡市が平成一八年度末一八・五%から平成二八年度末四五・五%、福岡市が平成一八年度末一二・六%から平成二八年度末三九・七%に増加するなど、大幅に伸ばした自治体もある。厚生労働省ホームページ（二〇一八年三月二九日取得、http://www.mhlw.go.jp/stf/seisakunitsuite/bunya/kodomo/kodomo_kosodate/syakaiteki_yougo/02.html）。

(33) 「次に挙げる要保護児童のうち、都道府県知事がその養育に関し特に支援が必要と認めたもの①児童虐待等の行為により心身に有害な影響を受けた児童②非行等の問題を有する児童③身体障害、知的障害又は精神障害がある児童」（厚生労働省 二〇一七a：一三）。

(34) 「次の要件に該当する要保護児童①当該親族里親に扶養義務のある児童②児童の両親その他当該児童を現に監護する者が死亡、行方不明、拘禁、入院等の状態となったことにより、これらの者により、養育が期待できないこと」（厚生労働省 二〇一七a：一三）。

(35) 里親に支給される手当等―里親手当（月額）養育里親：七万二〇〇〇円（二人目以降三万六〇〇〇円加算）、専門里親：一二万三〇〇〇円（二人目以降八万七〇〇〇円加算）。一般生活費（食費、被服費等。一人月額）乳児：五万七二九〇円、乳児以外：四万九六八〇円。その他（幼稚園費、教育費、入進学支度金、就職、大学進学等支度費、医療費、通院費等）（厚生労働省 二〇一七a：一三）。

(36) 「その推進を図るために平成一四年度に親族里親、専門里親を創設、平成二〇年の児童福祉法改正で、『養育里親』を『養子縁組を希望する里親』等と法律上区分、平成二一年度から、養育里親と専門里親について、里親研修を充実」（厚生労働省 二〇一七a：一三）。

(37) 現在は、養子となる子どもの年齢は、養親が家庭裁判所に審判を請求するときに一五歳未満である必要がある。ただし、子どもが一五歳に達する前から養親となる人に監護されていた場合には、子どもが一八歳に達する前までは、審判を請求することができる（二〇二〇年四月施行）。

(38) この間の離縁件数は、二〇〇五年二件、二〇〇六年三件、二〇〇九年一件、二〇一〇年一件、それ以外は〇件である。

(39) 一〇個程度の選択肢（保護者の養育能力の不足、望まない妊娠、複雑な家族構造（継父母などのステップファミリー等）、保護者の精神疾患等、保護者の地域からの孤立、家庭の経済的貧困、保育所等の社会的資源の不足、虐待の世代間連鎖、児童虐待（暴力的虐待）を保護者も近隣住民も「しつけ」と考える風潮、子ども側の要因）などから三つまで選択。（担当者ごとに選択肢が異なるものが少しある（総務省 二〇一〇b）。

(40) 法的に禁止されているわけではなく、日本産科婦人科学会のガイドラインによる。

(41) 個人が出生時に所属する家族。核家族を想定した場合、夫婦と未婚の子どもからなる家族は、未婚の子にとっては定位家族である（『岩波小辞典社会学［第一版］』岩波書店）。

(42) 個人が婚姻により婚姻によって形成する家族（『岩波小辞典社会学［第一版］』岩波書店）。

(43) 野辺は、養子縁組における血縁において、従来の二分法に還元できないグレーゾーンがあり、血縁あり／

なしの境界線、実子／養子の境界線はそれほど自明ではなく、現代における人びとの認識とそれに影響を与える社会的文脈を分析対象とするならば、むしろ、人びとの行為と意識のなかで、〈血縁〉がどんな文脈で何を達成するために用いられているのかを分析するという視点が有効だろう、と指摘している（野辺 二〇一八：七八）。

第3章 「公／私」的実践としての非血縁親子（養育）関係における血縁

前章では、先行研究を血縁との関連から検討し、本書の分析視点を提示した。

親子関係においては、子どもの養育が期待されており、一般的にそれは実親であることが多い。しかしながら、実親からの養育が期待できない場合は、代替者が養育を行うことになる。児童養護施設は、先述のように児童福祉法のもとに制度化されているものであるが、里親も同法に基づいて制度化されているものである。どちらも、制度に基づき、非血縁者による子どもの養育がなされており、それは公的実践によるものである。その一方で、私的実践としての非血縁者による子どもの養育として、養子縁組とステップファミリーがある。いずれも非血縁者が関与するということでは同じであるが、血縁に対するスタンスはそれぞれ異なる。子どもの養育を公的実践として捉える場合、その実践には手当等が発生するため、公的な業務であるという意識と制度に従うということを排除できない。したがって、そこには仕事としての意識が生まれることになる。それに対して、養子縁組とステップファミリーは、非血縁者がかかわる養育関係ではあるが、里親手当のような経済的な支援はなく、一般家庭と同様の養育環境となるため、対価が発生する仕事としての意識は生まれない。そのため、公的実践による養育と私的実践による養育における血縁に対する意識には違いがある可能性がある。

しかし、非血縁者が関与する子どもの養育という点では四つの事象は共通であり、これまでその関連について述べられることはあっても、血縁（意識）という観点から全体像が捉えられることはなかった。そのために、血縁（意識）が過小評価されているように思われる。

そこで本章では、非血縁者が関与する子どもの養育である、社会的養護としての児童養護施設、里親、そして非血縁関係ではあるが法的な親子関係である養子縁組、さらに、血縁関係と非血縁関係が混在するステップファミリーにおける実践と血縁（意識）の効果を**図2―2**の枠組みを用いて検討する。ただし非血縁者がかかわるという意味では同様であるＡＩＤについては、本章で扱うほかの親子（養育）関係の形成過程に比べ、特殊性が高く議論が混乱するため、本章では扱わない[1]。本章で取り上げる事例はそれぞれ**図2―2**の第一象限から第四象限に該当する。

1　公的実践としての非血縁親子（養育）関係における血縁

本節では、公的実践としての非血縁親子（養育）関係として、児童養護施設と里親を検討する。同じ公的実践としても児童養護施設と里親では、その養育形態に大きな違いがある。児童養護施設では、その性質上職員と子どもの関係はシステマティックなものになりやすく、退所後の関係も里親とは異なる。一方で里親は、その養育が一般家庭で行われることや基本的に養育者が変わることがなく、児童養護施設と比べ養育者との関係がより親密になることが多い。そしてそのような違いが、血縁との距離にも影響を及ぼす。本節は、**図2―2**の第二象限と第三象限、第四象限に該当する。

（1）児童養護施設と血縁

はじめに、児童養護施設を検討する。児童養護施設は公的実践としての非血縁親子（養育）関係と見ることができる。児童養護施設で生活する子どもたちは、血縁者である実親と暮らすことができない。そしてその一部の人たちは、施設退所後も実親とは暮らせず、自立することが求められる。つまり、実親を頼ることができないのである。一般的に身近な相談相手としては、親やきょうだい、友人があげられるだろうが、相談内容によって誰に相談するかは変わるだろう。ただ、定位家族として見た場合、一番相談しやすい相手が親であることが多いと推測される。通常子どもにとって親は社会関係資本となり、その効果は大きい。しかし、児童養護施設で生活する子どもたちにとって、親が社会関係資本とならないことがある。そしてそのことが、その後の人生に大きく影響を及ぼす。それを補完することが児童養護施設には求められており、非血縁親子（養育）関係が公的実践として行われている。

ここで児童養護施設に着目することは、児童養護施設における実践から、現代社会において、親が子どもにどのような機能を果たしている（求められている）のかを捉えることと、血縁者である実親を頼れないということがもたらす問題を捉えることができると考えるからである。

①　実親と暮らせない子どもたち

近代日本の社会的養護の始まりは、戦災孤児の養護からである。現在およそ四万五千人の児童が社会的養護のもとで生活している（厚生労働省　二〇一七a：一）が、その多くが施設養護である。欧米諸国では、里親による養育が一般的であるが、先述のように日本では里親による養育が進まない。

児童養護施設[2]には、事情により親と生活することができない子どもが入所している。家族にかかわるさまざまな要因変化の結果、入所理由は、以前の経済的理由から虐待へとシフトしており、入所者の半数以上が被虐待経験を持つ（厚生労働省　二〇一七a：五九）。

現在では、大学のユニバーサル化等、若者の就学期間が延びており、子どもの自立年齢は次第に高くなっていると思われる。しかし、児童養護施設では、児童は基本的に高校卒業と同時に退所しなければならない[3]。また、児童養護施設入所者の大学等進学率は、約一割と一般の五分の一程度しかなく、退所と同時に就職する児童が約七割となっている（厚生労働省 二〇一六a：四）。

措置期限[4]による児童養護施設退所者の多くは、実親を頼ることができない。一般に若者は、自立後、さまざまな困難に遭遇するが、親や家族は、そうした困難を乗り越える上で重要な人的資源であると考えられる。しかしながら、児童養護施設退所者は、退所後に直面するさまざまな困難において、身近に気軽に相談できる相手がいないことが多い。これらのことから、児童養護施設退所者と一般家庭出身者の「若者の自立」にかかわる条件の格差は、拡大していると考えられる。

一般的には、経済的に自立するまでは親の支援によって生活における問題や不安がフォローされているが、高校卒業後に退所した児童の多くはその親を頼ることができない。したがって、彼らには実親という血縁者以外の人的ネットワーク[5]を構築することが必要とされる。

では、血縁者である実親を頼ることができないことがどのような困難をもたらすのだろうか。そして、児童養護施設は、そのためにどのような支援をしているのだろうか。

② 実親を頼れないことの困難

現在児童養護施設に入所している児童の多くは被虐待という経験を持っており、それは親との信頼関係ということに関連する。したがって、退所後に家庭復帰した場合にはまず親との信頼関係の回復が求められることになる。また、家庭復帰しなかった場合には、被虐待という経験が新たな信頼できる人間関係の形成に困難をもたらす（久保原 二〇一六）。そして、その信頼できる人間関係の形成の困難は、その過程において「親に関する話題」が出てくる可能性の高さにもあるだろう。友人関係において「親に関する話題」が出ることとは、よくあることだろう。つまり、友人関係の形成過程において自分の出自として「児童養護施設出身であること」を明かさなければならい可能性がある。

友人は、一緒に遊んだり、相談にのってもらったり、若者にとって重要な人的ネットワークであると考えられる。一般的に若者は、それぞれのライフイベントにおいて新たな友人関係を形成する機会がある。しかし、児童養護施設への入所経験は、他者から中傷されることもあることなどからスティグマとなりやすく、退所後に学校や職場で新しい人的ネットワークを形成することを困難にする可能性がある。特に、退所後に家庭復帰できなかった場合は、実親を相談相手にできる可能性が低く、施設入所時のように気軽に相談できる職員が近くにいるわけではない。職場などで上司やそれにかかわる相談相手が見つかればよいが、そうでなければ友人が最初に頼れる人となるだろう。

また、一般常識にかかわる困難もある（久保原 二〇一六）。役所や金融機関などにかかわる手続きや冠婚葬祭などの一般常識は、家庭内で身につけられることが多い。一般家庭であれば、冠婚葬祭の席に同席する機会もあるが、施設入所者にはそのような機会はほとんどない。インターネットの普及により、情報自体は多く手に入るが、それら多くの情報の中から、どれを選んだらよいのかわからない。親がいるとして、たとえば「そんなのどっちでも大差ないよ、どっちでもいいんだよ」などの親の一言は、情報の正確さとは関係なく、若者に大きな安心感をもたらす。退所者が必要としているのは、一般的には親であるような「自分の選択の支持者」の存在なのである。

家族をネットワークと捉えるならば、幼少期における親は一番身近で重要なネットワークといえるだろう。しかしながら、児童養護施設で生活する子どもの中には、その幼少期を親と過ごすことができない子どもも多い。人が生きていくために必要な「自尊心」は、他者からの「承認」によって形成される。幼少期におけるその「承認」は、一般的には、親から得られることが多いと考えられる。であるならば、幼少期を親と過ごせなかった、または親との関係が破綻していた場合には、その「承認」の経験値が低く、「自尊心」の獲得が難しいことは容易に想像できる。児童養護施設で養育される子どもは、一般家庭のように、特定の独占できる養育者からの「承認」を得る機会を持てないのである。「承認」となる愛情をもらうのは必ずしも実親である必要はないが、その代わりとなる養育者を必要とする。しかし、施設では一般的な親子のようなスキンシップや独占的な関係は持てないため、愛着関係における課題はある。

退所児童と児童養護施設との関係においては、東京都が二〇一一年に行った調査（東京都 二〇一二）において、退所後の相談相手は施設職員が多いことからもわかるように、退所者にとって施設職員は重要な人的ネットワークとなっている。しかし、職員の入れ替わりの激しさの問題があり、関係が継続している職員が退職すると施設には訪問しづらくなる。また、施設には、自分の部屋がそのまま残っているわけではないので、里親家庭のように退所者が気軽に帰れる場所とはなりにくい。

そして、親へのケアは、昔はあまり行われていなかったが、現在はファミリーソーシャルワーカーが親の立場と子どもの立場を分離して考え、親子プログラムなどによって積極的に行われているようだ（久保原 二〇一六）。

このように、実親を頼れない児童養護施設退所者は、限られたネットワークを利用しながら生き抜いていているのであるが、常に危機的状況と背中合わせにあり、政策や社会的支援が強く必要とされている。社会的養護の問題は、困難な状況に置かれている者への支援だけでなく、同時にその状況を生み出す構造に対処することが必要である。

児童養護施設は、里親と違い特定の独占できる養育者が存在しない。それを補完するためには、職員との信頼関係の構築が必要となる。しかしながら、職員の離職率の高さの問題がある。職員の離職率を下げるための労働環境の改善が求められる。子どもにとっては一番身近な存在である職員との信頼関係の構築は、児童養護施設における最も重要な課題である。

そして、親に対するケアも重要である。家庭復帰後に虐待が再発することもあるため、細心の注意を払う必要はあるが、特に年少の児童は実親と生活することを望むことも多く、実親と子ども両者にとって最良の環境をどのように形成できるかを検討し、実践することが求められる。

③ 児童養護施設職員に求められる養育者としての役割

児童養護施設は、公的実践としてシステム化された養育という面や、血縁のない児童との共同生活という、一般家庭のような雰囲気とは違う面を持つ。児童養護施設の職員は養育者であるが、職員の年齢や子どもとの関係性により、親子関係に近いものとなるかどうかが変容する。同様の公的実践による子どもの養育としては、里親があげられるが、それが一般家庭において行われるという意味では、より家庭的とみることもできる。その一方で、公的実践ではなく、私的実践として行われる非血縁者が関与する子どもの養育には、特別養子縁組やステップファミリーがある。このような非血縁親子関係においては、「血縁」という所与のものに依存した関係構築はできない。

児童養護施設では、血縁がもたらす親密性からの距離化が図られているため、施設における養育に関する問題が血縁に還元されるような機会があまりない。また、職員の年齢や流動性の観点から見ても、年齢が低い児童を除けば、子どもが職員を親のような存在として認識することも少ない。職員の年齢が若ければ、親というよりは兄や姉に近い存在に思えるかもしれない。また、入所期間が長い場合、最初から最後まで同じ職員が担当となるケースは少なく、一般的な親子のように長期にわたって同一の養育者との養育関係が継続されるわけではない。そして、ユニットやグループホームという形態は、通常六人までの児童が一緒に生活し、三人くらいの職員が二四時間交代で勤務するというように、毎日当直にあたる職員が変わる。さらに、児童に対する公平性や自立を促す観点から、一般家庭と比較してもルールやルーティーンが多くなる。

このように、施設での職員と児童の関係は、システマティックになりやすい傾向があり、家庭的というよりは、寮での生活に近いかもしれない。しかし、だからといって職員と児童の関係が希薄化しやすい、とはいえない。長期勤続の職員が退所児童との関係を継続し、相談相手になったりすることもある。特に、家庭復帰できなかった場合は、親の代替としての相談相手が施設職員であるケースが多い。血縁がないからこそ、血縁規範意識が持つ相互の期待を排除できるため、その関係は後述するGiddensのいう純粋な関係性(6)に近いものとなる。

以上見てきたように、血縁者である実親を頼れないということは、社会を生きていく上で、大きな不利を抱えることとなる。また、児童養護施設に入所している児童の多くは、虐待を経験している。そして、血縁者である実親から虐待を受けることが、子どものアイデンティティ形成に影響し、自身が親になることへの不安ももたらす。

(2) 里親と血縁

① 里親という実践

入れ替わりのない特定の養育者のもとで養育されるという面では、児童養護施設に比べ、里親養育はより一般家庭に近い養育と言えるだろう。しかしながら、公的実践という面では単に実親の代替として養育するわけではなく、制度に基づいた適切な対応が求められる。また、児童養護施設と同様に実親の存在を意識しなくてはならない。そして、児童養護施設より一般家庭に近い環境であるがゆえに、必然的に子どもとの距離もより実親子関係に近いものとなる。さらにそのことは、里親に実親（血縁）を意識させることにもなる。

安藤藍は、以下のように述べている。

　里親養育というのは、中途養育という点では、ステップファミリーなどの家族と共通の経験をするだろう。しかし、ただ保護者にかわって子育てをしているだけではない。不適切な養育環境にあった子どもに適切な家庭環境を提供するという目的のもとにおかれる点、それが私的な空間で公的責任において行われるという点で、里親独特のものがある。（安藤 二〇一七：iii）

では、現在里親の実践はどのように行われているのだろうか。和泉弘恵は、次のように述べている。

　里親になる人々の動機は多様である。中には「ひらめき」や「担当者がすてきだったから」などの理由で里親を始める人もいる。けれども、彼／彼女らは、一旦子どもがやってくると、「家族」のメンバー全員を巻き込み、懸命に「家族」を行おうとする。受託された子どもは、それまで里親家族で行われてきた「家族」を知らない。施設には施設のふるまいがあり、実親との生活にはそこでの「作法」がある。他の「作法」を身につけた子どもと里親家族の間には、様々な摩擦が生じる。里親家族は、大きな揺さぶりを受け、変化を強いられる。それでも、彼／彼女らは、子どもとの関係を簡単に放棄するのではなく、なんとかして「家族」を作り直し、それを続けようとする。（和泉 二〇〇六：二〇‐一）

ここからうかがえるのは、里親家族は、一般的な家庭のようにそこにあることが当たり前の「家族」生活を送っているのではなく、「家族」を営んでいるという意識があるということである。安藤は、「里親とは自発的に里親になる選択を行う過程がなければなれない」(安藤 二〇一七：一四三)といい、里親を「自発的に選択したのであれば、養育でつらいときにも誰かを責めることなく『自分の選択の結果』として乗り越えていけるはずだと考えられている」(安藤 二〇一七：一四三)と述べている。

和泉が行った四四ケースの里親へのインタビューには、里親と委託された子ども双方の葛藤が見られる(和泉 二〇〇六)。その中には、措置変更によってひどく落ち込むが、その経験を糧に新たに子どもを受託する里親や親子関係の解消という一見破綻にみえる事態が、解消前よりも良好な関係を招いている事例などが見られる(和泉 二〇〇六：一九一、二二九)。

横堀昌子は、里親養育において、「養育にあたって養育者自身のニーズによる判断、『気持ち』が先行すると、子どもの実像から子ども理解が離れていきがちで」(横堀 二〇一六：四三)あり、また、「養育者の個人的な思いや体験から、ときに関係者への批判に終始したり、子ども理解への助言やアプローチ、子どもの言動を通してのニーズキャッチを遠ざけてしまったりする」(横堀 二〇一六：四三)と指摘している。そして、「子どもが自分の実の姓を知らないまま、意見表明も『告知』を受ける機会もなく時を重ねてしまう事例や、子どもと実親が会うのを里親が嫌悪する事例、呼称としての『お父さん』『お母さん』に養育者が『酔ってしまう』かのような事例も実際ある」(横堀 二〇一六：四三)と述べている。

そういう状況の中、横堀は、「里親としての『適否』の判断だけでなく、里親が里親として『育っていく支援』がもっと必要ではないか」(横堀 二〇一六：四三)といい、養育者への研修を兼ねた人材育成や支援が実践されつつも模索されている一方で、「養育者自身の課題、そもそものマッチングの不全、養育者が養育の要点をつかめないまま支援も機能していないなど、結果として『予定になかった措置解除（里親『不調』）』が生じることがある」（横堀 二〇一六：四五）と指摘している。安藤も、「想定外の措置委託解除は、里親にも里子にも大きな悲しみや苦悩をもたらす」（安藤 二〇一七：一三二）ため、「だからこそ、養育の不調をいかに防ぐかという課題がつきまとうのである」（安藤 二〇一七：一三二）と指摘している。

また、園井の調査では、「約半数の里子が実親や親族等との交流を持っていない」（園井 二〇一三：一四二）といい、家庭復帰が難しい状況がうかがえる[7]。

② 血縁意識の顕在化

里親は、公的実践という意味では児童養護施設と同様であるが、子どもとの関係性においては大きく異なる。それは、里親においては養育が行われる場所が一般家庭であることと、措置変更にならない限り養育者が替わることはないことである。里親と子どもに血縁がないことと、公的な実践であることを除けば、一般家庭と同様の家庭的な環境が期待できる。

しかし、だからこそ、血縁がないのに、血縁親子のような関係が双方に期待されてしまうことがある。そしてそれが里親の葛藤につながることもある。その葛藤の背景には、和泉がいう「作法」の違いだけではなく、血縁がかかわっているといえるだろう。和泉は、里親養育における困難として、里親と里子の双方に血縁関係がないことがもたらすものがあることを指摘し、以下のように述べている。

里親の態度に理不尽さを感じる場合、子どもは「本当の子どもではないから」という言葉を突きつけることがある。里親もまた、子どもの態度があまりに耐え難いと感じる場合、「本当の子どもではないから」という言葉を口にすることがある。「本当ではない」ということは、日常的に

意識されているわけではないのだが、ふとした瞬間に、互いの間に思わぬ「溝」を作り出す。（和泉 二〇〇六：二〇八－九）

ここに、一見矛盾するような血縁意識が見られる。里親は、血縁を超えて親子関係が形成できると信じているが、里子との関係がうまくいかない時に、「本当の子どもではないから」という意識が顕在化される。

安藤が行ったインタビュー調査においても、里子を育てる過程における困難に、「なんでこんなに大変なんだろうと思うと、いつも私の育て方がわるいのかなぁとか、生まれてから乳児院にいたことでこんな風になっちゃったのか、それとも遺伝子的なものなのか（と考えてしまう）……私と旦那の子だったらこうじゃなかったのかなって」（安藤 二〇一七：一一四）という語りが見られる。ここでも、里子との関係がうまくいかない時に、「私と旦那の子だったら」という、「本当の子どもではないから」という意識が顕在化されている。この語りには、問題の原因がわからないことがもたらす解決法が見つからないことのジレンマが含まれており、最終的に原因探しをやめて、その時のできることをするしかないと思うようになった（安藤 二〇一七：一一四）。

子育てにおいて、子どもとの関係にさまざまな困難があっても、血縁がある「自分の子どもだから」ということにより、それを受け入れるしかないという根拠となる。しかし、里親や養子縁組の場合にはそれがないため、子育てにおける困難が、血縁関係がないことに還元された場合、その関係はもはや修復できない。

そのため、子育てにおける不安や困難を受諾する最後の砦だと思われている「血縁」がないことは、里親や養子縁組という選択を躊躇させるのではないだろうか。和泉がいうように、里親家族が血縁家族と大きく異なる点は、遺伝子によるつながりがないことと、措置変更という家族の「終わり」が互いの想像力に入っていることである（和泉 二〇〇六：二〇八）。里親には措置変更があるが、特別養子縁組に措置変更はないため[8]、その決断はおのずと慎重になるものである。

先述のように、「自発的に選択したのであれば、養育でつらいときにも誰かを責めることなく『自分の選択の結果』として乗り越えていけるはずだと考えられている」（安藤 二〇一七：一四三）が、その困難が自身の対応限界を超えたときには、「終わり」を迎えてしまうリスクがあるのである。安藤がほかのインフォーマントの語りから、「里子の委託は、里親家庭がこわれたり家族成員が傷ついてまでなされることではない、という考えがわかる」（安藤 二〇一七：一三二）と述べているように、里親には措置変更が意識されている。

吉田菜穂子が行った里親家庭で養育された児童の実親や里親に対する主観的距離感についての調査では、実母に虐待されたにもかかわらず、実母を強く追い求めているケースや、父親に虐待されたにもかかわらず、父親との距離感が一緒に暮らすほかの里子と同じ、というケースが紹介されている（吉田 二〇一五：三八）。実親に虐待された子どもが、それでも親を求める行動は、里親家庭だけでなく、児童養護施設にも見られるものである。

吉田は自身が里親であり、「里親・里子の親子関係は、里親委託が解除されてから始まる」（吉田 二〇一五：四〇）と考えている。それは、里親里子という公的な関係性が消滅すると、私的な関係性だけが残り、「私的関係だけのつながりになった時に、それまでの『疑似親子』としての関わりを継続するか否かを、双方の意思で決定する」（吉田 二〇一五：四〇）からである、という。

以上をみると、里親という選択は簡単なものではないことがわかる。しかし、里親制度は、子どもの養育という観点でみれば、その有効性は高い。武井優が行った、里親と暮した経験を持つ10代から

70代の五〇人へのインタビューからは、里親家庭で育ったことへの肯定的な語りが多く見られる（武井 二〇〇〇）。武井のインタビューの中には、戦前や戦後しばらくの間に里親家庭で育った人もおり、里子が労働力として捉えられ、過酷な労働を強いられていたという語りもあるが、現在は、「里親の認定等に関する省令」において、養育里親になるには五つの要件[9]を満たさなければならず、誰でも里親になれるわけではない。肯定的な語りの中で特徴的といえるのは、「里子の意識がない」（武井 二〇〇〇：四一－五六）ということである。環境が整えば、里親家庭でも子どもは一般的な家庭の子どもと変わらない養育が得られるのである。

2 私的実践としての非血縁親子関係における血縁

前節では、公的実践としての児童養護施設と里親について述べた。本節では、前節と同様に非血縁者が関与する子どもの養育の中で、児童養護施設や里親のような公的（経済的）な支援を受けない養子縁組（特別養子縁組）とステップファミリーについて検討する。私的実践として非血縁者が関与する養育という面では両者は同様であるが、関係が形成される過程やそれぞれが置かれる立場などに違いがある。特別養子縁組においては、実親と子どもの法的な親子関係が解消され、養親が実親として法的な親子関係が成立する。そして、特別養子縁組においては、養親と子どもには血縁がない。その一方で、ステップファミリーにおいては、継親が継子と養子縁組をする／しないによって、相続における関係が異なることや、血縁親子関係と非血縁親子関係が家庭の中で共存する。また非血縁きょうだい関係が形成されることもある。そのため、血縁に対する意識にも違いがある。

本節は、**図2―2**のすべての象限に該当する。

（1）養子縁組（特別養子縁組）と血縁

養子縁組には、第2章で述べたように、普通養子縁組と特別養子縁組の二種類があるが、ここでは基本的に実親との法的な親子関係が解消される特別養子縁組を扱う。ただし、単に養子縁組といった場合にも特別養子縁組が含意されていることもあるが、本書では普通養子縁組については議論しない(10)。

桐野由美子は、一九九八年に行った養子縁組に関する意識調査から、日本の血縁重視社会において、「日本古来の民族的感情、養子縁組の歴史などを更に深く研究し、日本独特の血縁関係に関する考え方を再検討するに値すると考える」（桐野 一九九八：一三八）と指摘している。桐野の指摘から随分経つが、近年、養子縁組と血縁に関する研究がいくつか見られるようになってきた。

① 実親が養子に出すという選択

白井千晶（二〇一四）は、子どもを養子に出した女性一五人へのインタビュー調査を行っており、そこにはさまざまな語りが見られる。

あるインフォーマントは、「私自身、親のできちゃった婚でお金に苦労するのを見てきた……お金がないと夫婦がギスギスするし、親が幸せになれないと血のつながりがあっても子どもも幸せになれない」（白井 二〇一四：六六）と述べている。ここから、貧困がもたらす不幸は、血のつながりでは解消できないと考えられていることがうかがえる。

また、性産業に従事していたあるインフォーマントは、客の子どもが出来てしまい、「私の嫌いな人種の子だから、かわいいとは思えない」（白井 二〇一四：六七）と語っている。この語りからは、子どもに自分の嫌いな人種（客）の血が入っていることが嫌悪感をもたらし、子どもをかわいいと思えない、という感情がうかがえる。

白井は、養育困難な妊娠において、当該女性が養子縁組を選択する理由に、「血縁を越える」ストーリーを見ている（白井 二〇一七：八〇 - 一）。そこには、当事者が語る、「血のつながりは関係なく」「育てる人の方が子どものことを考えてくれる」「よその親と親子になっても幸せ」というように、子どもにとって重要なのは親の愛情と環境で、愛情と環境は血縁に関係がなく、自分よりもほかの人の方が子どもを幸せにできるから、養子縁組の方がいい、という論理があると述べている（白井 二〇一七：八一）。そして白井は、その女性たちが「親子の情緒的なつながりや子どもへの愛情は『血のつながり』に関係がなく、『血縁を越えて』親子になると考えて、養子に出すことを決めて」（白井 二〇一七：八五）おり、「その根底にあるのは、自らと他者を比較して最善の『子どもの幸せ』を叶えることが、母親としてすべきことだ、という考えである」（白井 二〇一七：八五 - 六）と述べている。この「子どものため」という言説が特別養子縁組で用いられることは、野辺陽子（二〇一二ほか）も指摘している。

さらに白井は、昭和前期に養育困難な妊娠をしている女性の支援と養子縁組仲介を担った産婆・助産婦にもインタビュー調査をしており、先の女性の語りと比較し、養育困難な妊娠が養子縁組として帰結した場合について、昭和一〇～二〇年代の、「妊娠して困っている人と、子どもが生れなくて困っている人の『人助け』から、現代では『子どもの幸せ』あるいは『命の救済』へと移行し、子どもは、代替不可能な特別な存在に変わったことがわかる」（白井 二〇一七：九五）と述べている。また、「子どもの命を守り、幸せを願うのが母の役割であり、子どもの幸せをかなえる愛と環境は『血のつながり』と関係がない……それゆえに母親は生活保護を受給したり、周囲と関係を断ち切って産んだ子を育てるのではなく、幸せを願って他者に養子として託すのである」（白井 二〇一七：九五）という。

そして、「昭和の前期においては、非嫡出子ではなく、嫡出子、しかも藁の上からの養子で、養子でなく実子になることが『籍』の上で最善とされていたが、現代社会では『血のつながり』に関係なく親子関係は構築可能だと考えられ、だからこそ『最善の親』を与えることが『生みの親』の役割だと認識されて」(白井 二〇一七：九六‐七) おり、「その背景に、子どもを親の私的所有物とせず、親から独立した存在と考え、それに『命』という絶対的に優先すべき価値を与えていることがあるだろう」(白井 二〇一七：九七) と述べている。

② 不妊治療の代替としての養子

野辺 (二〇一八) の中でも不妊治療の代替としての養子縁組は見られたが、安田の調査における当事者の中にも、不妊治療をやめて養子を迎えることを選択した人の語りが見られる。そこでは、養子を迎えることについては、「そんなのもあるよねとは思っているけど、まったく自分の選択として捉えてはいない」(安田 二〇一三：七二) ものであったことが語られていた。そして、「非血縁の子どもを育てることが、ひょんなことから身近なこととなった」(安田 二〇一三：七二) という。

このことから、初めから不妊治療と養子縁組という選択肢があったわけではなく、まず治療を始めて、その治療がなかなかうまくいかないという過程の中で、「治療をやめるかやめないかという頃に、非血縁の子どもを育てることを意識する出来事に遭遇し」(安田 二〇一三：七〇)、養子縁組という選択をしていったことがうかがえる。不妊と診断された人が持つ選択肢は、不妊治療、養子縁組、子どもを持たない人生となり、初めから養子縁組が選択されないことの背景には、血縁志向があると思われるが、それを後押しする生殖補助医療技術の進展があることも忘れてはならない。人工子宮だけでなく、iPS細胞からの生殖が可能になれば、不妊の問題はなくなる。そして、養子縁組は不妊治療の代替としての選択肢でもなくなる。そのような状況において、社会福祉的観点から養子縁組をする人がどのくらいいるのだろうか。

③ 特別養子縁組における血縁の扱い

野辺（二〇一二ほか）は、特別養子縁組において、血縁がどのように扱われるかを分析している。野辺（二〇一八）は、「養子縁組する／しない」という指標から「養子縁組しない＝血縁にこだわる」「養子縁組する＝血縁にこだわらない」というこれまでの解釈図式の問題点を指摘し、検討している。

野辺は、右記のような解釈図式では、「血縁にこだわらない→養子縁組したくない」「血縁にこだわる→養子縁組したい」「養子縁組したくない→養子縁組したい」「養子縁組したくない」という事例を想定しておらず、選好と選択が一致しない事例が等閑視されてしまうことを指摘している（野辺 二〇一八：一九四）。そして、インタビュー調査から、「①制約要因があることから、選好と選択が常に一致するわけではないこと、②制約要因にあわせて、選択肢を変える当事者も多く、最終的な選択肢に至るまで多様な経路があること」を明らかにしている（野辺 二〇一八：一九四）。

そして、不妊治療から養子縁組に選択肢を変更する場合は、葛藤を低減するために、「もともと実子にそんなにこだわっていなかった」という遡及的解釈による自己選択の事後的な合理化と、「実子も養子も同じ」「小さい子なら実子と同じ」という動機の語彙を用いる、という二種類の意味づけ直しが行われているという（野辺 二〇一八：一九五）。

また、「〈血縁〉[11]と『子どものため』という言説の関連」について、血縁の意味は多様であり、それが「子どものため」という言説と結びついた場合は、リスクと責任の感覚と強い規範意識が付加され、「子どものため」に養子縁組を選択しないという言説が可能になる、という現在の社会状況があるという（野辺 二〇一八：二〇〇）。

それと、近年の「子どもの出自を知る権利」との関連において、養子縁組した親が、生みの親の情報を（子どもの人権を守るために）「伝えなければならない」という規範的要請と（子どもの心理を守るために）「伝えてはいけない」という規範的要請との間でジレンマを抱えることを指摘している（野辺 二〇一八：二三八）。

また、野辺の研究において非常に重要な点のひとつとして、特別養子縁組された子どもへのインタビュー調査があげられる。

野辺は、養子縁組された子どもが成長過程のどのような場面で〈血縁〉を用いるかを分析し、「①親との関係においては、血縁の不在が関係の良し悪しの原因として解釈されることもあるが、いずれそれを相対化してマネジメントしていくこと、②『アイデンティティ』には、産みの親の属性と誕生・親子分離の理由が関わっていること、③生みの親を『家族』や『親』とは差異化して定義すること、④社会からの視線に対しては『普通である』という語りで抵抗していること」（野辺 二〇一八：二六六）などを明らかにした。

そして、親子関係と「アイデンティティ」の関連について、以下のように指摘している。

「望まれて生れた」という親子と愛情を結びつける規範が子どもの「アイデンティティ」を強く規定している事実についても考えていく必要がある。特に、養子縁組が「望まない妊娠」をした女性を救う方法として報道される現在においては、「養子＝望まれない妊娠によって生まれた子ども」というイメージが形成される可能性があり、子どもは「望まれて生まれてくるべき」という規範との齟齬で、ますます葛藤を抱えるかもしれない。（野辺 二〇一八：二六八）

野辺の指摘のように、子どもにとって、「親から望まれて生まれた」ということがアイデンティティ形成において重要であるとするならば、「望まない妊娠＝親が望んでいなかった」ということは、アイデンティティ形成において負の要素となるだろう。

また、その子どもが親になったり、実子を持ったりすると、親（養親・実親）および養子縁組に対する評価が変わることを指摘しており、育ての親には血縁がなくても育ててくれたという肯定的評価がなされ、生みの親には血縁があるのに育ててくれなかったという否定的評価がなされる傾向があった、という（野辺 二〇一八：二八八）。そして、そこにはジェンダー差があり、男性は、育ての親に同一化することで、血縁がなくても育ててくれたという肯定的評価をし、女性は、生みの親に同一化することで、血縁があるのに育ててくれなかった、という否定的評価をするようである、と述べている（野辺 二〇一八：二八八）。

野辺は、親子関係とアイデンティティについて、「子どものため」という理念によって、「血縁の要素」が払拭されたというより[12]、親子関係と子どもの「アイデンティティ」が分離し、〈血縁〉は親子関係から分離したが、「アイデンティティ」と接続し、血縁が人格に欠かせないものとして規範化されたという方が正確であろう、という（野辺 二〇一八：二九四）。

（2）ステップファミリーと血縁

ステップファミリーの先進国といわれるアメリカの Wednesday Martin の研究では、ステップファミリーにおいては継母のストレスが一番高いといわれている（Martin 2009=2015）。しかし、日本では離婚時における子どもの親権のほとんどを母親が持つため、再婚における実父／継母型のステップファミリーが形成されるケースは少ないと推測できる。けれども、実数が少ないことによって、その問題が軽視されることも多く、Martin による研究が日本にもあてはまるとしたら、継母のかかえる問題は重大であるにもかかわらず、問題視されるまでに時間がかかる可能性がある。北村（一九五五）によって既に継母型のステップファミリーにおける問題は指摘されている（北村 一九五五：五六）が、研究蓄積はあまり見られない。

茨木尚子は、日本ではステップファミリーを対象とする独立した専門相談支援機関はほとんどなく、ステップファミリーには特有の悩みや支援ニーズがあることなどから、児童、家族支援機関がステップファミリーをきちんと視野に入れた支援をすることや、当事者同士のサポートが重要であることを指摘している（野沢・茨木・早野ほか 二〇〇六）。

では、現在日本のステップファミリーでは、親子関係における血縁がどのように捉えられ、どのような実践がなされているのだろうか。

① 継親子関係

野沢・菊地によれば、「継親と継子のいずれの立場から見ても、関係の歴史の浅い大人が『親』（のような存在）として急に関わろうとするところに継親子関係特有の難しさがある」（野沢・菊地 二〇一〇：一五八）という。そして、「多くの場合、子どもの思春期における親子関係および継親子関係の難しさが重要な問題として浮上する経験をしている……とりわけ、特定の継子と継母の関係が問題の焦点となって顕在化する傾向がある」（野沢・菊地 二〇一〇：一六二）と指摘している。さらに、継親子関係だけでなく、「同居親や同居きょうだいの行動、別居親や祖父母との交流、親—継親の性別役割分業など多様な条件が、継親子関係に複雑な影響を及ぼしていることが示唆された」（野沢・菊地 二〇一四：八三）という。

ステップファミリーにおける若年成人子と同居親の関係についての研究において、野沢がCartwright（2008：208-230）を訳して引用した文に、ステップファミリーの研究者たちが、血縁関係にあまり注意を払ってこなかったという記述がある（野沢 二〇一五：六〇）。しかし、ここで述べられている血縁関係とは、継親子関係と対置する同居実親および別居実親と子どもの関係という捉え方であり、その背後にある血縁意識という視点はないと思われる。

野沢は、「同居親の役割の重要性が必ずしも社会的に認知されていないならば、その点を臨床や支援実践の場面で補足・強調する意義は大きい」（野沢 二〇一五：八〇）、そして、「ステップファミリーにおける同居親は、子どもが疎外感を募らせないように配慮し、親子のみの共有時間を確保したり、親によるしつけを継続したりして、子どもが継親との関係を作る際の保護・仲介・調整という（初婚家族とは異なる）親役割を担っていることを理解するための社会的機会が必要である」（野沢 二〇一五：八〇）と述べている。

② ステップファミリー特有の困難

親子間に非血縁者が介入する里親や特別養子縁組とステップファミリーにおける大きな違いのひとつは、里親や特別養子縁組は両親と子どものあいだに血縁がないことに対して、ステップファミリーの場合はどちらかの親に子どもとの血縁があることである。

そしてもうひとつが、子どもの養育に至るまでの過程の違いである。

以下、その違いを見てみる。

子どもと血縁のある実親と血縁のない継親との同居

里親や特別養子縁組とは違うステップファミリー特有の難しさのひとつには、一方の親には子どもとの血縁があり、もう一方の親には血縁がないことにある。そして、一方の親と血縁があるために、ステップファミリーにおいては、一般的な初婚家族が想定されることが多い。

たとえば、勝見が行った調査において、女性のインフォーマントが、中学校を卒業した時に母親が再婚し、母親や祖母から継父のことを「お父さん」と呼ぶように何度も強く言われ、それがとにかく嫌であった、と語っている（勝見 二〇一四：一三二）。子どもの認識を考慮せずに、法的に父親となったことで継父を「お父さん」と呼ばせることは、子どもにとっての実父の存在を軽視することにつながる。このケースでは、離婚後も実父が小学校の運動会に二、三回来てくれたが、その後、祖母が実父と連絡することをやめるよう母親にいった、という（勝見 二〇一四：一三一－二）。

一般的な初婚家族が想定される場合、子どものしつけには両親が関与するが、ステップファミリーの場合は、子どもにとっての実親と継親との関係性が異なるため、困難をもたらす。そこには、それまでの関係性をもとにした信頼関係が関与しており、継親との間に信頼関係が構築されていないと、子どもにとって継親からのしつけは理不尽と感じてしまうことがある。

野沢も以下のように述べている。

> 通念的な家族形成モデルをめざして、継母が母親としてふるまおうとしても、多くの場合、継子の側にはその準備がなく、否定的・拒否的な反応や感情が生まれる。すでに強い愛着や親密さを基盤にした親子関係をもっている子どもには、継親が侵入者のようにみえることもある。関係の歴史が浅い大人とのあいだに、愛情を感じたり、「しつけ」を受けたりする関係がにわかに成立しないとしても不思議はない。（牟田編 二〇〇九：一八三）

また、ステップファミリーにはシングルペアレント同士が結婚するケースもある。その場合は、両方の親が実親と継親を兼務することになり、状況に応じて、実親であったり、継親であったり、またはその両方が同時的に要請されることもある。

たとえば、両者の子ども同士がけんかをした場合、野沢のいうように同居するそれぞれの実親が実子のケアをして仲介や調整をするということは、両方の親がその場にいた時には可能である。しかし、その場にどちらかの親しかいなかった場合は、実親役割と継親役割が同時に要請され、さらに継子への実親からのケアが留保されてしまう。そして、問題発生からケアに至るまでに時間がかかればかかるほど、対応が難しくなることに加えて、両方の子どもの言い分と、パートナーの説明に整合性が見られなかった場合に、その場にいなかった親は、適切な対応ができない可能性が高くなる。

そして、シングルペアレント同士によって形成されたステップファミリーの場合、継母の方が子どもと接する機会が多いため、葛藤が表れやすい。

野沢は、夫婦間での認識のずれ、つまり夫が妻の困難に気づかなかったり、サポートをしなかったりすることにより、夫婦間に深い溝が生じてしまうことがあることを指摘して以下のように述べている。

> たとえば、夫妻ともに幼い子どもを連れて再婚した継母は、継子に対して「とにかく（自分の子どもと）同じ意識でいたいというか、自分の子どものように甘えさせていたいし、自分の子どものように叱ってあげたい」という気持ちで子どもに接してきたという。夫の自分に対する期待に関しても、「たぶん、彼はとにかく私と主人の子どもがうまくやってほしい（中略）、私が本当に（自分の）子どもとして見られるようになってほしいと思っている」と感じていた。しかし、二年間の結婚生活で、継子を「いやだなと思ったり、いらいらしてみたり」、どうしても自分の子どもと同じにには扱えないことに強い自責の念を感じるようになる。一方、彼女の夫は、これは「彼女（妻）の気持ちの問題」であり、「（自分の）両親と僕は（子どもと）うまくやってほしいと思ってい

るけれども（妻の気持ちが）どうしても変わらない」ことに悩みを深めていた。（牟田編 二〇〇九：一八三－四）

ここに、継母が継子に対して「自分の子どもと同じ」である、つまり実親であると意識しなければならないという規範が見られるが、野沢が指摘しているように、「継親になるという経験は、親になる経験とは大きく異なる」（牟田編 二〇〇九：一八五）。そして、夫が妻の「気持ち」が簡単に変えられるものであるかのように見ているという認識のずれが見られる。

養育が先か結婚が先か

そして、もうひとつ里親や特別養子縁組とは違うステップファミリー特有の難しさは、子どもの養育に至るまでの過程の違いにある。それは、里親や特別養子縁組は、最初に子どもの養育が目的として立つが、ステップファミリーが形成される場合、シングルペアレントの交際が最初の目的として立つことになる。その交際の延長線上にステップファミリーの形成があるが、交際が始められる当初から非血縁パートナーとの子どもの養育が前提とされていることは少ないと思われる。したがって、里親や特別養子縁組は、既存の家庭における子どもの養育が前提としてお互いに共有されているところから始まり、さらにステップファミリーと違い、両親に子どもとの血縁がないため、子どもとの関係性も同じであるということがある。そのため、ステップファミリーのように、子どもと血縁があるかないかということがもたらす同居実親と継親の困難が回避される。

けれども、ステップファミリーの場合は、まずシングルペアレントの交際が始まり、お互いの親密度の高まりとともに結婚が視野に入り、そのときに子どもの養育が共有するべき事項となると考えられる。そして、子どもの養育より結婚が優先されるようなケースのなかに、野沢（二〇一五）が行った調査に見られた、「継親の側に立つ親に対する失望・疎外感」や「自分を気遣わない親への不信・距離化」という事例が含まれているのではないだろうか。それについて野沢は、「同居親が新しいカップル関係の強化や安定を最優先し、子どもとの関係の悪化を過小評価することが、子どもの精神的健康や生活適応に深刻な影響をもたらしうることを……事例が例証している」（野沢 二〇一五：八〇）という。そして、それゆえ「ステップファミリー生活において親子関係が肝要な位置を占めることを再確認するならば、ステップファミリーでは新しいカップル関係を親子関係に優先させるべきだと初期の臨床家たちが主張していた点には再考の余地がある」（野沢 二〇一五：八〇）と述べている。

3 非血縁親子関係を捉える視座

以降の考察に進む前に、ここで血縁が研究の主題のなかに含まれている野辺（二〇一八）と筆者の違いを述べる。

野辺は、養子縁組をする／しない選択における血縁を、夫婦と子どもの血縁として捉えていることもある為、父と子どもの血縁、母と子どもの血縁が分節されていないことがある。つまり、野辺のいう、養子縁組をする、またはしないという選択をする過程における血縁は、夫婦にとっての子どもとの血縁であり、父と子どもの血縁、母と子どもの血縁ではない。もちろん不妊当事者（夫婦）[13]が養子縁組に至る／至らないプロセスは捉えているが、最終的な選択が養子縁組をする／しないに対する合意[14]であるため、それぞれ個人の血縁意識とその変容過程が捉えづらいと思われる（野辺 二〇一八：一五六−二四二）。

また、調査対象者の養子縁組した／しないケースの下位分類として、不妊治療あり／なしという枠組み[15]を用いているが、どのケースも配偶者間の人工授精や体外受精がほとんどであり、提供配偶子を用いた生殖補助医療は三ケースのみである。[16]そして、養子縁組したケースの調査対象者は、夫妻七ケース、女性のみ一〇ケース、男性のみ一ケースである（野辺 二〇一八：一五九）。そのため、夫妻が同席していること、どちらか一方のみであることの効果が考慮されていないように見えてしまう。さらに、養子縁組の選択に合意する過程における夫妻のインタビューにおいても、どちらかの発言しか引用されていないこともある。したがって、いかにして〈血縁〉が浮上するかということはわかるが、養子縁組が視野に入る前、協議を経て合意に至るまでの過程と現在において、それぞれ個人の血縁意識がどのように変化した／しなかったかがわかりづらい。

そして、「養子縁組を考えているにも関わらず、実際にはしなかった理由として、……②夫婦間の意見が合わない……」（野辺 二〇一八：一七三）があるが、それについては詳述されていないため、夫婦間の意見がどのように合わなかったのかということと、そのことがもたらした効果[17]などがわからない。

したがって、野辺の枠組みは、血縁関係だけでみれば同様である里親との関連性については捉えているが、養子縁組との比較で述べられており、里親を選択する過程における当事者の血縁（意識）について物足りなさを感じてしまう。[18]

4　非血縁親子関係における血縁の効果の多様性

(1) 非血縁親子関係における血縁

第1節(2)の吉田のいう「私的関係だけのつながりになった時に、それまでの『疑似親子』としての関わりを継続するか否かを、双方の意思で決定する」(吉田 二〇一五：四〇)ということに、非血縁親子関係における重要な要素が見られる。それは、関係の継続を双方の意思で決定する、ということである。つまり、血縁親子は、その親子関係は血縁によって保証されているため、双方の意思は関係ない。しかし、非血縁親子の場合、その根拠となる血縁がないため、関係性を保証するのは双方の合意しかない。したがって、非血縁親子関係を保証するには、双方のコミットメントが要求されるのである。であるからこそ、双方において、血縁がないことを克服することの難しさが、コミットメントを阻むのである。

南貴子は以下のように述べている。

> 今日においては、ステップファミリーや養子の家族など、血縁によらない家族も増加している。しかし、ロマンチック・ラブ・イデオロギーも解体し、家族が親の離婚、再婚により解体と再編を繰り返す現代であるからこそ、遺伝子に関する研究の発展と相まって「血縁」が子どもとのつながりへの最も確かな「保証」として、社会に再度見直されつつある、ともいえる。(南 二〇一〇：一四二)

前章でも見たように、児童養護施設では社会的養護という制度に基づいた子どもの養育が目的であり、その構成上システマティックになっている面が多い。また、一般家庭よりも年齢的に早い段階で、子どもと職員の身体接触を含めた親密性からの距離化が図られる。したがって、施設においてはそもそも血縁を意識するような前提が生まれにくい。

しかし、同じ社会的養護であっても、里親においては、施設のような職員の流動性はなく、同一の養育者がかかわることになる。また、子どもの養育が家庭で行われるため、子どもとの親密性は施設に比べて高くなる。したがって、施設に比べ一般家庭に近いために、目指される関係性も一般家庭に近いものとなる。これは、両者の関係性がうまくいっているときには何の問題もないが、関係がうまくいかず、その原因がわからないときにそれが血縁に還元されるリスクがある。

里親の成功例においては、里親の努力だけではなく、まわりの協力もあったことはいうまでもない。また、子どもの性格や委託されたときの年齢、里親との相性など、偶然性に委ねられる面もある。しかし、一般家庭においても、親も子どももお互いを選択できないし、「血縁」以外は、環境に委ねられる面が多い。であるならば、社会における「血縁」に対するこだわりを解消でき、里親と子どもをサポートするシステムや地域環境が整えば、里親制度は、社会的養護として期待できるものである。そのためには、社会で子どもを育てるという共通認識の醸成が重要となる。しかしながら、現代日本における子どもの養育は、ますます家庭に押し込まれているだけでなく、親自体も自分の子どもの養育に他者が干渉することを嫌悪する傾向が見られる。したがって、里親制度を推進するためには、里親になる人を増やすことだけでなく、里親をフォローする体制の強化、地域や学校だけでなく、社会全体で子どもの養育に関与することの一般化が求められる。

白井の研究における、実母が養育困難を理由に子どもを養子に出すときに、血縁者である自分が養育するより、血縁がなくても「子どもの幸せ」を叶えてくれる愛と環境を提供してくれる家庭での養育を願う、という語りには、血縁だけでは幸せになれない現実を見据えながらも、血縁者である親であるからこそ思う「子どもの幸せ」が含意されている、と思われる。

子どもを養子に出す女性の思いが「子どもの幸せ」であるとするならば、不妊治療の代替としての養子縁組においては、子どもを持つことより「子どもの幸せ」が優位にあるのだろうか。野辺は、そこでは二種類の意味づけ直しが行われることを指摘しており、実子と養子を同一化させようとする行為が見られる（野辺 二〇一八：一九五）。養子縁組により子どもを養育すると決断することには、子どもを持つことだけではなく、その「子どもの幸せ」も含意されているだろう。また、野辺がいうように「子どものため」に養子縁組を選択しないということもある。

ただ、この意味づけ直しがきちんと内面化されない場合は、養育における問題が発生したときに、里親に見られたように、その理由を血縁に還元してしまうおそれがある。

野辺は、養子縁組において、当初子どもとの関係が実親子（に想定されている親密な）関係になるかどうかという不安が、「共に過ごす時間が長くなるにつれて、『時間が経てば親子になれる』と、不安は減少するようであった」（野辺 二〇一八：二三五 - 六）と述べているが、Martin は、「ステップファミリーが時間とともに距離が縮まり、まとまりができるという思い込みは、ほとんど実証されて」(Martin 2009=2015: 188) いない、という。

このように、同じ非血縁親子関係であっても、特別養子縁組家族とステップファミリーには違いがあることがわかる。それは、親子関係における血縁が特別養子縁組の場合には夫婦の双方にないことに対して、ステップファミリーでは血縁／非血縁親子関係が混在すること。そして、特別養子縁組が子どもの養育を目的として行われるのに対して、ステップファミリーは、カップルの結婚が子どもの養育より優先されるケースも考えられるからである。

（2）血縁／非血縁親子関係が混在するステップファミリーの特質性

既述のように、日本でのステップファミリー研究はまだ少ない。しかし、現実問題としてステップファミリーにおける困難は存在する。そして、その問題の究明というよりは、その支援に重点をおいた研究が野沢や菊地によるものであるといえるだろう。おそらく、筆者と野沢および菊地の違いは、ステップファミリーに対するスタンスの違いにあると思われる。野沢・菊地は、血縁がある／ない（血縁意識は含まない）ことがもたらすステップファミリーの問題に適切な情報提供やサポートをすることにより、その問題を解決する、または軽減することに焦点を当てているのに対し、筆者は、ステップファミリーにおける難しさが、血縁がある／ないことが血縁意識として作用することにあるのではないかということに焦点を当てており、そこから問題の解決または軽減を意図しているのである。

野沢は、ステップ関係における虐待について「家族に新しい大人が加わってすぐに親子のような関係を形成することは難しい。しかし虐待は血縁のあるなしで起こるものではなく、虐待に至る過程の分析を抜きにして、それを危険因子と見なすのは短絡的[19]」と述べており、血縁や血縁意識は考慮されていない。

しかしながら、既述のように、「血縁がある／ない」という表現は、生物学的関係のみを示すとき以外は、強弱はあるにせよ血縁に対する意識が含意されていると考えられる。したがって、「血縁がある／ない」ということは、虐待が起こる過程において、血縁意識が関与していた可能性を考慮するべきことと捉える必要がある。虐待の要因は複合的かつ多様であり、ケースごとの検証が必要であるが、であるからこそ、その要素を見逃してはならないのである。

Turnerらは、家庭内に継親がいることは、シングルペアレント家庭以上に虐待のリスクが高く、ステップファミリーが介入するべき重要な対象であることを指摘している（Turner, Finkelhor and Ormrod

2006: 23)。したがって、野沢がいうように、実親、継親双方の「初婚家族とは異なる」親役割を踏まえた努力によって、親子関係に働きかけることが求められる。

また、第6章で詳述するが、子どもと継親が同居する場合に、女児と継父の同居は性的虐待のリスクがある。[20] 血縁親子間にインセストタブーが効いているかは精査する必要があるが、継父からの性的虐待は、実父からのものより多い。血縁がないということが継子に対する意識に影響することがあるのではないだろうか。

このようなケースは、性的対象としてのジェンダーによるものでもある。継親子関係におけるジェンダーは、継親から継子への性的対象となる可能性としてのジェンダーと継子から継親への性的対象とされる可能性としてのジェンダーという違いもあり問題を複雑にする。つまり、継親が継子を性的対象として意識することもあれば、性知識を得た継子が、継親から性的対象とされる可能性を意識することもありうる。実親子の場合、インセストタブーが意識されれば幼少の子どもに性的対象としてのジェンダーを意識することはないが、子どもと血縁がなければインセストとはならないため、子どもに対して性的対象としてのジェンダーが意識されることもあるだろう。また、子どもが抱くジェンダーによる羞恥心などの意識も、実親と実親以外では違うのではないだろうか。

野沢は、「虐待に至る過程の分析」を強調するために意図的に「虐待は血縁のあるなしで起こるものではなく」と述べているともいえるが、継親子関係の問題を捉える際に、血縁意識を排除することはもはや困難であると思われる。[21] それは、子どもが継親を捉える際に、「本当の親ではない（親子は血がつながっているもの）」という前提があると考えるからである。だからこそ、特に思春期は「本当の親ではない（血がつながっていない）のに」なぜ他人（非血縁者）に干渉されるのか、と反発する。加えて、現代社会においては、子どものしつけは家庭の責任となり、子どもが親以外から干渉されることはほとんどないため、他人から叱られることに慣れていない。

筆者は、先日都内の公立小学校からの家庭通信に、「躾は家庭で」という記述があったことが強く印象に残っている。以前では、学校もしつけの場として捉えられていたが、現在では、学校は教育の場ではあるが、そこにしつけは含まれていないこともある。また、子どもが近所の人や、日常生活で遭遇する他者に叱られるようなこともほとんどないと思われる。そうであるならば、子どもが親以外の人から干渉されることを不当に感じるのもごく自然なものといえるだろう。だからこそ、野沢がいうように、「思春期以降に親が再婚した場合に、継親を親とみなさず、むしろそれ故に比較的良好な継親子関係が発達したケースもみられたが、それは少数派であって、多数派は継親を親として受け入れる過程で（程度の差はあるが）適応上の困難を経験する例が目立った」（野沢 二〇一五：七九）のではないだろうか。

Turnerらの研究は、ステップファミリーやシングルペアレント家庭の子どもは、実両親家庭や養子縁組家庭の子どもに比べ、抑うつ症状や怒りを示す傾向が高いことを示している（Turner, Finkelhor and Ormrod 2006: 23)。そこには、子ども虐待のリスクを高めている要因として、これらの家族構造に固有の何かか、両親の離婚がもたらす特質的なものがあるのかもしれない、という（Turner, Finkelhor and Ormrod 2006: 23)。

棚瀬一代も両親の離婚が子どもにもたらす影響を、子どもの年齢別に考察しており、離婚を自分のせいだと思ったり、自分を見捨てた親への憎しみを感じたりすることなどがあることを指摘している（棚瀬 二〇一〇：四八-七五)。

家族構造における特質性として血縁に目を向けてみると、非血縁親子関係はステップファミリーだけでなく、養子縁組家庭にも存在する。Turnerらがいうように、養子縁組家庭よりステップファミリーの方が子ども虐待のリスクが高いのであれば、ステップファミリーと養子縁組家庭の違いにも着目する必要がある。すると、先に述べたように、「養育が先か結婚が先か」という違いが確認できる。アメリカと日本では血縁に対する文化的背景が違うが、養子縁組は、それを決める段階で血縁を乗り越えることが夫婦間で共有されておりかつ、子どもとの血縁関係は両者ともない。しかし、ステップファミリーにおいては、カップルの結婚が最初の目的であることが多く、子どもとの血縁関係がある親とない親が混在することになる。ステップファミリーが形成される時に、まずカップルの結婚が優先される場合、子どもの気持ちは、子どもの年齢にもよるが後回しにされやすい。

野沢は、「同居親が新しいカップル関係の強化や安定を最優先し、子どもとの関係の悪化を過小評価すること」(野沢 二〇一五：八〇)の問題を指摘しているが、重要なのは、同居親のみならず、継親となるパートナーも子どもとの関係より「カップル関係の強化や安定を最優先」していないかということにもあるのではないか。

野沢(二〇一五)[22]では、インフォーマントに同居親および継親から、結婚前に話し合いの場が持たれたかどうか、その場合は、どのような話をしたか等がわからないため、ステップファミリーが始まった時のそれぞれの関係性が明白ではない。ただ、成功例と見られる、「柔軟な仲介者・擁護者である親を肯定的に評価」した事例では、同居親に「(一)こどもとの関係の質を維持し、(二)子どもの反応に敏感に対応し、(三)継親と子どもの距離を柔軟に調整して継親子間の衝突を回避し、(四)その結果として子どもが概して順調な適応を達成していること」という共通点が見られたことから、これらの事例では同居親が子どもとの関係にかなり重点を置いていたことはわかる(野沢 二〇一五：六五－七〇)。けれども、同居親が「継親子間の衝突を回避」するのではなく、継親に子どもとの良好な関係形成についてどのようなアプローチをしているか、さらに継親自身がどのようなスタンスでいるのかはわからない。

勝見の調査における別の女性のインフォーマントにおいては、自身が一歳の頃に親が離婚し、小学校入学前に母親が再婚したケースで、継父がよく遊んでくれたことなどから継父を肯定的に捉え、継父を小さい頃は「父ちゃん」、現在は「父さん」と違和感なく呼んでいる、という（勝見 二〇一四：一三二－一三三）。このケースは、「継父が無理に型にはまった父親役割を取ろうとせずに……ほど良い距離を取っていたことも関係を良好な状態で維持できたことにつながっていると思われる」（勝見 二〇一四：一三四）というように、継父が子どもとの関係を重視していたことがわかる。

そして、さらに問題が複雑化するケースとして、一方の親に実子がいないステップファミリーに新しい子どもが誕生した場合がある。子ども同士は、実親を介して血縁があるが、継親にとっては、血縁のある子と血縁のない子が混在する。ここで血縁意識が作用すると、継親が継子と実子へのかかわりに意図的、または無意識に差をもたらす可能性がある。すると、継子は継親の対応に疎外感を抱くことも考えられる。そして、シングルペアレント同士によって形成されたステップファミリーに新しい子どもが誕生すると、子どもと親の関係はさらに複雑になる。

子どもとの血縁関係が夫婦間で異なるということは、すべての家族成員に葛藤をもたらす。そして、継親は、血縁がもたらす葛藤を相談する相手がいない。この葛藤に正面から向き合い、その解消のために夫婦間での協力がもたれなくなったり、非血縁親子関係が子どもの養育を考慮せずに形成されたりすることが、虐待のリスクを高めるのではないだろうか。であるならば、継親、実親、子どもの（年齢に応じた）それぞれの中にある血縁規範意識を克服できるかが、この問題の鍵となるだろう。

（3）非血縁親子関係における子どものアイデンティティ形成

公的実践である、児童養護施設や里親に比べて私的実践である養子縁組やステップファミリーは、法的な関係も含めて子どもと親の関係が濃密になるため、子どものアイデンティティ形成にも深くかかわる。

野辺は、「『アイデンティティ』と出自の結びつきが強化されればされるほど、子どもは『知りたい／会いたい』というアクセルと同時に『知りたくない／会いたくない』というブレーキとの相反するベクトルの間で葛藤を強めるかもしれない……『望まれて生まれた』ことと自己肯定感を接続しない実践の生成が必要ではないのか」（野辺 二〇一八：三〇六）と述べている。

しかし、そのようなことは可能なのだろうか。通常子どもは、子どもを産む、子どもを持つという親の意思によって生まれてくる。すなわち「望まれて生まれてくる」からである。もちろん、妊娠に気づかず、人工妊娠中絶を選択することができなかったケースもあるが、それはごく一部である。そもそも子どもは、突然誰かに与えられ、養育が強要されるようなものではない。特に、結婚して子どもを持つことが当たり前ではなくなりつつあるからこそ、子どもを持つことは、その子どもを養育することにコミットすることを意味するのである。そのことが、実親が養育を放棄して養子に出すことを逸脱とするのである。また、実親からの虐待に見られたように、実親に育てられることが子どもの肯定的アイデンティティを形成するわけではない。子どもが誰に養育されるのかではなく、どのような環境で養育されるかが重要なのである。

Papernow は、ステップファミリーにおける子どもの養育について、以下のように述べている。

元配偶者の存在という課題にはさまざまな形があり、関わる人々の強烈な反発心をひき起こすことも多い。時として最悪な事態に陥りがちになるが、子どものウェルビーイングのため、公衆衛生のためには、ステップファミリーのメンバーが自分自身最良の策を見つけることが必要である。母親と継母は時に、平和的共存のためにかなりの努力をしなくてはならないことがある。また非同居の父親には、子どもとの接触を保つのに大きなサポートが必要であることも多い。しかし、大人がこうした課題に対処できれば、子どもは、自分の大切な人たちの真ん中にいて、大切に守られ、育まれていると感じることができる。（Papernow 2013=2015: 189）

ここで述べられている大人の対処には、子どもに負の影響をもたらすような情報を与えないということが含まれている（Papernow 2013=2015: 174）。そして、子どもが愛情を感じ、大切に守られ、自分の存在の肯定的承認が得られれば、それが誰からのものであるかは重要ではない。つまり、出自とアイデンティティの接続は避けられないが、血縁とは無関係に、養育者の努力によって肯定的なアイデンティティが獲得できるということである。

野辺は、「アイデンティティ」には血縁が関与しているだけでなく、愛情もまたかかわっている、と述べている（野辺 二〇一八：三二九）。血縁だけでなく、愛情がアイデンティティ形成に大きくかかわっていることは明らかであり、愛情を排除して血縁だけで肯定的なアイデンティティを形成することは難しい。しかしながら、血縁によらず愛情だけで肯定的なアイデンティティを形成することには期待が持てる。

ステップファミリーや養子縁組の成功例には、非血縁親の子どもの養育に対するコミットメントが存在する。つまり、ステップファミリーや養親子関係が形成される際に、子どもの養育に対するコミットメントがパートナー間で共有されているということである。そしてステップファミリーにおける

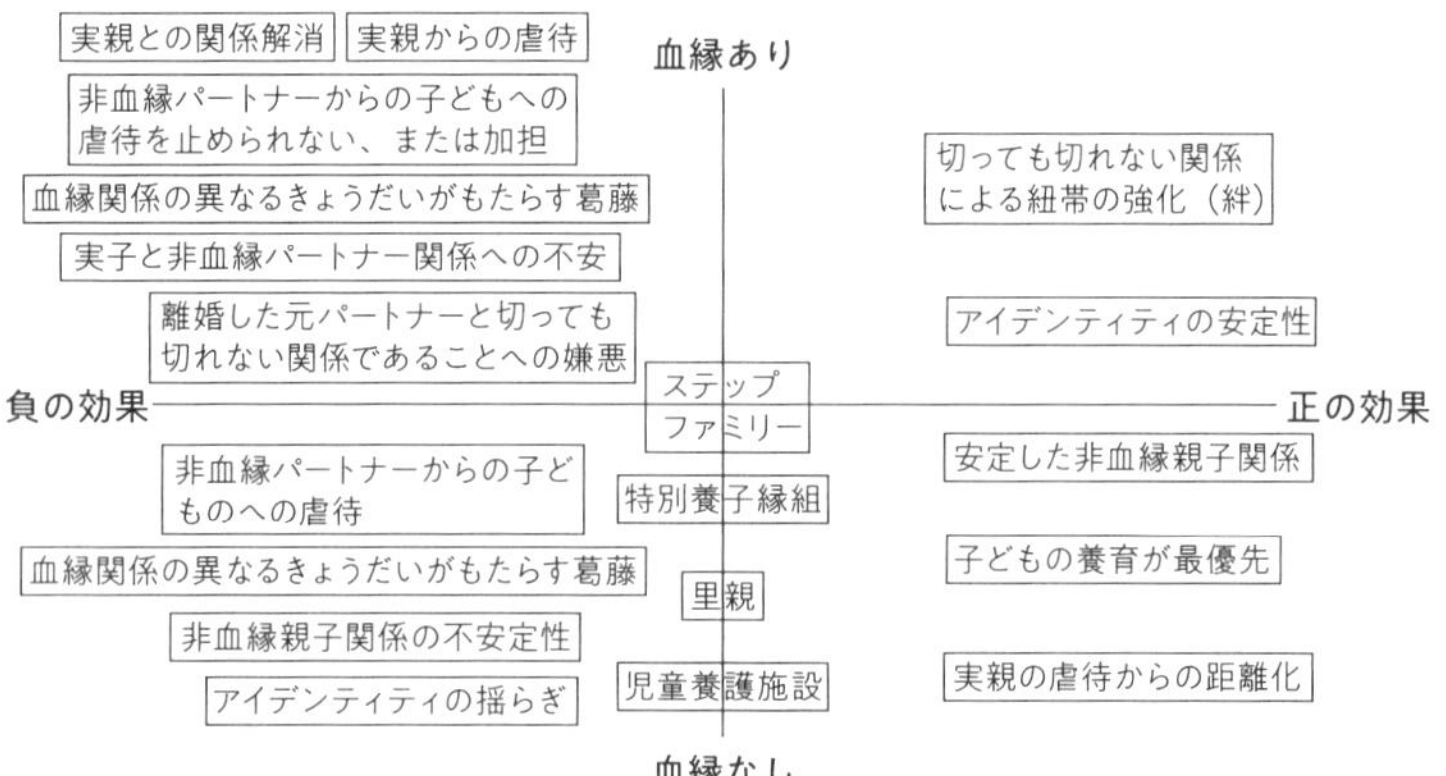

図3–1　私的／公的実践としての親子関係における血縁の効果

注）縦軸は、個人が置かれる状況であって、里親や養子縁組という状況に置かれた夫婦というような二人以上の関係を意味しているわけではない。

関係形成は、必ずしも非血縁親子関係における濃密なコミュニケーションによるものではなく、子どもの年齢、ジェンダー、意志を尊重したものである。ただし、棚瀬（二〇一〇）が指摘しているように、両親の離婚という経験は子どもにさまざまな影響を及ぼす。それらを踏まえて、パートナー間できちんと協議されることが求められる。

以上、児童養護施設、里親、養子縁組、ステップファミリーという、非血縁者が関与する親子（養育）関係における実践を**図2―2**の枠組みを用いて検討してきた。それらを**図2―2**に当てはめると、**図3―1**のようになる。

これまで個別に扱われた非血縁者が関与するそれぞれの事象における血縁の効果の全体像を捉えることができただろう。非血縁者のみを対象とした児童養護施設、里親、養子縁組は、第三象限と第四象限のみに該当するため、血縁の効果においては、ステップファミリーとの関連性についても第三象限と第四象限についてしか議論することができなかった。

しかし、このように捉えることにより、ステップファミリーにおける血縁の効果を同じ枠組みで捉えられた。そして、ステップファミリーがすべての象限に該当することから、その特徴である血縁者も関与するステップファミリーの問題がより複雑であることも示せた。

本章では、非血縁者が関与する子どもの養育を、公的実践と私的実践という観点から見てきた。里親は、児童養護施設と同じように、社会的養護の一環として位置づけられており、その養育の場が施設ではなく、家庭であることがより一般的な家庭養育に近いものではあるが、里親手当が出ていることなどからも、完全にほかの一般家庭と同様の養育が行われるわけではなく、法的な親子関係もない。それに対して、特別養子縁組やステップファミリーでは、非血縁親子関係において法的な親子関係が存在する。(23)公的実践の背後には明らかに「公」に含意される責任があるが、同じ公的実践である児童養護施設と里親では血縁に対するスタンスの違いがあった。また、同じ私的実践である養子縁組とステップファミリーでも血縁に対するスタンスには違いがあった。そこには、それぞれが公的／私的であることの違いだけでなく、その養育形態や成員の構成などの違いにより、養育者から子どもに対する血縁の捉え方だけでなく、子どもから養育者対する血縁の捉え方に違いがあることが明らかとなった。特にステップファミリーは、血縁／非血縁親子関係が混在し、定位家族と生殖家族の違い、さらにそれぞれのジェンダー観が相まって複雑な様相を呈するのである。

注

（1）第3章で述べたような、法律的には実親子であることや、隠すこと、真実告知をしないことが前提とされていたことなど。

（2）児童福祉法第四一条。「児童養護施設は、保護者のない児童（乳児を除く、ただし、安定した生活環境の確保その他の理由により特に必要のある場合には、乳児を含む。）、虐待されている児童その他環境上養護を要する児童を入所させて、これを養護し、あわせて退所した者に対する相談その他の自立のための援助を行うことを目的とする施設である。」

（3） 児童は基本的に高校卒業と同時に退所しなければならないが、児童福祉法第三十一条により、「都道府県は、第二十七条第一項第三号の規定により……児童養護施設、……に入所した児童については満二十歳に達するまで、……児童福祉施設に在所させる措置を採ることができる」とされており、二〇一一年一二月に厚生労働省雇用均等・児童家庭局長より「児童養護施設等及び里親等の措置延長等について」（雇児発一二二八第二号）の通知が出され、措置延長を積極的に利用するよう助言している。この通知では、大学等や専門学校等に進学、就職又は福祉的就労をしたが生活が不安定で継続的な養育を必要とする児童等に活用することができるとされている。また、これまでは中学校卒業後に就職したり、高等学校等を中退したりした児童は措置解除されるのが通例であったが、「……卒業や就職を理由に安易に措置解除することなく、継続的な養育を行う必要性の有無により判断すること」とされた。しかし、児童相談所の一時保護所にいる、児童養護施設等への措置を待機している児童の多さなどの問題から、特に都市部では措置延長が積極的に利用できない状況にある。

（4） 児童は基本的に高校卒業と同時に退所しなければならないが、児童福祉法第三十一条により、「都道府県は、第二十七条第一項第三号の規定により……児童養護施設、……に入所した児童については満二十歳に達するまで、…児童福祉施設に在所させる措置を採ることができる。」とされている。

（5） 本書では、人的ネットワークを友人や相談相手などの信頼できる人間関係と定義する。家族などの人的資源には、経済的支援も含まれるが、家庭復帰できない児童養護施設退所者は親からの経済的支援を期待できない。友人関係などは、パーソナルネットワークとして捉えられるが、パーソナルネットワークは、「特定の個人がとり結ぶ人と人との関係に限定ないし特定化している」（森岡編 二〇〇〇：五）ため、団体や組織が含まれない。社会関係資本（Coleman 1988=2006: 214-8）では、「恩義と期待」、「情報チャンネル」、「社会規範」の三つの形態として捉えているが、本書における人的ネットワークには、その一つである「恩義と期待」は必ずしも含まれていない。支援する側は、当事者がその資源を利用することによって、状況の改善がはかれればそれでよいのである。

(6) 外的な基準（血縁、社会的責務あるいは伝統的義務などの基準）が解消してしまうような関係（Giddens 1991=2005: 7）。

(7) 「児童養護施設入所児童等調査（平成二五年二月一日）」では、里親委託児四五三四人のうち、三二八四人（七二・四％）が家族との交流がない。児童養護施設入所児童の家族との交流がないケースは二万九九七九人のうち、五三六九人（一八・〇％）であり、ほかの施設を含めても、里親委託児は家族と交流がないケースがきわめて多い（厚生労働省 二〇一七a：七三）。

(8) ただし、「養子の利益のため特に必要があるときに養子、実親、検察官の請求により離縁」することができる（厚生労働省 二〇一七：八）。

(9) 一 心身ともに健全であること。二 児童の養育についての理解および熱意並びに児童に対する豊かな愛情を有していること。三 経済的に困窮していないこと。四 児童の養育に関し虐待等の問題がないと認められること。五 法及び児童買春、児童ポルノに係る行為等の処罰及び児童の保護等に関する法律（平成十一年法律第五十二号）の規定により、罰金以上の刑に処せられたことがないこと。（平成一四年厚生労働省令第百十五号「里親の認定に関する省令」第二章第五条）。

(10) 普通養子縁組には、子どもの養育ではなく依然として他者に家の跡を継がせる目的や、氏を変える目的のものが少なからず含まれているため（金子 二〇一一）。

(11) 「血縁」（生物的な意味で考えられている血縁）とは独立した「当該社会において社会的・文化的に形成された生殖や世代継承についての知識や社会通念」を〈血縁〉と定義し、これを人びとが自己や関係性を含むものごとを理解可能なものにするために用いる解釈図式・解釈資源であるととらえる（野辺 二〇一八：五三）。

(12) 法学者に、特別養子縁組では、「子どものため」という理念が「血縁の要素」を払拭したと評価されている、と野辺は述べている（野辺 二〇一八：二九四）。

(13) インフォーマントは片方だけのケースもある（野辺 二〇一八：一五九）。

(14) 養子縁組や里親では、まず夫婦を構成するそれぞれ個人の血縁意識があり、そこからさらに夫婦としての選択に至る過程においてそれが変化し、さまざまな選択に至るという意味で夫婦としての血縁意識となるが、それはお互いの血縁意識が同じになったということではない。それぞれの協議によって、養子縁組をする／しないという選択において合意したということであると筆者は考える。

(15) さらに、養子縁組を選択しない方に関しては、不妊治療ありの下に「不妊治療の継続」「子どものいない人生」「里親」という下位分類があり、不妊治療なしの下に「子どものいない人生」「里親」という下位分類があり、計七類型に分類している（野辺 二〇一八：九五‐九）。

(16) ＡＩＤから里親に移行したケースが一件、ＡＩＤから養子縁組に移行したケースが一件、提供卵子の治療継続が一件（野辺 二〇一八：一八一‐六）。

(17) 関係が悪化し、離婚に至るなど。

(18) 里親手当があることの効果や、血縁からみた夫婦間の里親に対するスタンスの違いのあり／なし、など。

(19) 朝日新聞（二〇〇九年五月二二日夕刊【大阪版】）。

(20) 可能性は低いが、継母と男児、継母と女児、継父と男児における性的虐待もありうる。

(21) 乳児を除く親子関係が理解できる年齢以上の子ども。

(22) 野沢（二〇一五）におけるインタビュー・データは、野沢・菊地（二〇一四）のものと同じである。

(23) ただし、継親子間において養子縁組がなされない場合は、法定親子関係とならない。

第4章

血縁意識と家族——大学生アンケート調査より

前章では、児童養護施設、里親、養子縁組、ステップファミリーという、非血縁親子（養育）関係における、血縁の効果を見てきた。では、その効果がもたらす血縁意識とはどのようなものだろうか。

そこで本章では、大学学部生に行った家族に関するアンケート調査から、大学生の血縁意識を検討する。学生にアンケート調査を行う意義は、学生を対象とすることにより、子どもを持つ前の潜在意識や願望を把握することができることにある。それは、実際に子どもを持つ状況においては、その現実が優先され意識に偏りや変化が生まれる可能性が高いため、結婚や出産を実感する前の学生のほうがその影響を受けにくいと思われるからである。

本章は、**図2―2**の第一象限と第二象限に該当する。

1　本調査の目的

これまで、親子関係における血縁はある意味で自明のものであり、血液型による確認はしても、DNA鑑定を行って親子であることを確認するようなことはほとんどなかった。しかし、生殖補助医療技術の進展や特別養子縁組などにより、法的な親子関係であっても、親子間に血縁があることが自明ではなくなりつつある。テレビドラマや映画において、血縁がテーマとなるようなものが多く見られるようになったり、民間企業によるＤＮＡ検査なども登場し、人びとの関心も高まっている。

そして、生物科学分野においては、遺伝子の部分的切り貼りも技術的に可能になっている。これまでは、精子と卵子、すなわち生物学的男女の組み合わせでしか人は生まれてこなかったが、技術の進展により、その理論さえ過去のものとなるかもしれない。一部の生殖補助医療においては、性と生殖が切り離され、女性同性カップルが性行為を伴わずに提供精子によって妊娠・出産して子どもを持つことも可能になっている。加えて、現在研究されている人工子宮が現実のものとなれば、さらに性と生殖の分離が進行するかもしれない。

また、離婚の増加と再婚の増加により、ステップファミリーのような非血縁親子関係も増えている。このように、家族の多様化が進み、親子関係における血縁について考えなければならない機会が増えている。そして、そのときの判断に必要な知識や情報を提供するには、人びとの血縁意識がどのようなものであるかを把握する必要がある。しかしながら、これまで人びとの血縁意識を問う大規模調査は行われておらず、人びとの血縁意識がどのようなものかはわからない。厚生労働省（二〇〇三）では、およそ半数が「血は水より濃し」と回答しているが、それがどの程度の血縁規範意識の強さをあらわしているかはわからない。けれども、血縁にかかわる問題に対処するには、人びとの血縁規範意識の強弱の程度ではなく、まず人びとの血縁意識がどのようなものであるかを把握することが重要である。それは、これまで血縁意識が問われることがなかったことからも明らかであるが、多くの人びとがこれまで自身の血縁意識がどのようなものであるかを総括的に捉え、思考するような機会がなかったと考えられるからである。

したがって、厚生労働省（二〇〇三）においても、「血は水よりも濃し」か「生みの親より育ての親」

を選択する際に、定位家族、生殖家族、ステップファミリー、養子縁組などにおけるあらゆる非血縁親子関係や、非血縁パートナーからの虐待などは想定されていないと思われる。そのような状況において、血縁規範意識の強度からのみで問題を捉え対策を講じることは困難である。そのため、本調査では、人びとの血縁意識がどのようなものであるかを把握することを目指している。本調査は、人びとの血縁意識の傾向と様相を捉えるためのものであり、今後の調査における指標を提示するものである。そして、今後人びとの血縁意識がどのようなものであるかを問う大規模調査を行う必要があることを示したい。

表4-1　所属学部

学部	男	女
都市教養	94	86
都市環境	6	0
法	6	1
システムデザイン	2	0
合計	108	87

2　調査の概要

(1) 対象

都内A大学[1]「社会学B」(後期開講)受講生に対して、二〇一六年一〇月に調査票による選択肢の選択および回答理由の記述、質問への自由記述により行った。調査票は直接配布し、その場で記入を依頼し直後に回収した。回答者は男性一一〇名、女性八七名の計一九七名であった。男子学生の平均年齢は一九・三七歳、女子学生は一九・〇三歳である。

学生の所属学部は**表4-1**のとおりである。授業科目が「社会学」であり、都市教養学部(文系)の学生がほとんどであることは留意すべき点である。先述のように、生物学的親子と社会学的親子では、その捉え方が変わるため、「社会学」を選択している時点で、非血縁親子関係に対してよ

表4-2　きょうだいの有無

	きょうだいあり	きょうだいなし	無回答	合計
男	96	9	3	108
女	71	12	4	87

表4-3　きょうだいの構成

	兄	姉	弟	妹	合計
男	32	29	37	34	132
女	19	31	26	14	90

り好意的、共感的な意識に偏ることが想定されるからである。そのため、非血縁親子関係に対する寛容性などの解釈には注意が必要となる。

きょうだいの有無については**表4―2**、そしてその構成は**表4―3**のとおりである。きょうだいのいない学生が一割程度であることも留意すべき点である。現代でもジェンダーによる違いはあるが、きょうだいがいないということは、家の継承を意識させる可能性が高くなるからである。

男子学生のうち二名の調査票を無効とし、分析は男子学生一〇八名、女子学生八七名の計一九五名で行った。

(2) 倫理的配慮

アンケートには、答えづらい設問もあるが、ほぼすべての設問に「わからない」という選択肢を設けており、無理に回答することを避けられるようにしている。また、仮定質問においても、回答者が当事者である場合、その設問について「わからない」を選択すること、または回答しないことによって当事者であることが特定されないように配慮している[2]。

本アンケート調査は、無記名形式のため本人が特定される可能性はきわめて低い。調査票は、携行せず厳重に管理し、集計後に破棄する。また、調査開始時に説明書により研究の説明、研究に参加しないことによる不利益が無いこと、および調査票への記入、回答、提出により同意したものとみなす旨を伝えている。

（３）分析方法と結果

本章では、まずアンケート調査の男女別クロス集計結果を検討する。次に集計結果を血縁「重要群」と「重要でない群」に分類し、血縁意識がさまざまな事象における選択にどのように影響するかを検討する。本来であれば、多変量解析が望まれるかもしれないが、先述のように、本調査では、さまざまな変数のうちの何がどのくらい血縁規範意識の強弱に影響するかを検討するものではない。したがって、基本属性としての変数は性別のみとし、男女に有意差があるかをχ^2検定により行う[3]。それは、親と子どもの血縁という場合には、通常父親と子どもの血縁、母親と子どもの血縁しかないからである。そして、生物学的事実として、女性は妊娠・出産を経験することができるが男性はそれができない。その違いは、子どもに対する意識に大きく影響することが考えられるからである。また、性別役割分業意識を内面化している場合も、父親像、母親像のような子どもに対する意識に違いがある可能性が高いからである。

回答理由や自由記述については、キーワードと内容によるコード化を行い分析する。ただし、キーワードが同じでもニュアンスに違いが含まれる場合は、分けて扱う。また、回答者が多い記述に関しては、コード化後に一名のみの理由となったものや本書に関連のないものはあげていないこともある。調査票および全調査結果は、久保原（二〇一九）を参照されたい。

表4-4　あなたは、「家族である」ことにとって、「血のつながりがある」ことは、どのくらい重要だと思いますか？

	非常に重要である	ある程度重要である	あまり重要ではない	無回答	合計
男	31 28.7%	55 50.9%	20 18.5%	2 1.9%	108 100.0%
女	14 16.1%	54 62.1%	17 19.5%	2 2.3%	87 100.0%

x^2＝4.419、df2、p＝0.109

3　ジェンダーと血縁意識

本節では、男女別クロス集計結果の考察を行う。個別の理由記述および本章末記載の集計結果については、久保原（二〇一九）を参照されたい。

（1）血縁意識と親子観

①定位家族における血縁

男女ともに家族における血縁は「あまり重要ではない」と回答した人が二割弱であり、八割弱の人が「ある程度」以上に重要だと回答し、血縁規範意識は強い傾向が見られる（**表4―4**）。

ただし既述のように、ここでは、血縁規範意識の強度をみることが目的ではない。回答の選択肢も「非常に重要である」はあるが、「全く重要でない」という選択肢がないため、重要であるほうに偏っている可能性がある。「全く重要でない」という選択肢を設けなかった理由は、血縁規範意識が弱い、低いということはあっても、血縁規範意識がまったくないということはない、またはそう考える人は非常に少ないと考え、その場合「全く重要でない」を単独の変数として扱うことの意義がないこと。そして、「ある程度重要である」と「あまり重要ではな

表4–5　DNA鑑定をしたら、両親と血がつながっていないと発覚しました。調べてみたら、出生時に病院で取り違えがあったことが判明しました。それがわかったらとしたら、これまでの家族との関係が、変化すると思いますか？

	変わると思う	いままでと変わらない	わからない	無回答	合計
男	22 20.4%	66 61.1%	18 16.7%	2 1.9%	108 100.0%
女	21 24.1%	53 60.9%	13 14.9%	0 0.0%	87 100.0%

$x^2=0.383$、df2、$p=0.826$

い」の境界は曖昧なものであり、これを強度の尺度として結果の有意性を主張するものではないこと。また、後述するように「非常に重要である」と回答している人たちの血縁意識がどのようなものであるかを検討することにより、人びとの血縁意識がどのようなものであるかを把握することができると考えるからである。

想定質問（**表4―5**）については、これまでの家族との関係に対して「いままでと変わらない」と回答した人が六割であり、**表4―4**と一見矛盾する結果を示している。「いままでと変わらない」と回答した理由の多くが、「これまでに構築された揺るぎない関係」や「過ごした時間」であることから、ここでは「血縁は重要ではない（血縁≠家族）」ことが示唆される。しかし、男女ともに二割くらいの人がDNA鑑定の結果に「変わると思う」と回答しており、事実に対するショックと戸惑いが想像されている、と考えられる。

また、女子学生に「血のつながった家族だから、と考えて乗り越えたことも多いから」という回答があったが、ここから血縁が家族の関係性の保証と捉えられているケースがあることがわかる。

「そのあと、本当の両親が一緒に暮らしたいと言ってきました。

表4-6　そのあと、本当の両親が一緒に暮らしたいと言ってきました。あなたは、どちらの家族と暮らしますか？

	いままで暮らしてきた両親	両方を行き来する	両方の両親と離れる	わからない	無回答	合計
男	67	21	3	14	3	108
	62.0%	19.4%	2.8%	13.0%	2.8%	100.0%
女	51	25	3	8	0	87
	58.6%	28.7%	3.4%	9.2%	0.0%	100.0%

x^2＝2.488、df3、p＝0.478

あなたは、どちらの家族と暮らしますか？」という設問に対しては、男女ともに半数以上が「いままで暮らしてきた両親」と回答している（**表4―6**）。

さらに、DNA鑑定の結果に対してこれまでの家族との関係が「変わる」と回答した人の半数以上が「そのあと、本当の両親が一緒に暮らしたいと言ってきました」という設問に、「いままで暮らしてきた両親」と回答した。

以上のことから、多くの人が「家族であることに血縁は重要（血縁＝家族）」という意識と「血縁は重要ではない（血縁≠家族）」という意識を違和感なく共存させているように見える。それは、「両方を行き来する」という理由の「両方大事」という回答からもうかがえる。ただし、「ある程度重要」という回答が五割強であるため、「これまでに構築された揺るぎない関係」や「過ごした時間」は「ある程度」を凌駕するものである、ともいえる。それについては、第5節（3）で改めて検討する。

以上は、定位家族としての意識であるが、生殖家族を想定した場合はどうだろうか。

②　生殖家族における血縁

不妊問題については、男女間に一％水準で有意差が認められ、

表4-7　ご結婚された後、パートナーとの間に自然の状態では子どもが持てない（不妊問題）ことが判明しました。その場合、あなたは、次のどれを選択すると思いますか？

	不妊治療する	子どもをあきらめる	養子縁組または里親を考える	わからない	無回答	合計
男	28 25.9%	25 23.1%	14 13.0%	40 37.0%	1 0.9%	108 100.0%
女	36 41.4%	9 10.3%	19 21.8%	23 26.4%	0 0.0%	87 100.0%

$x^2=11.939$、df3、$p<0.01$

女子学生の方が「不妊治療する」や「養子縁組または里親を考える」と回答した人が多く、「子どもをあきらめる」と回答した人が少ない（**表4－7**）。このことから、女子学生の方に「子どもを持つこと」に対する意識の強さが見てとれる。「将来子どもを持ちたいですか？」では、男女間に有意差は認められなかったが、不妊問題に直面した場合は、女子学生の方が子どもをあきらめないという意識が強化されると考えられる。

「不妊治療する」という選択の理由として「血のつながりのある子が欲しい」（男八人：女九人）という回答が最も多く、血縁志向があることがわかる。

また、次に多かった「子どもが欲しい」（男五人：女五人）という回答においても、単に子どもを持ちたいということであれば、「養子縁組や里親を考える」という選択肢もあるはずだが、それを選択しないことから、そこには「血のつながりのある」子どもや「自分たちの」子どもという血縁志向が含まれていると考えられる。

③ 血縁と親子観

親からの遺伝については、「性格」に比べて「身体能力、学力」の遺伝のほうが低く感じるのはなぜだろうか。

表4-8　あなたは、自分の性格について、「親から遺伝的に引き継いでいる」ように感じたことがありますか？（どちらの親御さんからの遺伝でも構いません）

	良くある	時々ある	たまにある	全くない	無回答	合計
男	34 31.5%	46 42.6%	18 16.7%	9 8.3%	1 0.9%	108 100.0%
女	39 44.8%	32 36.8%	14 16.1%	2 2.3%	0 0.0%	87 100.0%

x^2＝5.809、df3、p＝0.121

表4-9　あなたは、自分の身体能力、学力などについて、親からの遺伝ではないかと感じたことがありますか？（どちらの親御さんからの遺伝でも構いません）

	良くある	時々ある	たまにある	全くない	無回答	合計
男	22 20.4%	40 37.0%	26 24.1%	19 17.6%	1 0.9%	108 100.0%
女	19 21.8%	31 35.6%	23 26.4%	14 16.1%	0 0.0%	87 100.0%

x^2＝0.242、df3、p＝0.971

「身体能力、学力」は、「性格」よりも環境や機会などの後天的要因の影響を受けやすい、と捉えられているのかもしれない（表4―8、4―9）。しかし、「身体能力、学力」においての親からの遺伝があまりないと感じるのであれば、「血のつながった子ども」にはほかに何が求められているのだろうか。

そこには、南のいう「血縁」という「切っても切れない」ことがもたらす関係の安定性の「保証」が求められていると考える（南 二〇一〇：一四二）。確かに、DNA鑑定の結果における回答が「そのあと、本当の両親が一緒に暮らしたいと言ってきました。あなたは、どちらの家族と暮らしますか？」の選択に大きく影響していないということから、親子関係においては、「血縁」より「これまでに築かれた関係性」のほうが優位にあるといえるだろう。また、その回答理由の「血がつながっていても他人と認識」してしまうことや、「いきなり新しい親子関係は無理」という回答からも、定位家族としての経験からは、「血縁」が「親子関係」の安定を保証しないことがうかがえる。

しかし、生殖家族を想定した場合には、血縁志向が見られる。つまり、ここでも「家族であることに血縁は重要（血縁＝家族）」という意識と「血縁は重要ではない（血縁≠家族）」という矛盾するような血縁意識を違和感なく共存させている、またはそのことに無意識であるかのように見える。それは、通常この相反する意識を接続して思考することがないため、違和感を持つこと自体がないからではないか。筆者は、七年前に今回と同様のアンケート調査を都内の某私立大学で約二〇〇名の学生に行った(4)。その時に、ある学生が回答を記入している時に、声に出して自分の回答が矛盾していることを発言し、回答を訂正しようとしたため、そのままにするよう伝えた経緯もある。そして、その調査の集計結果は、今回とほぼ同様のものであった。このような場当たり的な思考は、実際に選択を迫られた時に誤った判断につながる可能性がある。

実親の再婚相手について、「受け入れることができると思う」群と「受け入れられないと思う」群の、自分が結婚したいと思った相手に子どもがいた場合の選択肢の回答における男女別の結果から、男子学生では五％水準で有意差が認められたが（表4―10）、女子学生では有意差は認められなかった（表4―11）。

親の再婚相手を「受け入れることができると思う」と回答した人は、自分が結婚したいと思った相手に子どもがいた場合でも「子どもがいても全く気にしないで結婚すると思う」と回答する割合が高い傾向が見られた。

しかし、実親の再婚相手は「受け入れられないと思う」と回答しながら、自分の結婚相手に子ども

表4-10　継親への意識と自身のステップファミリー形成について（男）

	子どもがいてもな全く気にしないで結婚すると思う	子どもに会ってみて，結婚するかどうか考えると思う	別れると思う	わからない	合計
受け入れることができると思う	9 37.5%	8 33.3%	5 20.8%	2 8.3%	24 100.0%
受け入れられないと思う	7 14.9%	28 59.6%	6 12.8%	6 12.8%	47 100.0%
わからない	4 12.5%	19 59.4%	1 3.1%	8 25.0%	32 100.0%

$x^2=14.347$、df6、$p<0.05$

表4-11　継親への意識と自身のステップファミリー形成について（女）

	子どもがいてもな全く気にしないで結婚すると思う	子どもに会ってみて，結婚するかどうか考えると思う	別れると思う	わからない	合計
受け入れることができると思う	7 36.8%	10 52.6%	0 0.0%	2 10.5%	19 100.0%
受け入れられないと思う	3 8.1%	26 70.3%	3 8.1%	5 13.5%	37 100.0%
わからない	8 27.6%	16 55.2%	0 0.0%	5 17.2%	29 100.0%

$x^2=10.922$、df6、$p=0.0908$

がいた場合は、「子どもに会ってみて」というように、その子どもとの関係形成に前向きな姿勢が見られる。それは、実親の再婚相手は「他人と思う」と回答しても、「子どもに会ってみて、結婚するかどうか考えると思う」を選択することにあらわれている。

どちらも、定位家族での意識が生殖家族を想定した時においてもある程度反映されていると考えられる。ただ、親の再婚相手を「受け入れることができると思う」と回答しても、自分が結婚したいと思った相手に子ども

表4-12　将来結婚したいと思いますか？

	そう思う	そう思わない	無回答	合計
男	85 78.7%	20 18.5%	3 2.8%	108 100.0%
女	80 92.0%	7 8.0%	0 0.0%	87 100.0%

$x^2 = 4.765$、df1、$p < 0.05$

がいた場合には「別れると思う」と回答した人が一割程度あった。その理由においても、「愛情を注ぐ自信がない」「自分の子どもがいい」「血がつながっていないと家族になれない」という回答に見られるように、非血縁親子関係において血縁が意識されることがうかがえる。

（２）結婚観と子どもを持つこと

自身の結婚に関しては、結婚願望に男女差が見られ、女子学生の方に結婚願望が高く、全国調査（国立青少年教育振興機構　二〇一七）と比べても男子学生はそれほど変わらないが、女子学生は高い（**表４―12**）。

男女ともに結婚したい理由は、結婚しないと「寂しい・孤独」（男一一人：女二二人）が最多で、結婚すれば「幸せ（楽し）そう」（男九人：女七人）ということから、結婚に対する幸福感への期待が見られる。また、女子学生に「今の家族の様な家庭を持ちたい」（八人）という回答が多くあり、定位家族としての意識が生殖家族においての理想として捉えられていることがうかがえる。

また、男子学生の回答に「死ぬとき一人はいや」（四人）という回答があったが、女子学生には「結婚」と「死ぬとき」を接続して想定した回答はなく、男女の「結婚」または、「死ぬとき」に対する意識の違いが見られる。結婚における男女の年齢差や平均寿命などから考えられるように、結婚後において男性が先に亡くなるケースが多く、女性が独りになることが多いため、そのことが既に想定されているのかもしれない。

子どもを持つことについては、男女間に有意差はなく、結婚することに比べると、女子学生の「子どもを持ちたい」という願望の低下率が大きい（表4―13）。ただ、全国調査（国立青少年教育振興機構 二〇一七）と比較すると、男女とも少し高めである。その理由としては、男女ともに「子どもが好き・可愛い」や「楽しそう」が多く、次いで「家庭（家族）を持ちたい」や「育ててもらったから自分も」というように、「結婚する＝子どもを持つ」ということが想定されていると考えられる。

子どもを持ちたいと思わない人は、男女ともに二割前後だが、その理由としては「子どもが好きでない（苦手）」や「子育てはできない（自信ない）」など、ある程度想定できた回答が多いが、「子どもは負債」のように、子育ては経済面を含めた負担が大きいことが示唆される回答や、「自分の嫌な性格を子どもに遺伝させたくない」のように、「性格」が遺伝することを前提とした回答だけでなく、「自分にとってマイナス（犯罪者になる等）になるかもしれない」というように、子育てをリスクと捉えることが見られる。

表4-13　将来子どもを持ちたいですか？

	そう思う	そう思わない	無回答	合計
男	81 75.0%	23 21.3%	4 3.7%	108 100.0%
女	71 81.6%	16 18.4%	0 0.0%	87 100.0%

x^2＝0.404、df1、p＝0.525

（3）子どもの障がいについて

出生前診断については、男女ともに半数以上が「利用したい」と回答しており、高い水準にあることがわかる（表4―14）。出生前診断を利用したいという理由にある「心の準備、事前対策のため」と

表4-14　あなたのお子さんが生まれてくることになり、医師から、生まれてくる子どもについての情報（ダウン症、二分脊椎などの障がい）を生まれる前に知る手段があることを聞きました（出生前診断）。あなたはそうした手段を利用したいと思いますか？

	利用したい	利用したくない	わからない	無回答	合計
男	67 62.0%	17 15.7%	23 21.3%	1 0.9%	108 100.0%
女	48 55.2%	29 33.3%	10 11.5%	0 0.0%	87 100.0%

$x^2 = 9.429$、df2、$p < 0.01$

「前もって知りたい」は、「堕胎」を考慮する場合と、「そのまま子どもを持つ」準備をするための場合の両者が考慮されるため、その両者の需要とＮＩＰＴによる手軽さや身体への侵襲性の低さから、利用率が高まることが推測される。それは、「そのまま子どもを持つ」ために事前の準備や心構えをすることだけでなく、「障害のある子を育てる自信がない」や「障害のある子を産みたくない」のように人工妊娠中絶を視野に入れたものもあり、その後の人生を大きく左右する事柄である、と捉えられていると思われる。また、出生前診断の利用については、一％水準で有意差が認められ、女子学生の方が「利用したくない」と回答している。その理由には「堕ろしてしまう」「気持ちに変化が起こったら嫌だから」「悩みそう」のように、人工妊娠中絶を選択してしまう可能性への懸念があらわれている。

木宮敬信が行った調査[5]では、出生前診断に対する認知度については、一％水準で有意差があり、女子学生の認知度が高いことが明らかとなり、本調査も同様の結果[6]を示している（木宮 二〇一六：二四一）。しかし、出生前診断の利用については、木宮の調査では、「出生前診断の受診については、所属学科や性別の影響はないことが明らか」（木宮 二〇一六：二四二）となっており、本調査結果とは相違する。それについて木宮は、「出生前診断の認知度と受診希望との関連についても有意差は認められておらず、実際に診断を受けたいかどうかを決断するのは、性別や出生前診断についての教育（認知度）の影響ではなく、他の要因が関係しているものと考えられる」（木宮 二〇一六：二四二）と述べている。けれども、木宮は、「出生前診断の受診を希望する人ほど、胎児に障害がある場合に中絶したいと回答する人の割合が高くなる傾向があり」（木宮 二〇一六：二四五）と述べており、もし認知度が高いのであれば、女性は、中絶がもたらす身体への侵襲性についても認知しているはずであり、そうであるならば、回答にジェンダー差があらわれると考えられる。さらに、木宮は、「看護系学科の女子に、他学科と比べ、胎児に障害がある可能性が高くても産みたいと回答する学生が多くいることが明らかとなった」（木宮 二〇一六：二四五）と述べており、認知度の高さとジェンダーが相関している可能性が示唆される。

本調査では、出生前診断で子どもに重い障がいがあることが分かった場合、「そのまま子どもを持つと思う」と回答したのは、男子学生一〇・二％（一一人）、女子学生二一・八％（一九人）である。半数以上が「パートナーと相談して考える」（男六二人：女四七人）と回答しており、「人工妊娠中絶を決断すると思う」と回答したのは、男子学生一八・五％（二〇人）、女子学生一二・六％（一一人）であり、当事者である女子学生のほうが人工妊娠中絶を選択することに対する躊躇が見られる。

しかし、実際は、検査を受け陽性反応とされた人の九割以上が人工妊娠中絶を選択しており、想像と現実の乖離の大きさが浮き彫りとなった。

「そのまま子どもを持つと思う」と回答した理由に「身内におり慣れている」という当事者からのものが一件あったが、「人工妊娠中絶を決断すると思う」と回答した理由に「介護経験があり大変さを知っている」という当事者からのものも一件あった。

木宮の調査では、「性別と胎児に障害がある場合の対応との関連[7]」において、「産みたい」（男三三人：一六・八％、女七九人：三三・八％）と「配偶者が、異常があっても子供が欲しいといえば産みたい」（男一〇七人：五四・六％、女七八人：三三・三％）において一％水準で有意差が認められている（木宮 二〇一六：二四三）。ここから示唆されるのは、受診希望の理由にジェンダー差がある可能性である。しかし、木宮（二〇一六）では、「出生前診断を受ける目的（複数回答可）」[8]において出生前診断の本来の目的との認識の差を述べているだけであり、男女別の比較とその理由を検討していないため、八割以上が回答している「胎児の異常の有無を調べるため」の理由に、産むことを前提としているのか、中絶を考慮しているかなどが含意されているのかわからない。子どもの障がいに対するスタンスや中絶に対しては、ジェンダー差がある可能性があり、それを考慮せずに比較することには問題がある、と思われる。

障がいは、その程度や介護者の意識や力量により、捉えられ方が多様となるため、同一の見解を得ることは不可能である。また、男子学生の「人工妊娠中絶を決断すると思う」と回答した理由の「子どもに障がいを負わせたくない」という回答には、子ども自身が遭遇する可能性のあるさまざまな問題が想定されている、と思われる。ここからも、子どもの障がいは、育てる親の問題だけでなく、生きていく子ども自身の問題でもあり、社会的サポートや社会的偏見など、改善されなければならない問題が多く残されている。

ここまでは、学生アンケート調査の男女別クロス集計を検討した。そこには、定位家族における血縁志向が生殖家族に反映されながらも、それぞれにおいて矛盾する場合があるような状況依存的な血縁意識が存在することが見てとれた。

次節からは、血縁規範意識の強さがさまざまな事象における選択に影響するかを検討する。

4　血縁規範意識の強弱による分析

前節では、アンケート調査の男女別クロス集計から大学学部生の血縁意識や家族観および、生殖補助医療にかかわる意識について検討した。その結果、家族における血縁は重要であると感じながらも、実際には過ごした時間や関係の形成過程の方が重視されており、この一見矛盾するような血縁意識を無意識または違和感なく共存させているように見えた。

本節と次節では、この血縁意識がどのようなものであるかを捉えるために、集計結果を血縁「重要群」と「重要でない群」に分類し[9]、血縁規範意識がさまざまな事象における選択にどのように影響するかを検討する[10]。

分析方法は、はじめに、きょうだいの有無によって、血縁意識に差があるかを男女別に検証する[11]。男女差がなければ、両者をまとめて再度検証する。それ以降は、「重要群」と「重要でない群」それぞれにおいてジェンダー差があるか検証する。ジェンダー差がない場合は、男女を一緒にして、「重要群」と「重要でない群」で再度検証する。ジェンダー差がある場合は、男女それぞれの「重要群」と「重要でない群」で再度検証する。

5　血縁規範意識の親子観への効果

（1）きょうだいの有無と血縁意識

母数の問題はあるが、男子学生において有意差が認められた（表4―15、4―16）。これは、「将来子

表4-15　男子学生

	血縁は非常に重要	血縁はある程度重要	血縁はあまり重要でない	無回答	合計
きょうだいあり	29 30.2%	50 52.1%	15 15.6%	2 2.1%	96 100.0%
きょうだいなし	1 11.1%	3 33.3%	5 55.6%	0 0.0%	9 100.0%

$x^2=8.361$、df2、$p<0.05$

表4-16　女子学生

	血縁は非常に重要	血縁はある程度重要	血縁はあまり重要でない	無回答	合計
きょうだいあり	12 16.9%	45 63.4%	12 16.9%	2 2.8%	71 100.0%
きょうだいなし	1 8.3%	8 66.7%	3 25.0%	0 0.0%	12 100.0%

$x^2=0.845$、df2、$p=0.655$

どもを持ちたい」かどうかの理由に「家を存続させたい」という回答が男子学生に四件あったことから、きょうだいがあり長男である場合はそのことを意識させるような状況が生まれやすい、と考えられる。また、二親等以内の血族が多いほど、血縁を意識する機会が増えることも想像できる。

しかし、そうであるならば、きょうだいのいない男性の方が「家の存続」（家の継承）については意識しているはずである。ここで考えられるのは、血縁意識と家の存続が連結して考慮されていない可能性である。きょうだいがいる場合、誰が老後の親の面倒を看るとか、お墓を守るとかは必然的に考慮の対象となる。しかし、きょうだいがいない場合は、すべてが自分にかかってくることは既に分かっていることであり、受け入れる以外の選択肢がなく、「誰が」ということを考慮する機会がないからである。

表4-17　（血縁が）重要群（将来結婚したいと思いますか）

	そう思う	そう思わない	無回答	合計
男	69 80.2%	16 18.6%	1 1.2%	86 100.0%
女	65 95.6%	3 4.4%	0 0.0%	68 100.0%

$x^2 = 7.214$、df1、$p < 0.01$

表4-18　（血縁が）重要でない群（将来結婚したいと思いますか）

	そう思う	そう思わない	無回答	合計
男	14 70.0%	4 20.0%	2 10.0%	20 100.0%
女	13 76.5%	4 23.5%	0 0.0%	17 100.0%

$x^2 = 0.009$、df1、$p = 0.741$

表4-19　（血縁が）重要群：重要でない群（将来子どもを持ちたいですか）

	そう思う	そう思わない	無回答	合計
重要群	126 81.8%	25 16.2%	3 1.9%	154 100.0%
重要でない群	22 59.5%	14 37.8%	1 2.7%	37 100.0%

$x^2 = 8.784$、df1、$p < 0.01$

女子学生にはきょうだいの有無による血縁意識の差は認められず、ジェンダー差がある可能性が示唆された。

（2）血縁意識と結婚願望・子どもを持つこととの関連

調査の結果から、男子学生に比べ女子学生の方に結婚願望が高い傾向が見られ、女子学生においては、「重要群」の方が「重要でない群」よりも結婚願望が高いことがわかる（表4－17、4－18）。現代社会においては、まだ「結婚＝子どもを持つ」ということが意識されており、そして、その延長線上に自分の子どもという血縁家族が想定されているのかもしれない。そのことが実際に妊娠・出産をする女性の方の意識に影響している、とも考えられる。

子どもを持つことについては、「重要群」と「重要でない群」それぞれにおいて男女差は認められなかったが、「重要群」と「重要でない群」においては、一％水準で有意差が認められた（表4―19）。

（3）家族観と血縁意識

①親子関係と血縁意識

想定質問「両親と血がつながっていなかったら」の回答結果から、男女間において、「これまでの家族との関係が変化するか」について有意差は認められなかった。しかし、「重要群」と「重要でない群」においては、「わからない」を抜いた場合に五％水準で有意差が認められた。ただし、「重要群」において「変わると思う」と回答した人は二割強しかおらず、半数以上が「今までと変わらない」と回答しており、「これまでの家族」が血縁より優位にあることがうかがえる。それは、次の「そのあと、本当の両親が一緒に暮らしたいと言ってきた」の回答にもあらわれている。

その回答は、男女間においても「重要群」と「重要でない群」間においても有意差はなく、「重要群」のほぼ六割が「いままで暮らしてきた両親」と回答しており、ここでも「これまでの家族」が血縁より優位にあることがわかる。先述のように、それは「重要群」には「ある程度重要」が含まれており、「これまでの家族」が「ある程度」を凌駕するものであるとも考えられる。そこで、「非常に重要群」のみでの回答結果を見てみると、以下（表4―20）のようになった。

その結果、「非常に重要群」でも男女間に有意差は認められなかったが、半数以上が「いままで暮らしてきた両親」と回答していた。そして、「非常に重要」と回答しながらも、「両方を行き来する」と

Q．そのあと，本当の両親が一緒に暮らしたいと言ってきた．

表4-20　（血縁が）非常に重要群における選択

	いままで暮らしてきた両親	両方を行き来する	両方の両親と離れる	わからない	無回答	合計
男	16 51.6%	11 35.5%	0 0.0%	4 12.9%	0 0.0%	31 100.0%
女	8 57.1%	4 28.6%	1 7.1%	1 7.1%	0 0.0%	14 100.0%

x^2＝2.696、df3、p＝0.441

回答した人は三割程度であった。

このように、多くの人が考察①でも述べた「家族であることに血縁は重要（血縁＝家族）」という意識と「血縁は重要ではない（血縁≠家族）」という矛盾するような血縁意識を違和感なく共存させている、またはそのことに無意識であるかのように見える。やはりこれは、当たり前のこととして潜在化されていた親子関係における血縁意識が、「血がつながっていなかった」ということにより顕在化され、現実としてのこれまでに築かれた親子関係の方が重要であることに気づかされた、ということではないだろうか。そしてそれは、親子関係における血縁は当たり前、ということにより自身の血縁意識が潜在化され、問題が起こらない限り、実際の生活の中でそのようなことが思考されることがないからだと思われる。

② 不妊問題と血縁意識

不妊問題については、「重要群」において男女間に一%水準で有意差が見られた。「重要でない群」でもp値は〇・〇五八であり、母数が多くなれば有意差が出る可能性もある（**表4―21**）。

どちらにしても、女子学生において、「子どもをあきらめる」と回答した人は少なく、「重要でない群」では一人もいなかった（**表4―22**）。また、「重要群」では、「不妊治療する」と回答した女子学生が半数近

Q．不妊がわかった際どうしますか．

表4-21　（血縁が）重要群

	不妊治療する	子どもをあきらめる	養子縁組または里親を考える	わからない	無回答	合計
男	21 24.4%	20 23.3%	11 12.8%	33 38.4%	1 1.2%	86 100.0%
女	33 48.5%	9 13.2%	12 17.6%	14 20.6%	0 0.0%	68 100.0%

$x^2 = 12.833$、df3、$p < 0.01$

表4-22　（血縁が）重要群：重要でない群（女）

	不妊治療する	子どもをあきらめる	養子縁組または里親を考える	わからない	無回答	合計
重要	33 48.5%	9 13.2%	12 17.6%	14 20.6%	0 0.0%	68 100.0%
重要でない	3 17.6%	0 0.0%	7 41.2%	7 41.2%	0 0.0%	17 100.0%

$x^2 = 11.014$、df3、$p < 0.05$

くおり、その背景には回答理由に見られた「血のつながりのある子が欲しい」が反映されていると思われる。ただ、「血のつながりのある子が欲しい」という回答理由は、男子学生にも見られたが、「重要群」における男子学生の「不妊治療する」という回答は比率的には女子学生の半分である。これには、男子学生の多くが不妊治療を受けるのは女性である、と捉えている可能性がある。そして、女性の治療が身体的にも精神的にも負担となることを知っている場合は、そのことへの配慮からそれよりは「子どもをあきらめる」という選択を考えるのかもしれない。

次に男女別に「重要群」と「重要でない群」を比較したところ、男子学生においては有意差が認められなかったが、女子学生において五％水準で有意差が認められた。女子学生において、

Q．出生前診断は利用したいですか？

表4-23 （血縁が）重要でない群

	利用したい	利用したくない	わからない	無回答	合計
男	15 75.0%	0 0.0%	5 25.0%	0 0.0%	20 100.0%
女	9 52.9%	6 35.3%	2 11.8%	0 0.0%	17 100.0%

$x^2=8.560$、df2、$p<0.05$

「重要群」では「不妊治療する」と回答する割合が高く、「重要でない群」では「養子縁組または里親を考える」と回答する割合が高い傾向が見られる。

以上のことから、女子学生において、血縁意識が不妊問題における選択肢に影響を与えることが考えられる。

③ 出生前診断と血縁意識

出生前診断については、「重要でない群」において五％水準で男女間に有意差が認められた（**表4―23**）。

「重要でない群」の男子学生で「利用したくない」と回答した人は一人もいなかった。また「重要群」でもp値は〇・〇八八であり、女子学生の方が「利用したくない」と回答する割合が高い傾向が見られた。そこで、男女別に「重要群」と「重要でない群」を比較したところ、どちらも有意差は認められなかった。

このことから、血縁意識は出生前診断の利用に影響しないと考えられるが、女子学生に「利用したくない」と回答した人が多く、ジェンダー差がある可能性がある。その背景には、回答理由に見られる、気持ちの揺らぎに対する不安が、自分が産むということと関連づけられやすいことがある、と考えられる。

Q. 出生前診断で子どもに障害があるとわかった場合，どのような選択をしますか？

表4-24 （血縁が）重要群

	そのまま子どもを持つと思う	パートナーと相談して考える	人工妊娠中絶を決断すると思う	わからない	無回答	合計
男	8 9.3%	51 59.3%	17 19.8%	7 8.1%	3 3.5%	86 100.0%
女	17 25.0%	33 48.5%	10 14.7%	6 8.8%	2 2.9%	68 100.0%

x^2＝7.142、df3、p＝0.068

④ 子どもの障がいと血縁意識

出生前診断で子どもに障がいがあるとわかった場合の選択は、「重要群」でp値が〇・〇六八であり、男女差がある可能性が示唆された。男女ともに「パートナーと相談して考える」と回答した人が多いが、男子学生の方が女子学生より「人工妊娠中絶を決断すると思う」を選択する傾向があり、女子学生は「そのまま子どもを持つと思う」を選択する傾向が見られる（**表4―24**）。

男子学生が人工妊娠中絶を選択する傾向は、その理由の「育てるのが大変、自信がない」「子どもに障がいを負わせたくない」に見られる、自信のなさや子どもの生活に対する不安などがあることがわかる。しかし、それは女子学生も同じはずである。女子学生でも自信がないことを理由に挙げている人もいるが、その割合は男子学生より低い。

先述のように、「重要群」における男子学生の不妊治療選択率は女子学生の半分であり、それは女性が当事者であると捉え、身体的、精神的負担を考慮しているのでは、と推察したが、だとするならば、中絶の選択率も低くなければおかしい。なぜだろうか。それは、不妊治療と障がいがイメージさせるものの違いかもしれない。たとえば、病気と遺伝性との関連で障がいと遺伝性が連結されてしまうことはないだろうか。インターネットで障がいと遺

Q．親が離婚し，再婚した場合，継親を受け入れることができますか？

表4-25　（血縁が）重要群：重要でない群

	受け入れることができると思う	受け入れられないと思う	わからない	無回答	合計
重要群	28 18.2%	73 47.4%	47 30.5%	6 3.9%	154 100.0%
重要でない群	13 35.1%	10 27.0%	13 35.1%	1 2.7%	37 100.0%

x^2＝6.990、df2、$p<0.05$

伝性について検索すると、発達障害と遺伝性の関連記事が出てくる。このようなことを安易にほかの障がいと同じように捉えてしまったり、障がいと遺伝性についての知識がなければ、遺伝性が血縁に含意されているために、同じように障がいと血縁が連結されることもあるのではないか。したがって、「重要群」におけるこの結果には、このように子どもの障がいを自分（の遺伝子）に原因があると捉えてしまう可能性と、男性のそれを認めたくない、という気持ちがあるのかもしれない。

⑤　継親と血縁意識

親が離婚し、その後再婚したとして、その継親を受け入れることができるかにおいて、「重要群」と「重要でない群」のどちらにおいても男女間に有意差は認められなかった。しかし、「重要群」と「重要でない群」では五％水準で有意差が認められた（**表4－25**）。血縁規範意識が強い方が継親を受け入れられない傾向があることがわかる。「重要群」における二割弱の「受け入れることができると思う」という回答は、その理由である「親の自由」「親の人生も尊重したい」ことや「自分も大人だから」という自身の年齢が高いことも関連していると思われる。

興味深いことは、「重要でない群」で三割弱が「受け入れられない

Q. 結婚したいと思った相手に子どもがいた場合，どのような選択をしますか？

表4-26 （血縁が）重要群：重要でない群

	子どもがいても全く気にしないで結婚すると思う	子どもに会ってみて、結婚するかどうか考えると思う	別れると思う	わからない	無回答	合計
重要群	26 16.9%	85 55.2%	12 7.8%	26 16.9%	5 3.2%	154 100.0%
重要でない群	11 29.7%	22 59.5%	1 2.7%	2 5.4%	1 2.7%	37 100.0%

x^2＝6.431、df3、p＝0.092

と思う」と回答していたことである。血縁が重要でないならば、継親も受け入れられるのではないだろうか。これについては、男子学生で回答理由を書いた人がいなかった。女子学生でも数人しか理由を書いておらず、それは、「親の人生は尊重するが自分にとっては他人」というものであった。ここから推測できるのは、親子関係における血縁はあまり重要ではないと思っていたが、継親の登場により潜在化されていた血縁意識が顕在化し、実は血縁が重要であると気づいた可能性である。通常、親の離婚と再婚を意識するような状況にならなければ、継親をイメージすることはないだろう。子どもの年齢にもよるが、離婚は何らかの影響を子どもに与える。そしてその親の再婚はさらに子どもに影響を及ぼす。おそらく、本調査で「親子関係における血縁は重要ですか？」と問われた時には、「重要でないなら継親を受け入れられる」ということは想定されていなかったのではないだろうか。また、初婚家族が問題なく継続しているときには、親の離婚や再婚は想定されないことが考えられる。そして、それが現実となったときに、潜在化されていた血縁意識が顕在化してくるのではないだろうか。もちろん、過ごした時間の長さや新しい親ができるということの意味の影響も考えられるが、さらなる調査が必要と思われる。

⑥ 継子と血縁意識

自分が結婚したいと思った相手に子どもがいた場合の選択には、継子が想定されることになる。「重要群」と「重要でない群」、そして男女間においても有意差は認められなかったが、「重要でない群」の方が「子どもがいても全く気にしないで結婚すると思う」と回答する割合が高い傾向が見られる（**表4―26**）。

「重要群」と「重要でない群」のどちらにおいても、半数以上が「子どもに会ってみて、結婚するかどうか考えると思う」というように、継子を考慮に入れた結婚に前向きな姿勢を示している。第3節（1）③でみたように、継親を「受け入れることができると思う」と回答した人の方が「子どもがいても全く気にしないで結婚すると思う」と回答する割合が高いが、継親を「受け入れられないと思う」と回答した人でも一割が「子どもがいても全く気にしないで結婚すると思う」と回答し、六割強が「子どもに会ってみて、結婚するかどうか考えると思う」と回答している。このことから、定位家族と生殖家族におけるスタンスの違いをみることができるが、実は生殖家族における矛盾も見られる。

それは、不妊問題においては、「重要でない群」の女子学生で、「養子縁組または里親を考える」と回答した人は四割で、「重要でない群」の男子学生は二割に満たない。自分と血縁がないということでは、養子縁組、里親、継子は同じである。そこでの違いは、相手と子どもの血縁があるかないかである。おそらく、継子に対する寛容は、自分が結婚したいと思う人の子どもであること、そして、新たに自分たちの子どもを持てることの可能性にあるのではないか。そして、自分が結婚したいと思う人の子どもということには、その人と結婚することの方が優位にあったり、その人と子どもの間には

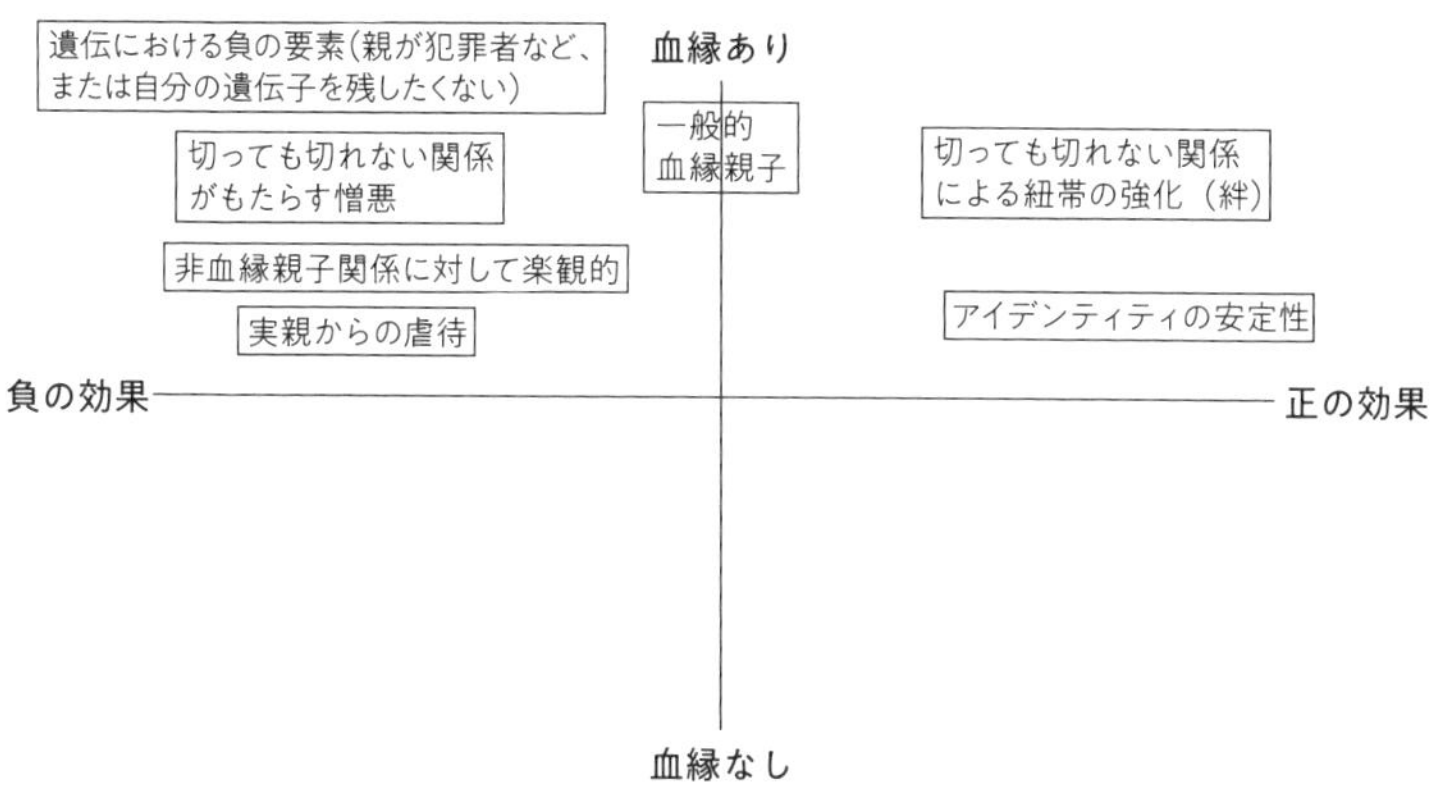

図4-1　一般的血縁親子関係における血縁の効果

注）学生にはステップファミリーなども含まれている可能性はあるが、本章の対象ではないためここでは示さない。

血縁があるからうまくいくだろうという楽観的な思考が含意されているのかもしれない。

ただし、学生が自身のステップファミリー形成については、自分の好きになった人の子どもだから、というように相手との接続において認識しており、その時に元パートナーの子どもという部分が見逃されているか軽視されている可能性はある。第３章で見たように、ステップファミリーの形成においては、楽観的な思考がそのまま適用できるものではない。さらに、子どものジェンダーがもたらす影響は、想像することすら難しいかもしれない。

以上のように、血縁意識がそれぞれの選択に反映されている可能性が示唆された。そして、「血縁＝家族」「非血縁＝家族」という一見矛盾するような血縁意識が、通常は無意識に、または違和感なく共存しているように見えるが、血縁を問題とするような状況に遭遇した時に自身の血縁意識を自覚させられると考えられる。では、その血縁意識とはどのようなものか。血縁意識は、人びとが血縁にどのような意味づけをするかに依存する。そしてその意味づけは、血縁がもたらす効果によって変化する。本章に該当する血縁がもたらす効果を**図2―2**に当てはめると、**図4―1**のようになる。

癌などの病気の遺伝性についてのデータは、人びとに不安をもたらすことがある。そして遺伝性についての不安は、病気だけに限らない。親が犯罪者となることは、その事実だけでなく、自分もそうなるのではという不安をもたらす。犯罪者の遺伝子などというものは証明されていないにもかかわらず、「犯罪者の子ども」というレッテルが貼られ、子どもに犯罪者としての潜在性があるかのように捉えられることがある。血のつながりに含意される遺伝性は、遺伝に関する研究が進展することによりますます人びとの血縁意識を刺激する。

そして、血のつながりに対する「切っても切れない」関係という意識は、関係が良好な時には強い紐帯として作用することもあるが、関係が悪化した時には「切っても切れない」がゆえに強い憎悪につながることもある。そして、「切っても切れない」からこそ関係は永遠であり、他者との関係のように切れることがないからこそ、強固で特別なものである家族の絆という意識をもたらす。翻って、「切っても切れない」関係は、「血がつながっているんだから」や「血がつながっているのに」というような血のつながりがもたらす規範によって相互に期待を生むこともあり、介護や相続などにおいて、その期待が関係を悪化させることにもつながる。さらに、実親からの虐待という経験も子どもに大きな影響を及ぼす。

一般的な血縁家族においては、相互の関係が良好であれば、親の離婚という経験がもたらす影響(棚瀬 二〇一〇)を受けることなくアイデンティティの安定性を獲得することができるだろう。通常不和などがなければ、子どもが親の離婚を期待することも考慮することもないだろう。だからこそ、親の離婚は子どもに影響をもたらす。そして、棚瀬がいうように、好きだった親が、自分を見捨てたという強い怒りの対象となるのではないか（棚瀬 二〇二〇：五九）。また、親の離婚を経験しない限り、自身が定位家族として非血縁親子関係になることも想像しないため、非血縁親子関係について楽観的に捉え、実際にその状況に直面した際に衝撃を受けることもあるだろう。つまり、血縁を意識するような状況に遭遇しない限り、自身の血縁意識を自覚することがないのである。

本章でも、学生の血縁意識は、明確なものではなく、状況依存的なものであることが見てとれた。またその意識は、仮想的事態に対する学生の思考が楽観的であることが影響しているかもしれない。なぜなら、既述のように多くの学生は、本章で述べたような仮想的事態を想定したり、右記のような血縁がもたらすさまざまな効果を連結して思考したことがなく、自身の血縁意識には自覚的ではないと推測されるからである。だからこそ、一貫性のない矛盾するような回答が見られるのではないか。

多くの人の血縁意識は、親子における血縁が当たり前のものであることにより潜在化され、潜在化されていることにより、その血縁意識に自覚的ではなく状況依存的なものとなっている、と考えられる。したがって、それを自身の問題として真剣に考えるような状況にならない限り、自身の明確な血縁意識を自覚することができない。またそれは、自身が定位家族であるか生殖家族であるかによっても変化することが見られた。

では、仮想的事態ではなく、実際に世帯状況などの属性の変更があった場合にも、血縁意識に影響するのだろうか。

そこで次章では、シングルマザーへのインタビュー調査から、定位家族、生殖家族、婚姻中と離婚後などの属性の違いが親子関係における血縁意識に影響するのかについて検討する。

注

（1）都内A大学の「平成二七年度学生生活実態調査」の報告書によれば、A大学の学部生の世帯所得の平均は七九四・九万円（全国平均八一二・〇万円）であり、全国平均より低い。世帯所得の分布をみると、世帯所得が「一〇〇〇万以上」の高所得層も一定割合いる一方で、「二〇〇万未満」の低所得層の割合が全課程において全国平均よりも多い傾向があった。

（2）本調査は、首都大学東京倫理委員会にて承認されている（承認番号H三〇―五三）。

（3）表では無回答者数も示すが、検定において無回答者は除外する。

（4）この調査データは、卒業論文における利用しか承諾を得ていないため本書では使用しない。

（5）看護系学科（男：二九人、女：一一一人）、理学療法系学科（男：六二人、女：五〇人）、法律系学科（男：一一三人、女：七四人）の大学生を対象。（木宮二〇一六：二三九）

（6）久保原（二〇一九）巻末附録※大学生アンケート調査2―5参照。

（7）質問「胎児に障害がある可能性が高い場合、どう対応しますか」回答選択肢「産みたい」「中絶したい」「配偶者が、異常があっても子供が欲しいといえば産みたい」「配偶者が、異常があっても子供が欲しいといっても産みたくない」「その他」（木宮二〇一六：二四三）。

（8）「胎児の異常の有無を調べるため」三五七人（八一・七％）、「順調に育っているかを確認するため」二一二人（四八・四％）、「分娩方法を決めたり出生後のケアの準備を行うため」一一八人（二六・九％）、「早くから妊婦をはじめ、家族が異常を受け入れるため」一一二人（二五・五％）、「妊娠を継続するか否かに関する情報をカップルに提供するため」七七人（一七・五％）、「その子の障害に合った施設・制度を早くから知っておくため」七四人（一六・九％）、「胎児期に治療を行うため」六八人（一五・五％）（木宮二〇一六：二四一）。

（9）あなたは、「家族である」ことにとって、「血のつながりがある」ことは、どのくらい重要だと思いますか？の回答において、「非常に重要である」と「ある程度重要である」を「重要群」とし、「あまり重要ではない」を「重要ではない群」として扱う（久保原（二〇一九）巻末附録6章男女別クロス集計1．家族観（1）

参照)。

(10) 男子学生一〇八名、女子学生八七名より、あなたは、「家族である」ことにとって、「血のつながりがある」ことは、どのくらい重要だと思いますか?において「無回答」であった男女それぞれ二名ずつを除外とし、分析は男子学生一〇六名、女子学生八五名の計一九一名で行った。

(11) きょうだいの有無に関する質問に無回答であった男三名、女四名は除外している。

第5章 シングルマザーからみる親子関係における血縁意識

1 本章の目的

前章では、大学生へのアンケート調査から人びとの血縁意識がどのようなものであるかについて検討した。家族の状況が血縁意識に影響するとするならば、離婚という夫婦関係の分離は親子関係にどのような影響をもたらしているのだろうか。

日本では離婚時に母親が親権を持つケースが圧倒的に多く、シングルマザー世帯が形成されやすい（総務省 二〇一〇a）。離婚は、多くの場合夫婦関係の不和によるものと考えられるが、離婚は子どもへの意識や関係性に影響するのだろうか。子どもの容姿や言動が元パートナーを思い起こさせ、ストレスとなることはあるのだろうか。実際に、暴行において子どもが離婚した元パートナーに似ていることが要因となり、虐待し殺害してしまったケースもある。[1] 次章で述べる、非血縁パートナーによる虐待にも見られるように、親子関係において血縁は何らかの意味を持っているように思われる。学生アンケート調査では、仮想的事態であるため、楽観的な思考が見られたが、実際に結婚と離婚を経験すると、それは血縁意識に何らかの変化をもたらすのだろうか。

そこで本章では、前章の血縁意識を踏まえながら、親子関係において血縁がどのように捉えられ、意識されているかをシングルマザーへのインタビュー調査から検討する。本来であれば、シングルファーザーへの同様の調査が求められるところであるが、後述するように本調査におけるインフォーマントの獲得は非常に困難であった[2]。そのため、ここではシングルマザーを調査対象とする。本章は、シングルマザーのみで捉える場合は、**図2―2**の第一象限と第二象限、新しいパートナーを考慮する場合はすべての象限に該当する。

2　調査の概要と倫理的配慮

表5-1　調査対象者のプロフィール

対象者	年齢	子ども	子どもと父親の面会交流
Ａさん	40代	２人	なし
Ｂさん	40代	１人	なし
Ｃさん	40代	２人	年１回程度
Ｄさん	50代	４人	１回のみ
Ｅさん	30代	２人	なし
Ｆさん	40代	２人	なし
Ｇさん	40代	１人	１回のみ
Ｈさん	40代	２人	子どもに任せている

本インタビュー調査は、スノーボールサンプリングにより、八名のシングルマザーに半構造化面接法により行った。調査対象者のプロフィールが**表5―1**である。インフォーマントがシングルマザーになった経緯は、すべて離婚によるものである。インタビューは、一時間半から二時間行い、インフォーマントの同意を得てＩＣレコーダーに録音し、逐語録を作成した。その後、再度聞きたいことなどがあった場合は、メールなどによりやり取りした。

インタビュー内容を他者に聞かれることを避けるために、インタビューは筆者が在籍していた大学の演習室または、インフォーマントが希望するプライバシーが確保される場所で行った。

個人の特定を避けるために、内容に支障をきたさない範囲で属性の変更を行っている。また、本文中においては、倫理的配慮により発言者を表記しない場合もある[3]。

インフォーマントには事前に研究の趣旨を説明し、インタビューにおいては、回答したくない質問には回答しなくてよいこと、インタビューはいつでもやめられること、公表前であれば撤回できることおよびデータの扱いなどについて書面と口頭にて説明し、同意書に署名してもらった。

音声データは、携行せず厳重に管理し、逐語録作成後に破棄すること、逐語録は論文作成から五年後に破棄することを伝えている。

3　インタビューからみるシングルマザーの血縁意識

(1)　出産と仕事

出産を機に退職したケースが四件、結婚を機に退職したケースが二件、産休を取ったケースが二件であった。結婚を機に退職したケース以外は、臨月まで働いていたケースが多かった。出産を機に退職したケースのうち一件は、産休を取りたかったが取れるような雰囲気ではなかった、という。また、結婚を機に退職したケースの一件は、本人はそのまま仕事を続けたかったが、元パートナーが仕事はしないでほしいということで退職していた。

退職をしたケースにおいても、出産後ある程度してから仕事を始めており、すべてのケースにおいて、離婚前には仕事をしていた。

(2)　離　婚――親権と子どもへの説明と面会について――

すべてのケースにおいて、親権を母親が持つことについては問題とならなかった。離婚についての子どもへの説明は、その時の子どもの年齢により異なる。子どもが小さい時には特に説明せずに、子どもがある程度大きくなって、子どもが聞いてきた時に説明したり、聞いてこなければ説明していないなど、親側から積極的に説明するケースは少なかった。子どもが大きい時には、子どもが状況を理解していて説明の必要がなかったり、子どもから離婚を促すような発言があったケースもあった。

父親と子どもの面会については、父親が望むのであれば対応するという回答が多かったが、実際には父親から要求がないケースが多かった。Hさんは子どもに任せており、子どもが会いたい時に自分で連絡（SNSなど）を取って会えるようにしている。そのほかに定期的（年一回程度）に会っているのはCさんのみである。母親自身は元パートナーには会いたくない[4]が、子どもにとっては唯一の父親であることを理解しているケースが多く、面会を一方的に拒否することはない。

（3）子育てについて[5]――妊娠・出産という行為がもたらすもの――

自身で妊娠・出産するという行為が、インフォーマントの意識に何らかの作用をもたらすことがうかがえた。たとえば、自分で妊娠・出産したことについて「妊娠がわかった時から一〇か月いるわけで、で、出産があり、その過程の中で母性が生まれてきて」（Bさん）、「少しずつ自分親になるんだ……この中にいる間に意識は変わりますよね」（Cさん）、「私たち女性は、自分で産んでるので、生まれ出て、赤ちゃんをみる前に既に意識は母親じゃないですか」（Dさん）、「妊娠したと同時にとか、産んだと同時にそういう母性が生まれる」（Eさん）、「自分の子生まれるんだなって……分身が生まれるみたいな」（Gさん）のように、自分が親になることを自覚するような語りが見られる。

そして、代理出産についての「誰かに産んでもらったら、なんか遠慮がある気がします、その子どもに対しても」（Aさん）、「いきなりもう人として出てくるわけで、自分の子ども、これあなたの子どもですって、そうなった時にどうなんだろうって、ちょっと想像がつかない」（Bさん）、「自分の子じゃないみたい」（Cさん）という語りや、人工子宮についての「なんか他人が産んでるみたい」（Gさん）、「なんか作物育ててるみたいな感じ」（Hさん）という語りからも、自身で妊娠・出産するということがそれぞれの意識に作用することがわかる。

ただし、母親意識については、妊娠がわかった時ではなく「すぐにお母さんになれるかっていうと、そうじゃなくて、育てていくうちに親になっていくんだなーって、そればっかりは学校でも習わなかったし」（Fさん）というように、育てていく過程で親になると語るケースもある。

また、代理出産について「人様に産んでもらうっていう、そのリスクを負わせていいのかな」（Aさん）というような、倫理的な観点からの語りが見られた。

それと、Aさんは、過去に「環境汚染のこととかも気になっていて……今のこの世の中で子どもを産んでも幸せ、子どもが幸せに育っていける環境なのかっていうのをすごく考えていた時があって、で、私はたぶん子どもを産まない」と思っていた時期もあった、という。

（4）親子関係における血縁について

① 親子関係における血縁は重要？

親子関係における血縁が重要かどうかについては、意見がわかれる。たとえば、Gさんの「もし妹とか親に腎臓とかあげなきゃってなったら、ちょっと『えっ』って思うけど、もう子どもには喜んで」という語りのように、同じ血縁でも自分と子どもの血縁が、親やきょうだいよりも重要と捉えられている。そして、Cさんは「他人のお子さん育てられるかなって」というように、血縁が親意識につながっている。また、「自分とパートナーだったり、旦那だったりの子どもが欲しいっていう気持ちもあり……それがその血縁というところにつながって」（Hさん）という語りのように、パートナーの血縁が意識されている。

その一方で、「赤ちゃんの取り違えとか……違う人から生まれた子どもであっても、実際に自分が日々接して、そこにいる子どもに対しての愛情っていうのは……変わらないと思う」（Bさん）、「もし病院で取り違えられてたら、その子を二〇年育てたら死ぬほどかわいくなりますよね、で、元に戻せと言われても、たぶんできないんじゃないかと思う」（Dさん）、「ちっちゃいころから自分で育ててればかわいいと思うから」（Eさん）というように、血縁より自分が育てたかどうかということの方が重要であるという語りもあるが、「誰かを引き取って育てるっていうことになった時に、自分の子どもとして育てる、同じように思えるかっていうところが、自分でも想像つかない」という語りもある。

また、「同じ血が流れてるんだなとは思うけど、そこが大事っていう感覚ではない」（Fさん）という語りや、映画「そして父になる」(6)を観て、「どっちも選べないだろうなっていう、あれがほんとに自分に起きたら、無理だなっていう感じでしたね」という語りもあった。

② 自分と親との血のつながりについて

自分と親の血のつながりについてCさんは、「父親を見ていると嫌だと思うのに、自分が同じことしてる」ことや「母親の方を真似しようと思うんだけど、やっぱりならない」ことから、父親に「変なとこばっかり似たという、そういう血のつながり」を感じたという。また、Dさんは、「今は思っていないですよ」と前置きしながら、自身の反抗期のときに「一八（歳）ぐらいだったんですけど、もう、体の中の血を全部抜き去りたいぐらいのことを思いましたね、親の血を抜きたいぐらいのことを思いました」という。そして、「自分が子どもの時には、きっと、その親の支配下から逃げたかったたんですよね、だから、全部きれいに他人になって出たいぐらいの気持ちだったんですね、その時は」と振り返っていた。

しかし、Bさん、Eさん、Fさん、Hさんは、自分と親のつながりについては、あまり考えたことがないといい、それは「生まれたら親がそこにいて、そのまま一緒に生活してきてっていうのが当たり前っていうのがあったから」（Bさん）、「当たり前のようにお父さんでお母さんだった」（Eさん）、「あんまり考えないですよね、当たり前のように」（Hさん）というように「当たり前」という意識によってそれを想起する機会がなかったことがうかがえる。

また、Aさんは、「あまり深く考えたことはない」といいながら、「みんな仲良くしてるけど、波長が合う、合わないって家族の中でもあるんだなと感じて思ってはいたんですけど」と語っていた。

③ 自分と子どもとの血のつながりについて

自分と子どもとの血のつながりについては、Fさんが性格的なものの遺伝について「感じる、血は争えない」、「私の血も入ってるし、旦那の血も入ってる」と語っていたが、Eさんの「よくそっくりって言われるから、やっぱり血がつながっているのかなって」や、Bさんの「周りから言われた」ことによって似ていことを感じた程度であるというように、自分と親の血のつながりと同様にあまり意識したことや考えたことがないという語りがあった。ただBさんは、生殖補助医療や養子縁組、里親をイメージした時には、「自分の血をわけて、自分たちの血をわけた子どもじゃない子どもを持つことに意味があるのかな」と感じた、と語っていた。

Aさんは、「あまり深く考えたことはありませんでした」と前置きしながら、「自分にとっては唯一無二の存在であることは確かで、万が一、奪われるようなことが起こったとしたら、耐えられないと思います」というように、血のつながりというより、これまでに形成された子どもとの関係性を強調していた。

Dさんは、自分と親の血のつながりについては意識したが、自分と子どもでは意識しなかったといい、その理由を聞いてみると、「立場の違いですかね」という。それは、「自分が親になって子どもを持った時に……血がつながっているとか考えなくても、いるっていう」ことであり、「自分の子どもは、やっぱり自分で産んでるので、血がつながってて当たり前なので、意識の外なんですよね、きっと」と語っており、ここにも「当たり前」ということがもたらす作用が見られる。そして、「子どもの方がどう思ってるかはわからないですけど」といいながら、「私の方からは、特別血がつながっているからって、というような考え方っていうのはなかったですね」と語っていた。

④ 元パートナーと子どもとの血のつながりについて

ここでは、元パートナーと子どもの血のつながりについて、何か感じたり、考えたりしたことがあるかという質問への回答を示す。

元パートナーとの血のつながりということはあまり意識しなかったが、「顔や性格が似ている」（Dさん、Fさん、Gさん）ことで元パートナーとのつながりを感じているケースや、「性格とか、あー、似てる部分あるな、嫌なとこ似るなって」（Eさん）という心情が表れているケース、「息子の方は、たぶん、自分のルーツとして……意識はあると思います」（Hさん）のように子どもの意識についての語りがあった。

そして、Bさんの「心情的には、自分の娘の父親としては認めてはいない」が「血縁関係上、遺伝子上の父親であることは否定できないので、そこは割り切って、まったく別のものとして見てる感じ」や、Cさんの「たまに思うのは、私は嫌でも、やっぱ父親はあの人しかいないしなー、とか思いながら、この先どうやって行くんだろうなーって、正直悩みますよね」のように、感情の割り切りと元パートナーとの血のつながりに対する葛藤が表れているケースもある。

またAさんは、父親と子どものやり取りでうまくいかないことがあった時の父親の対応を見て、「子どものどんなところでも受け入れられる……葛藤があったとしても、やっぱり、受け入れてなんとかしていくのが親っていうか、親って自然にそういうことができるって思っていたんですけど」といい、「そこがどうしても受け入れられないとしたらこの人は親じゃないのかなみたいな、そこがすごく不思議でした」というように、血のつながりから親に求められる姿勢についての語りが見られた。

⑤ 離婚前と離婚後での血縁意識の変化

ここでは、離婚前と離婚後で血縁意識に変化があったかどうかを示すが、倫理的配慮から発言者は表記しない。

元パートナーが子どもとの面会を希望してこないことに、「私はつながっていないけど、子どもは血がつながってるから、何も言ってこないのはひどいな」と感じたと語っていた方が一名、「ややもやですか？　そこは断ち切りたいです……父親がいるけどべつにそこはもう気にならないっていうか、父親がいなかったらこの子たちはいないわけだし、という捉え方ですかね」、そして、「元夫に対してのなんか変な憎しみとか、そういうのも、もうそっちに置いてきちゃったような感じですかね」というように、気持ちの切り替えができたことを語っていた方が一名、「生まれたときには、パパに顔も似てたし、良かったなーって感じでいたけれど、離婚して、今になってみるとそれがすごく嫌っていう」感じがあるという方がそれぞれ一名ずつあった。

ほかに、離婚する前に血のつながりについて考えることがほとんどなく、離婚後に「子どもに対して嫌だとか、元旦那のあれが入ってるから嫌だとかはないけど……一生切れるわけにはいかないのかなみたいなものはあります」と語り、そして、元パートナーとの出会いについて、「この子を産むために会ったんだなー」と思っている、という方が一名、「血のつながりっていうこと自体深く考えたことがないですね」、そして、「そういうことをしみじみ考えたことがないので、当たり前の生活だったっていう」と語っていた方が一名、離婚前と離婚後での血縁意識の変化はないという方が三名であった。

(5) ステップファミリーにおける子育てについて

ここでは、再婚[7]すると仮定して、相手に子どもがいた場合にその子どもを育てる自信があるかどうか、そして、その子を自分の子どもと平等に育てることができると思うかどうかについての回答を示す。

相手の子どもを育てる自信については、「やるからには頑張ろうとは思います」(Cさん)、「あります」(Eさん)のような語りがある一方で、「それは年齢によって違うと思う、自分自身とその子どもの年齢によっても違うと思う」(Bさん)や相手の子どもが「小学校の高学年から中学生だったら難しいと思います」(Hさん)というように、子どもの年齢による条件を語るケースがある。それは、「たとえば、私がもう少し若くて、子どもも小さかったら、これからやっていこうっていう感じにはなるけど、ただ、今の年齢で……それでその子がもう二〇歳とか、ある程度の年齢になっている場合は、もう育てるとか、そういう関係じゃないので」(Bさん)、「思春期で(その子の)お母さんもいるわけで、こちらの気持ちはあっても、向こうが嫌がるかなっていう、ちょうどその辺の難しい年齢で結婚してこじれた家庭もあったりするので」（Hさん）という。また、Cさんは「やるからには頑張ろうとは思います」といいながら、「最初から好かれないかもしれないし」という不安も感じていた。それは、「信頼関係があれば頑張ろうかなと、でも、子どもさんには申し訳ない変な気分になりそうですよね、『私のお母さんじゃないし』とか」という語りにも見られた。

Dさんは、相手の子どもを育てる自信については、「ないです」という。それは、「わが子と比べちゃうからです、たぶんそうだと思います、わが子と比べてその子は他人の子」だからだという。そして、「たとえば、再婚して籍一緒になっても、向こうから連れ子がきたら、自分の子ではない、頑張るかもしれないですけど、でも、いつまでもお客さんみたいな感じがすると思いますね」と語っていた。

相手の子どもと自分の子どもを平等に育てられるかどうかについては、「そうですね」（Aさん）、「それなりに、うーん、あります」（Eさん）、「ここ（パートナーと自分）の信頼関係ができていれば、絶対大丈夫だと思う」（Fさん）のように、肯定的な語りも見られるが、不安や気遣いを意識してしまうケースもある。

たとえばBさんは、「自信はありません」といい、それは、「やっぱり、かなり意識して、たとえば、同じことをしていても、自分の子には厳しくしないと、こっち（相手）の子がどうなっちゃうかなっていう心配もあるから」であり、「本当に平等にするっていう自信はない、こちら（相手）側に気を遣ってしまう」と語っていた。Cさんも相手の子どもに対して「逆に怒れないかも、怒れないかな……そっちを優先にしなきゃって思うかもしれない」といい、Dさんも「『気を遣うと思います、向こうに』という。またHさんのように「遠慮しちゃうかなっていうところが出てくるかもしれない……育てるとなったら一緒くたにしたいと思いますけど、そこが、うまくこう自分が思っていることがそのままうまくやれるのかっていう気はしますけど」という語りもあった。

インフォーマントの中で唯一Gさんは、自身の親が再婚しており、定位家族としてステップファミリーを経験している。そして、親の再婚を「すごい嫌だったんですよ……『お父さん』て呼びなさいって言われて」と思っていたこともあり、再婚するつもりはないが、相手の子どもを育てることについて「もしそうなって、すごく好きで、平等に育てたいなと思う……子どもさんが嫌じゃなければ……子ども嫌いじゃないんで……平等にするつもりでは、仲良く」と語っていた。

4　婚姻関係の変化と血縁意識の変容

(1)　血縁意識

①　親子関係における血縁

親子関係における血縁について「重要派」と「重要でない派」に分けるとしたら、「重要派」が四名、「重要でない派」も四名であった。ただ、その程度はさまざまである。「重要派」に見られる傾向としては、「(血で) つながっている」ということがもたらすものがあることがうかがえる。それは、Aさんのきょうだい喧嘩をした時にも、「血のつながりっていうのは、なんかゆるせちゃうのかなって……友達同士だとちょっと難しかったりする」ような血縁特有の関係性を表している。また、Gさんの「子どもが具合悪くなった時に、すごい心配して……こんなに心配になるんだ……自分の子だから」という語りや「もし妹とか親に腎臓とかあげなきゃってなったら、ちょっと『えっ』って思うけど、もう子どもには喜んで」のように、血縁の距離や自身の子どもに対する思い入れの深さに表れている。さらに、Hさんの同僚において「パートナーとの子が欲しい」という血縁志向が見られる。

またそこには、血縁に含意される「切っても切れない関係」が生むソーシャルキャピタルや紐帯のような正の効果だけでなく、自身は元パートナーとはもはや関係はない（会いたくない）が、子どもにとっては「切っても切れない関係」である父親という、負の効果への変容も含まれている。

これは、血縁を重要視すれば、自身と子どもとのつながりは「切っても切れない関係」だからこそ強固な紐帯として捉えられるが、元パートナーと子どものつながりは「切っても切れない関係」だからこそ複雑な感情を惹起する、という相反するような血縁意識となってしまう可能性をもっているということである。

一方で、「重要でない派」に見られる傾向としては、「血のつながり」より、「育てていること」や「一緒に過ごした時間」の方が重要である、ということである。Fさんは、「顔とか仕草とか、考え方とか似てるとかっていうのは血なんだろうとは思うけど、それが大事かっていうと、そうじゃないのかな……同じ血が流れてるんだなとは思うけど、そこが大事っていう感覚ではない」といい、「遺伝」や「同じ血」は意識されているが、それが重要とは考えていない。

親子関係における血縁が重視されずかつ、自身と子どもとの紐帯が血縁以外のもので確立されれば、血縁を意識する必要がなくなり、元パートナーと子どもの血縁も気にならないものとなるのではないだろうか。

② 定位家族と生殖家族における血縁意識の違い

定位家族としての血縁意識と生殖家族における血縁意識には、ケースによって違いが見られた。

定位家族

定位家族としての血縁を意識したことがないケースが多く、あっても「似ている」などの遺伝的要素に関するものである。多くのケースで、当たり前のものとしてそれを問うこと自体がなかったことがうかがえる。Aさんは、「波長が合う、合わないって家族の中でもあるんだなと感じて」といい、「顔も全然似てない」というように、遺伝的なつながりも意識したことがないが、そのことを問うこともなかった、と語っており、血縁を意識させる機会がなかったことがうかがえる。Eさん、Fさん、Hさんも同様に、定位家族としての血縁について考える機会がなかったことがわかる。Gさんは、親と似ている要素があることで遺伝的つながりから血のつながりを再確認した程度である。

Cさんと Dさんは、自身が親と血がつながっていることに嫌悪感を抱いたことがあった、と語っているが、そこには何らかの不和が見られ、それが血縁について想起させるきっかけであったと推測できる。Cさんは、祖父を介護する親やそれをめぐる親きょうだいのやりとりにそのきっかけが見られた。Dさんは「親の血を抜きたい」と思った要因として、親との衝突があったことを語っていた。

このように、定位家族においては、親子関係における不和などのように、その関係に嫌悪感を抱くようなきっかけや疑念がなければ、血縁を意識するようなことが想起されないのではないだろうか。けれども、ここにはジェンダー差がある可能性もある。それは、Dさんの「私は自分の親がどこで何してきて……とかあんまり興味ないので聞こうとも思わないんですけど、弟は父の一生を知りたいような感じなんですよね」という語りに見られる。そして、「うちの弟はなんか『俺のルーツが』みたいなことを言うんですね、それって、男の人はなんかこう、産んでつながっていくものじゃないので、なんか確たる証拠がほしいんですかね」という語りからも、特に懸念事項があったわけでもないのに、「ルーツ」というつながりにこだわりを持っていることがうかがえる。

さらに、父親との血のつながりについて、Hさんの「息子の方は、たぶん、自分のルーツとして……たぶん意識はあると思います」という語りと、娘についての「ルーツは考えたりするのかなー、言わないだけで」という語りにも見られる。Hさんは、息子とはそういった話をするが、娘からはそういう話は出てこない、という。

生殖家族

生殖家族としての血縁意識は、定位家族でも見られた「似ている」というような、遺伝的要素によって血がつながっていると感じる、というものが多い。しかし、定位家族において親との血のつながりを意識したCさんは、「似ている」程度のことしか感じず、Dさんは、自分と子どもとの「血のつながりっていうこと自体意識したことがない」といい、その理由に立場の違いをあげている。それは、「自分で産んでるので、血がつながってて当たり前なので、意識の外なんですよね」という語りにあらわれている。当たり前であることが、そのこと自体を問うことを退けていることが示唆される。妊娠・出産[8]という経験がもたらすものはさまざまであるが、多くの人がそのことによって子どもとのつながりを確認、確信させ、血縁をあらためて意識させない要因となっている可能性もある。

それは、代理出産に対するBさんの戸惑いや、Cさんの「自分の子じゃないみたい」という感覚、そして、人工子宮に対するGさんの「なんか他人が産んでるみたい」や、Hさんの「なんか作物育てるみたい」という表現からもうかがえる。自身で妊娠・出産したことが責任、母性、達成感など人により違いはあるが、何らかの作用をもたらすことが見てとれる。

定位家族においては当たり前の事として「考えたことがない」と語っていたBさんは、「周りから言われた」ことによって「似ている」ことを感じた程度であるが、生殖補助医療などについては「自分の血をわけた子ども」がイメージされており、生殖家族における血縁が意識されていることがうかがえる。それは、Hさんの「職場に二人ほど子どもが出来なくて困っている女性がいまして……やっぱりパートナーとの子が欲しいっていうのがあって」という語りにも見られた。

さらに、BさんとGさんは、子どもを分身と感じたことがある、といい、強いつながりという意識があることがわかる。けれども、Bさんは定位家族においては親との血のつながりについて考えたことはなく、自分が親の分身だとは思わなかった可能性がある。Gさんも身体的特徴などが似ていることにより、遺伝的つながりは意識したことがわかるが、自分が親の分身だとは思わなかったかもしれない。Hさんは、「別の生きもの、分身て考えたことはない」と語っていた。

以上のように、定位家族と生殖家族において、血縁を意識するかしないかだけでなく、その捉え方にも違いがあることがわかった。立場や妊娠・出産などの経験の違いは、血縁に対する意識にも影響していると思われる。親子関係における血縁意識は、当たり前のことであるという前提により潜在化されており、通常意識されることがない。しかし、定位家族における不和や疑念、そして生殖家族における不妊や子どもの障がいなどが懸念される時に、突如顕在化するのである。

(2) 元パートナーとの血のつながりに対する意識の変化

今回の調査では、離婚前と離婚後で、子どもと元パートナーの血のつながりについての意識的な変化がなかったケースがほとんどである。子どもが元パートナーの顔に似ていることや言動などが似ていると感じても、それが憎悪を生むようなものではなかった、と考えられる。それは、離婚によって生活が改善されたことや、「そこは割り切って」「この子を産むために会ったんだなー」「もやもやですか？　そこは断ち切りたいです……父親がいるけどべつにそこはもう気にならないっていうか、父親がいなかったらこの子たちはいないわけだし、という捉え方ですかね……元夫に対してのなんか変な憎しみとか、そういうのも、もうそっちに置いてきちゃったような感じですかね」という語りに見られるように、自分の意識や子どもの存在によって、気持ちの切り替えができていることにあらわれている。しかし、このような気持ちの切り替えができず、憎悪を募らせてしまうような場合には、親子関係に影響を及ぼす可能性がある。

また「生まれたときには、パパに顔も似てたし、良かったなーって感じでいたけれど、離婚して、今になってみるとそれがすごく嫌っていう」ように、同じ「血縁」が正の効果から負の効果に変容することもある。

（3）ステップファミリー形成における懸念

もし再婚して相手に子どもがいた場合でも、ほとんどの人が前向きな姿勢をみせるが、不安や懸念が拭い去れない面もある。

たとえば、Bさんは「自分自身とその子どもの年齢」によるお互いの心理的状況の違いであったり、「本当に平等にする自信はない、こちら（相手）側に気を遣ってしまう」というように、血縁関係のない相手との距離感に難しさを感じている。相手の子どもに気を遣ってしまうということは、Cさん、Dさん、Hさんも感じている。その背後には、Cさんの「子どもさんには申し訳ない変な気分になりそうですよね、『私のお母さんじゃないし』とか」や、Hさんの「思春期で（その子の）お母さんもいるわけで、こちらの気持ちはあっても、向こうが嫌がるかな」という語りに見られる、子どもにとっての親は血縁関係にある人という認識があり、それを超えることは難しいと感じていることがあるのだろう。

Dさんは、再婚したいと思わない理由について「特別にこれまで子どものことを血縁関係っていう風に意識したことはないですけど、やっぱり、もし再婚するとしたら、その人は他人だなと思いますね」と語っていた。そして、「再婚して籍一緒になっても、向こうから連れ子がきたら、自分の子ではない……いつまでもお客さんみたいな感じがすると思いますね」という発言に見られるように、潜在化していた血縁意識が顕在化することがわかる。

さらに、Gさんは自身がステップファミリーを定位家族として経験しており、親が再婚したこと、継父を「お父さん」と呼びなさいといわれたことを「すごい嫌だった」と感じている。そして、そのことが自身が再婚しない理由ともなっている。当時Gさんは小学校二年生であった、とのことであり、Bさん、Hさんが気にしていた子どもの年齢という意味では、まさにその難しい時期であったこともあるだろう。

また、Bさんに、アメリカのデータで、年齢がいった子どもに継母が母親にならなきゃという意識が強く出るとうまくいかないケースがあることを伝えると、「それは、そうだと思います、自分が二〇年間生きてきて、いきなり違うお母さんが現れて、『お母さんよ』っていわれても、それは難しい」という。

以上のように、普段は当たり前のこととして潜在化されている血縁意識が、ステップファミリーを形成するときには顕在化され、自身の意識と継子となる子どもの意識が異なると想定された場合に、その血縁意識の壁をどのように超えていくかが重要となることがうかがえる。

本章では、シングルマザーへのインタビュー調査から、親子関係における血縁（意識）について検討した。本章における血縁の効果を**図2―2**に当てはめると、**図5―1**のようになる。

シングルペアレントとしての血縁の効果は、同居子と自身の関係だけでなく、元パートナーとの関係にも影響する。自身と子どもの関係は、元パートナーとの距離化によって、より強固なものになるかもしれない。しかし、自身は元パートナーとは血縁がないため、離婚により関係は解消されるが、

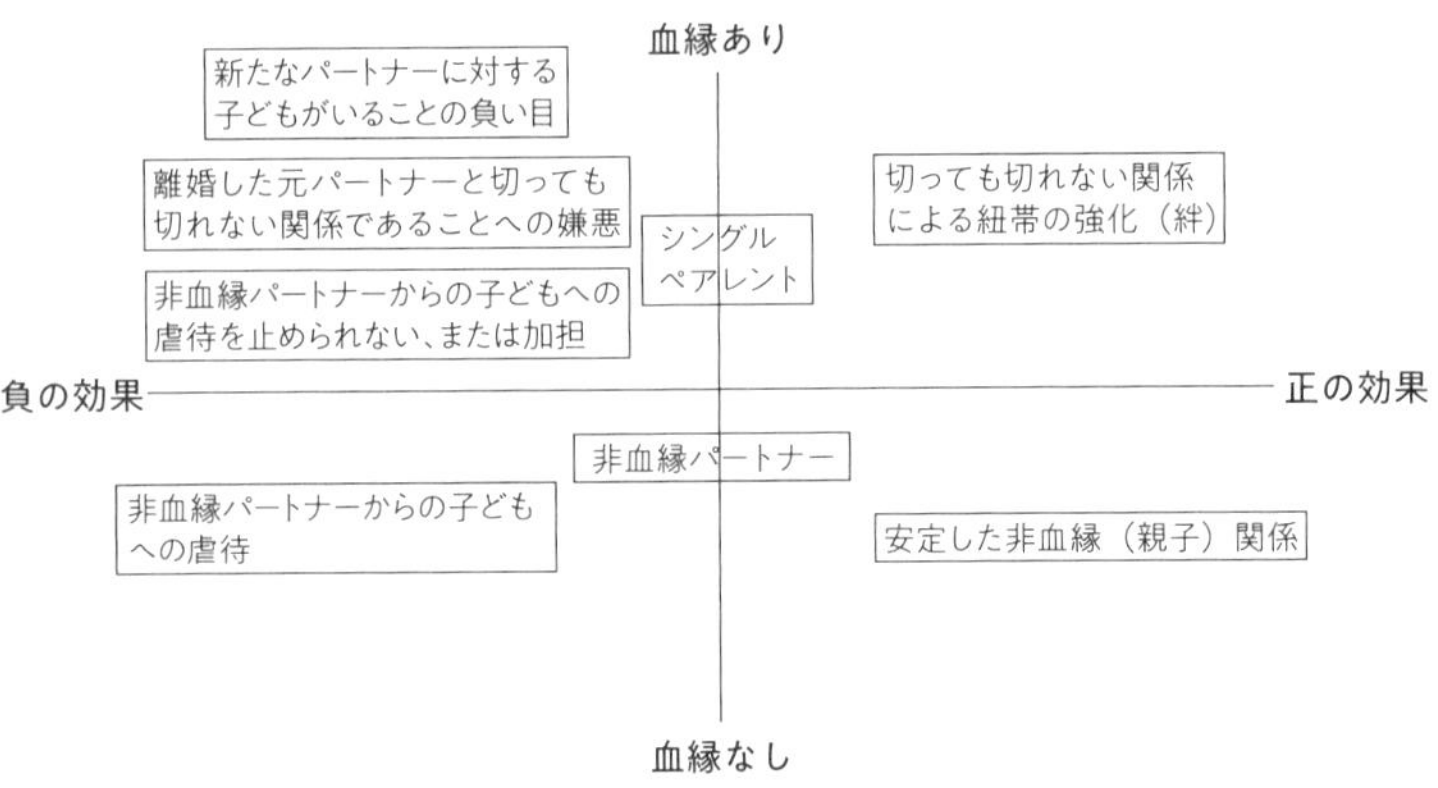

図5-1　シングルマザーにおける血縁の効果

注）ここでは、非血縁パートナーを含めた効果を示す。また、本章では論述していないが、次章で述べるように、シングルファーザーも同じ図式で捉えられるため、シングルペアレントと表記する。

子どもと元パートナーとの血縁は解消することができないため、そのことに対する嫌悪感を生む可能性がある。たとえ離婚後に一度も会うことがなくとも、元パートナーという子どもの実親の存在は、消えることがない。そしてその子どもの容姿や言動が、元パートナーを想起させることがさらなる嫌悪となることもある。

さらに、シングルペアレントに新たなパートナーができた場合、これまでとは違った問題を生むこともある。新たなパートナーが子どもとの関係構築に献身的であれば、子どもと安定した非血縁（親子）関係が形成できるかもしれない。しかし、自身やパートナーが、子どもと血縁がないことに負の意味づけをしてしまうと、関係形成が困難となり子どもがなつかないことなどから、虐待の要因となってしまうことになるかもしれない。また、新たなパートナーが元パートナーの存在をどのように捉えるか、そして子どもが元パートナー（別居実親）と新たなパートナーをどう捉えているかも、関係形成に大きく影響する。

本章で見たように、離婚前と離婚後で血縁意識に変化が生まれる場合もあり、自身および元パートナーと子どもの血縁について、「切っても切れない」ことがもたらす正／負の面があることも明らかとなった。そして、定位家族、生殖家族、結婚、出産、離婚など、それぞれの状況が血縁にさまざまな意味づけをもたらすことも見られた。ライフコースにおける選択が、このように状況依存的な血縁意識をもたらす。また、離婚後の血縁意識の変容に見られたように、自身の気持ちの切り替えなどの効果があることもわかった。

そして、再婚によって形成されるステップファミリーにおいては、非血縁パートナーとの関係がもたらす難しさがあることも確認できた。親子関係における血縁をめぐるさまざまな思いは、場合によっては憎悪となり、虐待の要因となることもある。

そこで次章では、子ども虐待を血縁（意識）という視点から検討する。

注

（1）大分地方裁判所、二〇〇三、「平成一五（わ）三三　傷害致死」。

（2）いくつかのシングルマザー支援団体に申し入れをしたが、すべて断られている。

（3）本インタビュー調査は、首都大学東京倫理委員会にて承認されている（承認番号 H30-52）。シングルファザーへのインタビュー調査には長期間と研究費を要することが予想されるため今後の課題とする。

（4）離婚の原因は、結婚生活になんらかの問題があることがほとんどであるが、離婚後のパートナーへの意識はさまざまである。今回のインタビューにおいても、元パートナーに会いたいとは思わないケースがいくつか見られた。厚生労働省が行った調査（厚生労働省 二〇一二）において、「母子世帯の母の養育費の取り決めをしていない理由」に「相手と関わりたくない」が約二三％あることからも、元パートナーに嫌悪感を持つケースがあることがわかる。

離婚して母親が親権を持った場合、父親の子どもに対する意識や態度が変化する可能性がある。離婚した場合、女性より男性の方が再婚する確率が高く、再婚して新たな子どもができた場合は、元パートナーとの間の子どもに対する意識が低下することも考えられる。

しかし、新しいパートナーができたり、再婚したりしていないのに父親が面会を要求しない理由はどこにあるのだろうか。今回のインタビューにおいても、定期的または自由に面会ができるケースは二件しかなかった。そして、元パートナーに新しいパートナーがいるかについては不明だが、再婚していたケースはなかった。既に再婚している場合は、そちらの家族とのことを考えて、という可能性はあるが、再婚していないケースでは、なぜ自分の子どもに会おうとしないのか疑問が残る。ただ、一般的なケースとして、養育費の支払いがなされていないことが多く、それが理由の一つとなっていることも考えられる。

データは古いが Judith, S. Wallerstein and Sandra Blakeslee によれば、アメリカの全国調査においても、子どもに会いに来ない父親が非常に多いという（Wallerstein and Blakeslee1989=1997: 259）。そして、それは Wallerstein and Blakeslee が行った調査では、前妻に妨害されるというようなものではないという（Wallerstein and Blakeslee1989=1997: 258）。

（5）子育ての理想については、二人で協力してというものがほとんどであったが、実際に積極的に協力してくれたのは一ケースだけであった。ほかは、「ある程度」「頼めば」「一〇〇%自分」などであった。出産前に子育てについて話し合うことがあったかどうかについては、積極的に協力してくれたケースは「よく話した」と回答していたが、それ以外のケースは、ほとんど話し合う機会がなかった。

しかし、子育ては大変だったという回答は多かったが、辛かったというような回答はなく、「大変だったけど、楽しかった」という回答が多くみ見られた。また、「子どもとともに自分も成長する」という回答もいくつか見られた。

ほとんどのケースにおいて、離婚後も周りに子育てをサポートしてもらえる環境があり、「それがなかったら離婚を決断しなかったかもしれない」という回答もあった。

（6）映画「そして父になる」劇場公開二〇一三年九月二八日。監督：是枝裕和。キャスト：福山雅治、尾野真千子、真木よう子、リリー・フランキーほか。出生時の病院での子どもの取り違えがもたらす人間模様を描いた作品。

（7）再婚については、するつもりがないというケースが多かった。子どもから再婚の話が出るケースもあるが、スタンスはさまざまである。ただ、付き合うにしても再婚するにしても、それが子どもにとってどうなのか、ということや、相手が自分の子どもを大事にしてくれるかということは、きわめて大きな要素となっている。再婚については仮定質問であるが、子どもが女の子の場合、年齢によっては新しいパートナーと二人きりにすることはできないかもしれない、という語りもあった。

　子どもが再婚を反対するケースでは、「ママが再婚したら（自分が）ひとりぼっちになっちゃう」という子どもの発言が見られた。

　再婚を考えるケースでは、経済的支援に対する期待からのものもあった。シングルマザーは、正規雇用に就くことが難しく、貧困のリスクがあることがうかがえる。

（8）通常生殖家族としての女性においては、自身で妊娠・出産することが想定される。インフォーマントの語りに、妊娠・出産という行為が母性や親意識につながったケースが多くあった（Bさん、Cさん、Dさん、Eさん、Gさん、Hさん）。

第6章 子ども虐待と血縁

前章では、シングルマザーへのインタビュー調査から、血縁（意識）について検討した。そして、親子関係における血縁意識は、定位家族、生殖家族の違いだけでなく、離婚、再婚など世帯状況の変化も影響を及ぼすことがあることも明らかとなった。また、シングルペアレントの再婚は、必ずステップファミリーとなる。前章でも触れたが、離婚後に元パートナーに対する憎悪が虐待につながるケースがある。血縁や血縁意識が親子関係に影響を及ぼすのであれば、ステップファミリーやシングルペアレントの内縁関係においても、血縁が虐待の要因となることも考えられる。第2章で述べたように、これまで子ども虐待を血縁という視点から検討した研究は管見の限り見当たらない。しかし、暴行において子どもが離婚した元パートナーに似ていることが要因となり、虐待し殺害してしまったケース、自分の子どもではないことが要因となっているケース、元パートナーである実父と重なって見えたことが要因となったケースなどがある[1]。また、ステップファミリーに新たな子どもが誕生した時に、継子だけが虐待されるというような、血縁意識が関与していることが疑われる事例がある。それにもかかわらず、これまでそのような観点から虐待を捉えることはなかった。もし、非血縁パートナーからの虐待に血縁意識が関与しているとしたら、現在の対応策では、そのような虐待に対処することはできない。そして、虐待は現在大きな社会問題となっている。

そこで本章では、子ども虐待における親子の血縁関係に着目して、血縁／非血縁という変数がどの程度有効であるかを検討し、今後の研究において、血縁の有無、あるいは血縁意識のありようを考慮することが、重要であることを示したい。本章は、虐待という負の効果だけを捉えているため、**図2—2**の第二象限と第三象限に該当する。

1　児童虐待相談対応件数の増加と児童虐待検挙状況

児童虐待相談対応件数は、一九九五年度の二七二二件から二〇一七年度には一五万九八三八件（厚生労働省 二〇一四a；二〇一八b）へと増加している。また、虐待による子どもの死亡件数も、調査が始まった二〇〇三年以降毎年五〇人以上と高い水準で推移している。

厚生労働省（二〇一八b）によれば、主たる虐待者は実母四七％、実父四一％となっている。日本では、基本的に実母は実子を自分で出産しており、現状を知らない人には「自分の子どもをなぜ虐待するのか」という疑問が生まれやすいのではないか。しかし、社会状況の変化により、子育ての負担は重くなってきている。たとえば、以前のように気軽に親戚や近隣家庭に子どもを預けることができなくなってきた。学校教育における変化も加わり、子育てはますます家庭にその責任を負わせるようになっている。男女共同参画社会がうたわれるようになって久しいが、現在でも子育ての多くは母親が担っている。特に日本では、正規雇用における労働時間の長さから、男性が子育てに参加しづらく、子育てする女性が正規雇用に就けない状況を生み出している。そのような状況の中、まわりを頼れず育児ストレスに悩む母親が子どもを虐待してしまう、という。柏木が指摘しているように、「自分の生活が子どもと育児に大きく占められ、自分自身の活動の場をまったくもてないでいる母親にとって、子どもはかわいく愛情の対象であるが、同時に、自分の生活ややりたいことを阻む存在でもある」（柏木 二〇〇三：二五一）。また、第2章で述べたように虐待は貧困と相関関係にあるというデータもあり、相対的貧困状態になりやすいシングルマザー家庭での虐待への懸念もある。このような状況を改善することにより、虐待の発生を減らすことに期待できる。現在そのような観点からの母親支援などさまざまな政策提言がなされており、実施されはじめている。

しかし、実母・実父だけが虐待者ではない。警察庁の児童虐待検挙状況をみると、そこには子どもと血縁関係のない継（養）親や、実親の非血縁パートナーの存在が多くあることがうかがえる。厚生労働省（二〇一八b）では、主たる虐待者としての実父以外の父は五・八％、実母以外の母は〇・五％となっており、そこでは確かに割合としては少ない。しかし、実数としては実父以外の父は八一七五人（実母以外の母は七五四人）に上っている。さらに、虐待による検挙事例に非血縁パートナーが多くかかわっているため、単に実親への支援というだけでは、検挙事例を減らすことには期待できない。

先述のように、これまで子ども虐待を血縁という視点から検討した研究は見当たらない。そこで本章では、関連のある先行研究を踏まえつつ、内縁関係者および交際相手を含めた児童虐待検挙の事例から、親子関係における血縁の有無が及ぼす影響について、検討を試みる。

2　データと方法

本章で用いるデータは、「主たる虐待者の推移（児童相談所）」（厚生労働省 二〇一五a：一〇）、「児童虐待の現状」（厚生労働省 二〇一四a）、「児童虐待及び福祉犯の検挙状況」（警察庁 二〇一四；二〇一六）、「シングルペアレント世帯数」（総務省 二〇一〇a；二〇一五）、「家族類型別一般世帯数」（総務省 二〇一六）、「児童相談所における児童虐待相談の対応件数、児童虐待相談の相談種別×主な虐待者別」（厚生労働省 二〇一八ｃ）、「市町村・都道府県における子ども家庭相談支援体制の整備に関する取組状況について」（厚生労働省 二〇一八ａ）、「平成三〇年度福祉行政報告例の概況」（厚生労働省 二〇一八ｂ）、「児童虐待に係る事件 検挙人員（被害者と加害者の関係別、罪名別）」（法務省 二〇一九）、「令和元年における少年非行、児童虐待及び子供の性被害の状況（訂正版）」（警察庁 二〇二〇）である。

はじめに、「主たる虐待者の推移（児童相談所）」「児童虐待の現状」と「児童虐待及び福祉犯の検挙状況」を精査し、比較検討する。[2]

「主たる虐待者の推移（児童相談所）」「児童虐待の現状」「市町村・都道府県における子ども家庭相談支援体制の整備に関する取組状況について」（厚生労働省 二〇一八ａ）からは、一九九九年度から二〇一八年度までの主たる虐待者の推移（児童相談所）をみることができる。[3]それが**表6―1**である。

「児童虐待及び福祉犯の検挙状況」「令和元年における少年非行、児童虐待及び子供の性被害の状況（訂正版）」からは、二〇〇四年から二〇一九年までの「加害者と被害者との関係別検挙状況」をみることができる。警察庁データでは、父親等、母親等の下位分類として、それぞれ実親、養・継親、内縁、その他と区分されているが、本章では、血縁関係に主眼を置いているため、養・継親と内縁は同じ区分として扱い、データを再編している。それが**表6―2**である。

厚生労働省データでは、主たる虐待者の分類を、「実父」「実父以外の父」「実母」「実母以外の母」「その他」と分類しており、「養・継父、内縁」「養・継母、内縁」に当たる分類はないが、分析においては、「実父以外の父」と「養・継父、内縁」、「実母以外の母」と「養・継母、内縁」をそれぞれ同等のものとして扱う。これらを虐待者別で見た割合の推移が、**図6―1、6―2**である。

次に、「児童虐待及び福祉犯の検挙状況」「シングルペアレント世帯数」「家族類型別一般世帯数」か

表6-1　主たる虐待者の推移（児童相談所相談対応件数）

	実父	実父以外の父	実母	実母以外の母	その他	合計
1999年度	2,908	815	6,750	269	889	11,631
2000年度	4,205	1,194	10,833	311	1,182	17,725
2001年度	5,260	1,491	14,692	336	1,495	23,274
2002年度	5,329	1,597	15,014	369	1,429	23,738
2003年度	5,527	1,645	16,702	471	2,224	26,569
2004年度	6,969	2,130	20,864	499	2,946	33,408
2005年度	7,976	2,093	21,074	591	2,738	34,472
2006年度	8,220	2,414	23,442	655	2,592	37,323
2007年度	9,203	2,569	25,359	583	2,925	40,639
2008年度	10,632	2,823	25,807	539	2,863	42,664
2009年度	11,427	3,108	25,857	576	3,243	44,211
2010年度	14,140	3,627	34,060	616	3,941	56,384
2011年度	16,273	3,619	35,494	587	3,946	59,919
2012年度	19,311	4,140	38,224	548	4,478	66,701
2013年度	23,558	4,727	40,095	661	4,761	73,802
2014年度	30,646	5,573	46,624	674	5,414	88,931
2015年度	37,486	6,230	52,506	718	6,346	103,286
2016年度	47,724	7,629	59,401	739	7,082	122,575
2017年度	54,425	8,175	62,779	754	7,645	133,778
2018年度	65,525	9,274	75,177	797	9,065	159,838

注）厚生労働省データでは、実父以外の父の下位分類はない。その他には、祖父母、伯父伯母等が含まれる。
出所）厚生労働省（2014a; 2015a; 2018a）をもとに筆者作成。

ら、実父が虐待事件の検挙者となるリスクと内縁夫が虐待事件の検挙者となるリスクを比較検討する。

表6-2　児童虐待事件の検挙数の推移（虐待者別）

	実父	養・継父，内縁	実母	養・継母，内縁	その他	合計
2004年	81	71	71	7	22	252
2005年	77	90	69	3	3	242
2006年	86	108	96	9	30	329
2007年	91	101	97	1	33	323
2008年	85	118	92	2	19	316
2009年	118	120	97	2	18	355
2010年	109	150	106	7	13	385
2011年	134	142	119	3	11	409
2012年	186	177	102	6	15	486
2013年	180	167	101	8	26	482
2014年	298	233	158	8	22	719
2015年	336	251	180	10	34	811
2016年	459	282	266	6	58	1071
2017年	483	316	287	13	55	1154
2018年	619	393	334	13	39	1398
2019年	905	489	507	15	57	1973

出所）警察庁（2014; 2016; 2020）をもとに筆者作成。母、伯父伯母等が含まれる。

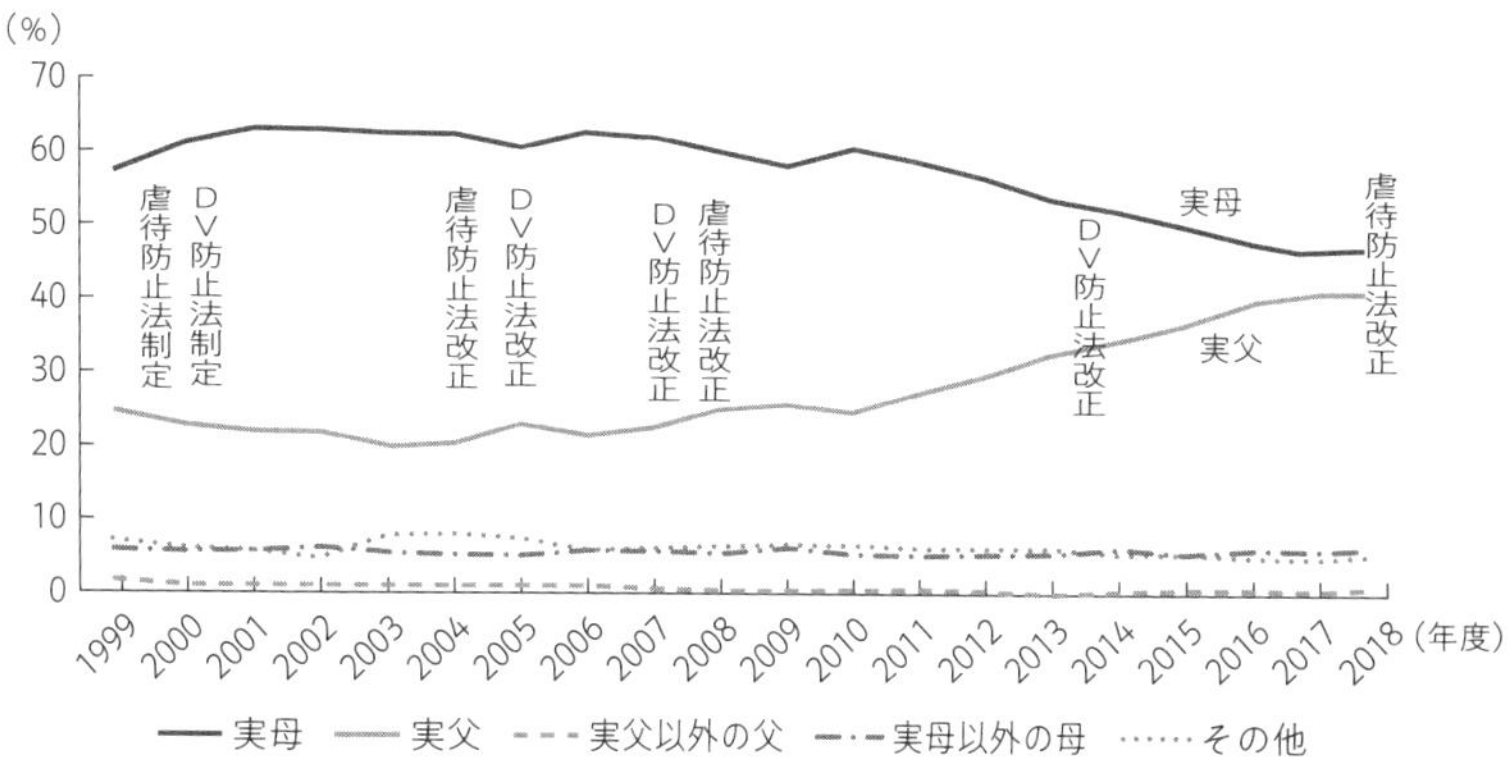

図6-1　主たる虐待者別割合の推移（児童相談所相談対応）

出所）厚生労働省（2014a; 2015a; 2018a）をもとに筆者作成。

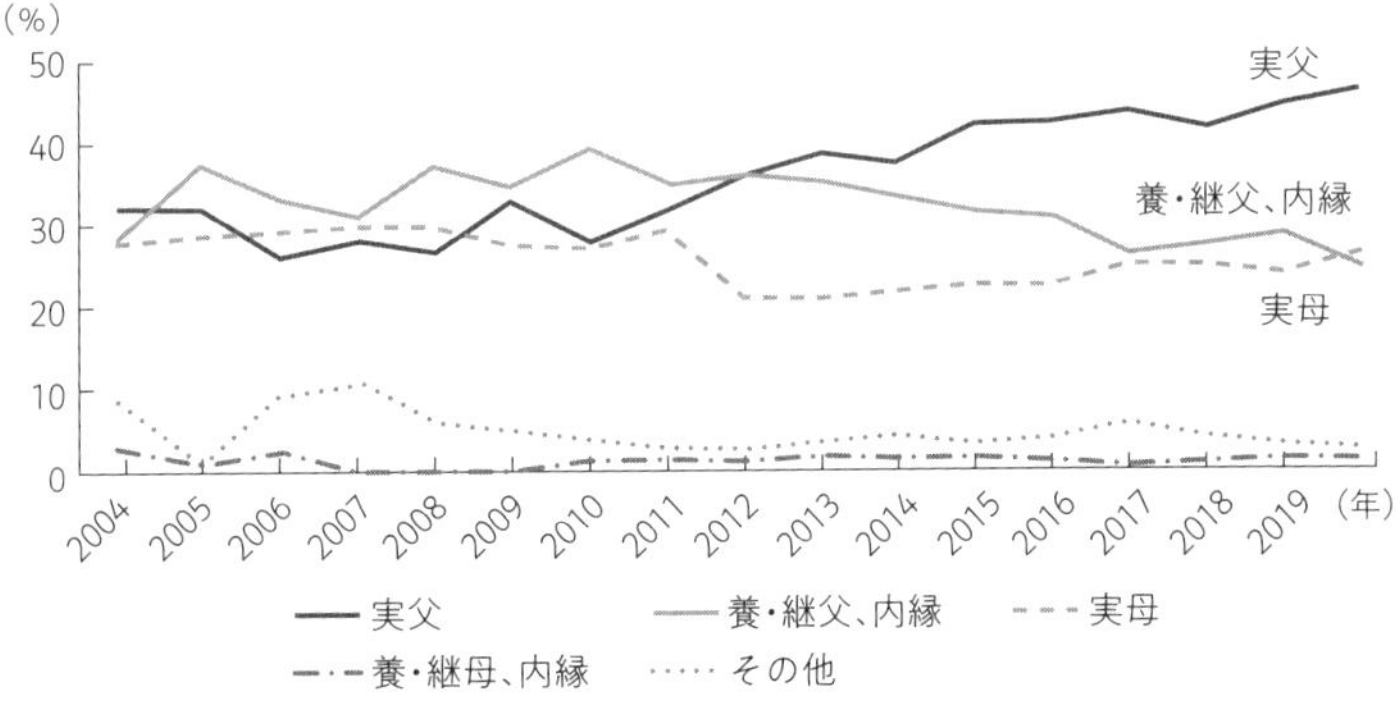

図6-2　児童虐待事件虐待者別割合の推移

出所）警察庁（2014; 2016; 2020）をもとに筆者作成。

3　潜在化されていた非血縁パートナーからの虐待

(1) 浮かび上がる非血縁パートナーの存在

まず、主たる虐待者の推移（**表6―1**）を見てみると、児童相談所の相談対応件数は急増しており、二〇一五年度には一〇万件を超え、二〇一八年度は、一五万九八三八件（厚生労働省 二〇一八a）となった。ただ、年々虐待の定義が再考され、二〇〇四年の法改正において、子どもへの直接の虐待行為だけではなく、親のDVを子どもに見せること（面前DV）なども含まれるようになったことや通告規定の変更[4]、社会的認知度の上昇もその増加要因となっている。定義の再考により、数年前までは身体的虐待、次いでネグレクト、そして心理的虐待の順にその割合が高かったが、二〇一八年度には、心理的虐待（五五・三%）、身体的虐待（二五・二%）、ネグレクト（一八・四%）、性的虐待（一・一%）というように、面前DVが含まれる心理的虐待が最も多くなっている（厚生労働省 二〇一八b）。

そして、主たる虐待者別の数を見てみると、実母が半数を超えており、次に実父が多いという状況になっている。その割合の年次推移（図6―1）をみると、その割合に大きな変化はないが、二〇一〇年度あたりから実母の割合が減少し、実父の割合が増加傾向にある。

また、実父以外の父（六%くらいで推移）、実母以外の母（一%くらいで推移）は、非常に少ない割合となっている。ここから、主たる虐待者は、ほとんどが実親（血縁者）であることがわかる。ただし、内縁の夫／妻は実父／母以外の父／母に含まれるが、同居していない実親の交際相手からの虐待については、相談対応件数には換算されるが、実親のネグレクトとして扱われるため、実夫／母としてカウントされてしまう。したがって、厚生労働省データでは、同居していない実親の交際相手は見えない存在となっている。

次に、児童虐待事件の検挙数の推移（表6―2）を見てみると、こちらも虐待相談対応件数の増加とともに増えている。児童虐待相談対応件数および児童虐待事件の検挙数の増加から、それぞれの実数が同じように増加している、と言うことはできない。社会的認知度や法整備などにより、一般市民の通報意識が高まっている可能性や、学校、警察、病院などからの通報体制が整ったことにより、その件数が増えた可能性もある。また、「子どもの権利条約」に見られるように、子どもへの人権意識の高まりや、これまでは「しつけ」とされていたものの一部が虐待と定義されるようになったこともあるだろう。

「児童相談所が把握する統計は、社会の中でわずかに認知され顕在化したものに過ぎない」（徳永・大原・萱間他 二〇〇〇：三）といわれていた二〇〇〇年頃と比較すると、その数は九倍となっており、見えていなかったものが見えるようになってきた、と言えるかもしれない。しかし、実数が増加しているかどうかは、報告されている件数を鑑みれば、それほど重要ではなく、既に看過できない状況にある。

虐待者別の検挙数を見てみると、二〇一五年では、実父が一番多く、次いで養・継父、内縁そして実母となっている。虐待者別割合の年次推移をみると、二〇〇五年から二〇一一年までは、養・継父、内縁が実父を上回り一番多くなっている。ただし、警察庁データでは、交際相手は、「その他：祖父母、伯（叔）父母、父母の友人・知人等で保護者と認められる者」として扱われるため、厚生労働省データと同じように見えない存在となっている。そして、二〇〇六年から二〇〇八年までは、実母が実父を上回っている。養・継母、内縁は、一％前後の推移で虐待相談対応件数の推移と変わらない。しかし、日本におけるシングルペアレントは、シングルマザーに比べシングルファーザーがきわめて少ないため、養・継母、内縁の絶対数自体が少ないことを考慮する必要がある。

中澤によれば、ステップファミリーにおける虐待者は、継父が六二・一％（一八例）で最も多く、ステップファミリーをさらに実母／継父型と実父／継母型に分けると、実母／継父型の虐待者は、継父が七五％、実母二〇・八％に、実父／継母型では、継母八〇％、実父二〇％となり、虐待者としての継父母の存在がさらに強く見えてくることを指摘している（中澤 二〇一三：五二－三）。したがって、養・継母、内縁型家族の総数に占める養・継母、内縁による虐待事件検挙数の割合を検証することが求められる。

また中澤は、虐待を生じさせた家族にある家族員の関係の問題が、家族類型ごとの特徴をもって捉えられる、という。性別役割分業規範を持つ継父が父親の威厳を示そうと、身体的虐待をしたり、新たな出生による異父母弟妹の出現により、不安を行動で示す継子に虐待をしたりすることを指摘している。また、同様のことが継母による心理的虐待例にも見られる、という（中澤 二〇一三：五七）。

さらに実母による虐待においても夫婦関係の影響が見られる。それは、「しつけには体罰が必要と

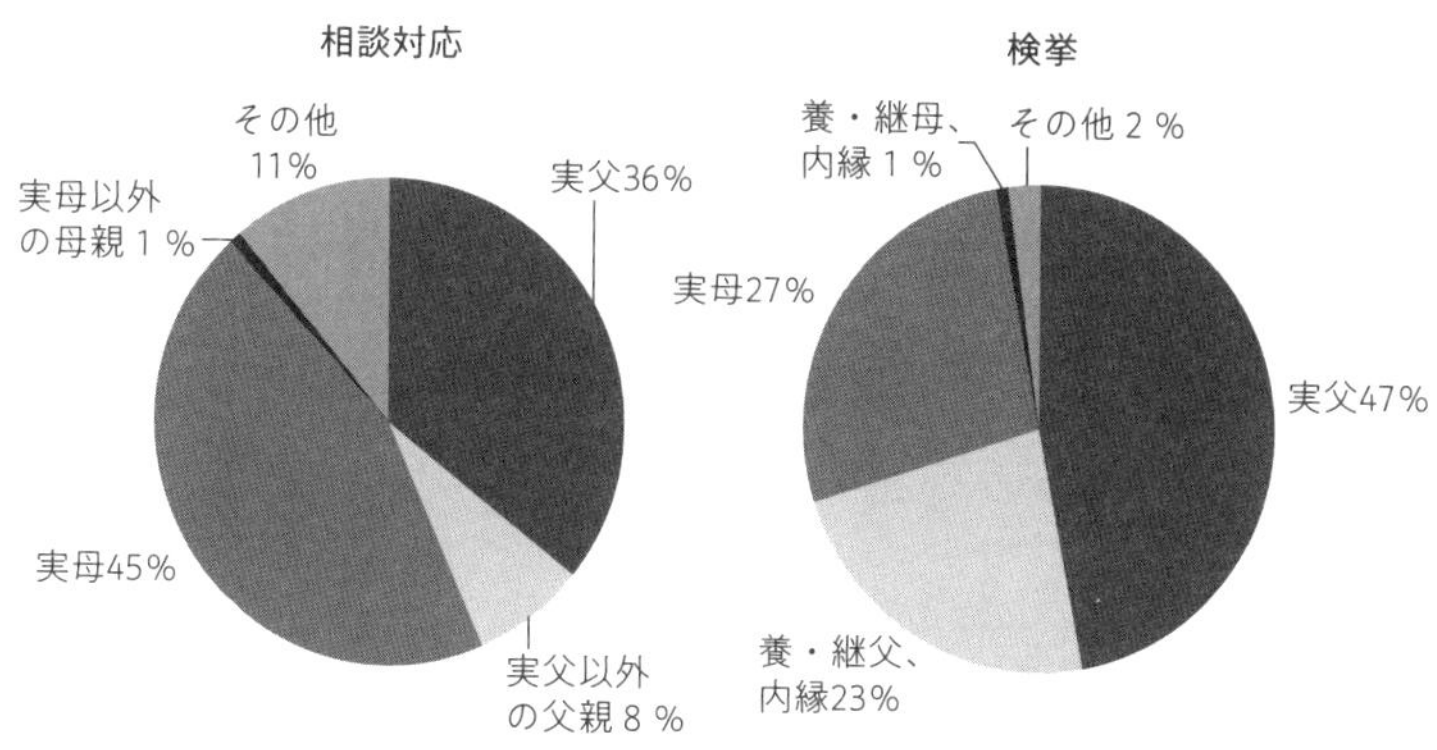

図6-3　虐待者別割合（児童相談所2018年度）**と虐待者別検挙数割合**（2018年）
注）実父以外の父を養・継父、内縁とし、実母以外の母を養・継母、内縁とみなす。
出所）厚生労働省（2018c）、法務省（2019）をもとに筆者作成。

考える継父の虐待に対し、自分の連れ子との養子縁組を負い目と感じ、実母が継父の虐待行為を黙認もしくは助長してしまう」（中澤 二〇一三：五七）ことがある、という。そして、「母親の虐待には、女性が家族内の関係においていて弱者となりやすい状況が現れており、その背景には家族規範とともに、女性が経済的に男性に依存せざるを得ないという社会構造の問題」（中澤 二〇一三：五七）を指摘している。実親が継親に気兼ねをして虐待が起こるケースは、上記のような継父／実母型夫婦だけでなく、実父／継母型夫婦にもある（津崎 二〇一五：八三－六）。

最後に、児童虐待事件虐待者別割合の推移（**図6―2**）をみると、養・継父、内縁と実父、そして実母が拮抗するような割合になっているが、二〇一二年から実父が増加、養・継父がやや減少、そして実母が減少している。

ただし、検挙されるケースは身体的虐待が多いため、虐待種別の構成割合に差があると思われる。そこで、年度と年区切りの差はあるが、同じ二〇一八年の身体的虐待[5]に限定して比較したものが、**図6―3**である。どちらも実父が四割前後を占めているが、児童虐待相談対応件数における虐待者別割合（図左）では四・五割の実母が、

検挙された実父（109人）	検挙された内縁夫（64人）
夫婦と子どもの20歳未満の世帯員のいる世帯（8,326,782世帯）	母子世帯（755,972世帯）
0.0013%	0.0085% （全母子世帯に内縁夫がいると仮定した場合）

図6-4　虐待検挙リスクの比較（2010）

出所）総務省（2010a; 2016）、警察庁（2016）をもとに筆者作成。

虐待者別検挙割合（図右）では三割に満たない。そして、児童虐待相談対応件数における虐待者別割合では一割に満たない養・継父、内縁（実父以外の父）が虐待者別検挙割合ではおよそ三倍になっている。さらに、検挙における性的虐待では、実父約三三％（六一件）に対し養・継父、内縁は約五八％（一〇八件）である。

（2）非血縁パートナーからの虐待

児童相談所の相談対応件数からは、非血縁パートナー（実父以外の父・実母以外の母）の存在がそれほど大きくは見えない。しかし、児童虐待事件の検挙数をみると、非血縁パートナー、すなわち養・継父、内縁の存在が浮かび上がってくる。

ただし、児童虐待事件の検挙数の推移における増加傾向は、児童相談所の対応件数の増加と同じように、事件化される経緯そのものが変化した可能性があり、実数そのものが増加したかどうかはここからは言えない。そして、通報検挙においては、実父が血縁者であるがゆえに非血縁パートナーに比べ通報しづらい、ということを考慮したとしても虐待のリスクが高いと言えるだろう。また、養／継父、内縁の割合は減少傾向にあるが、実数は増加していることに注意する必要がある。したがって、児童相談所の相談対応件数からは見られなかった、非血縁パートナーの存在が、虐待のリスクとして考慮すべきものであることは言えるだろう。

検挙された実父（366人）	検挙された内縁夫（99人）
夫婦と子どもの20歳未満の世帯員のいる世帯（8,884,830世帯）	母子世帯（755,972世帯）
0.0041％	0.0131％ （全母子世帯に内縁夫がいると仮定した場合）

図6-5　虐待検挙リスクの比較（2015）

出所）総務省（2015）、警察庁（2016）をもとに筆者作成。

では、それがどのくらいのリスクであるのかを「児童虐待及び福祉犯の検挙状況」「シングルペアレント世帯数」「家族類型別一般世帯数」をもとに比較してみる。既に、中澤（二〇一三）がステップファミリーにおける継父の虐待について指摘しているが、ここでは、実父が虐待事件の検挙者となるリスクと内縁夫が虐待事件の検挙者となるリスクを比較検討する。

はじめに、二〇一〇年データで内縁夫[6]と実父が検挙されるリスクを考えてみる。そこで、**表６―１**の二〇一〇年データと、国勢調査の「家族類型別一般世帯数」の同年データより「夫婦と子供の二〇歳未満の世帯員のいる世帯」数八三二万六七八二を使い「検挙された実父：夫婦と子供の二〇歳未満の世帯員のいる世帯」と「検挙された内縁夫：母子世帯」を比較すると（**図６―４**）、実父より内縁夫が検挙される確率が約六・五倍高くなる。[7]ただし、これは母子世帯のすべてに内縁の夫がいると仮定した場合である。仮に半数の世帯に内縁夫がいるとすると、約一三倍となる。実際には内縁夫がいる母子世帯の比率はもっと少ないことが予想され、内縁夫が虐待事件の検挙者となるリスクはゆうに二〇倍を超えるだろう。

次に二〇一五年データで同様に比較すると（**図６―５**）、実父より内縁夫が検挙される確率は三・二倍となり、二〇一〇年よりは低くなったように見えるが、母子世帯に内縁夫がいる割合を考慮すれば、依然として高い。さらに、内縁夫だけで比較しても、二〇一〇年より二〇一五年の方が一・五倍高くなっている。そして、警察庁データでは交際相手がその他に分類されており、交際相手が含まれていないことも考慮する必要がある。

「夫婦と子供の二〇歳未満の世帯員のいる世帯」にはステップファミリーも含まれていると考えられるが、それをある程度考慮したとしても、「内縁夫：シングルマザー世帯」のリスクは高い。

ただし、これはあくまで事件化されたものだけであり、その予備軍として表面化されていないケースはさらに多くあることが推測される。内縁夫のリスクが高いのであれば、その前段階である交際相手も視野に入れて検討する必要があるだろう。もちろん、母集団の違いや、状況、背景の違いがあるため単純に統計的な比較はできないが、このような検証をするための正確なデータが取られていない。また、ここでは統計的に有意であるかを検証することを目的としておらず、そのリスクを表面化させることに主眼をおいている。

そして、厚生労働省（二〇一五b：二三）によれば、心中以外の虐待死事例に「望まない妊娠／計画していない妊娠」の問題があげられ、特に「若年（10代）妊娠」によるものが高い割合であることがわかる。橋本卓史ら（橋本・荒井・小沢他 二〇一三）も、平成一六年から二二年の生後一ヶ月未満の虐待死事例の約四分の一が一九歳以下の実母によるものであり、10代の母親がかかえる特有のストレスや環境などの問題があることを指摘している。

4　子ども虐待を血縁意識から捉えることの意義

以上のことから、これまで子ども虐待においてあまり触れられることがなかった非血縁パートナーの存在を浮かび上がらせることを試みた。第2章で述べたように、これまで非血縁パートナからの虐待は、中途養育の難しさとして指摘されてきたが、ステップファミリーの約七割の人が中途養育の難しさの要因に「血のつながり」をあげていることからも、実親とは違う視点で検討する必要がある。そこで、これらのデータをもとに子ども虐待への対応について血縁という視点から検討する。ただし、単に血縁がないという事実だけが虐待の要因となることは考えられない。既述のように、単に生物学的なつながりだけを示す場合以外、血縁がある／ないという表現には、「親子関係には血縁があるのが当たり前」という血縁規範意識が含意されているのである。そして、血縁関係は切っても切れないものであるがゆえに、法的には関係が解消されたとしても、親権を持つ親と非血縁パートナーにとってはその存在を意識せずにはいられない、ということがある。さらに、自分と子どもに血縁はないが、相手と子どもには血縁があるというように、家族のなかに血縁／非血縁関係が混在することも問題を複雑化している。したがって、里親や養子縁組のように両方の親に血縁がないことを予め踏まえた上で構築された関係とは異なる複雑さがある。

（1）主たる虐待者への対応

まず、児童虐待相談対応件数において、実母が主たる虐待者の半数を占めているが、その理由は、父親に比べ母親のほうが子どもといる時間が圧倒的に長いからであり、母親という存在自体が虐待をしやすいというわけではないことに注意する必要がある。母親が子育てのほとんどを担わされるという役割によって、虐待をしてしまうリスクを負わされている、と考えるほうがよいだろう。

そして、相談対応件数における「主たる虐待者」としての実父の割合は、二〇〇四年度あたりから増加傾向にあり、同じように配偶者間のDVの相談件数も法改正にともないそのあたりから増加傾向にある。[8]配偶者へのDVへの延長線上に、面前DVだけでなく、身体的虐待などの子ども虐待があることが考えられる。子どもの年齢にもよるが、通常子どもは暴力を受けている母親の味方になりやすく、それを理由に子どもを虐待することは容易に想像できる。したがって、ＤＶの相談対応と虐待の相談対応が連携し、本人に対するＤＶの申告だけでなく、ＤＶの相談には常に子どもの虐待を視野に入れることが必要である。虐待事件の検挙においても、実父が大きな割合を占めており、早急な対応が必要である。また、非血縁パートナーの存在にも十分な注意が必要である。

実母の世帯状況がわからないため、「主たる虐待者」としての実母にシングルマザーやステップファミリーがどのくらいの割合を占めているかがわからない。中澤（二〇一三）が指摘する、実母が継父に負い目を感じて継父の虐待を黙認するケースがあるように、実母が内縁の夫や交際相手に負い目を感じ虐待を黙認したり、自ら虐待者になってしまうことも考えられる。Daly と Wilson も、実母は継父の「暴力やほったらかしに間接的に関与したか、少なくとも、見て見ぬふりをする」（Daly and Wilson 1988b=1999: 154）と指摘している。もしくは、ＤＶなどの原因によって離婚した場合、実子の何気ない行動によってフラッシュバックが引き起こり、実子と離婚相手である父親との血縁に嫌悪感を抱いて虐待してしまうこともあるかもしれない。

（2）シングルマザーに対するケアの必要性

シングルファーザーの世帯数にそれほど大きな変化はないが、シングルマザー世帯数は、一九八〇年と比較して死別によるシングルマザー世帯は三分の一（五万九三六四世帯）に減ったが、離別によるシングルマザー世帯は二倍以上（六万二万一四世帯）に増加している（総務省 二〇一〇ａ）。[9]

シングルマザー世帯が貧困になりやすいことから、経済的支援を考慮したパートナーや結婚相手を模索することも考えられる。現代の社会情勢を考えると、子どもが希望すれば大学へは行かせてあげたいと思うだろうが、大学卒業までの教育費は大きな負担となる。特に、給付型の奨学金が得られない場合や、私立大学への進学はその負担を増す。「子どものために」という気持ちが、経済的状況との兼ね合いで再婚へと意識を向けさせることもあるだろう。

また、寂しさなどを補うために、自身の交際が優先されるような場合は、子どもが疎ましい存在となり、ネグレクトや非血縁パートナーからの虐待を黙認する、あるいは加担することにもなりかねない。

前節で述べたように、継父としてステップファミリーが形成される前の内縁関係の状態も虐待のリスクが高い。検挙者における養・継父と内縁夫では、養・継父の方が実数としては多い（警察庁 二〇一六）が、養・継父と内縁夫の母数がわからないため、それだけではリスクの比較はできない。

内縁関係の世帯数をはかることはできないかもしれないが、一八歳未満の児童がいるステップファミリー世帯数の把握は必要だろう。母数としては、一八歳未満の児童がいる継父より内縁夫のほうが多い可能性はあるが、同居していても初期においては、お互いの気遣いによってフォローされ、虐待のリスクが潜在化されることもあるだろう。また、交際相手のように同居していない場合は、子どもとの接触機会が少ないことが考えられるため、虐待のリスクが低くなっている可能性がある。しかし、交際関係から内縁関係になったり、ステップファミリーが形成され、血縁のない子どもとの法的な関係が確定されることにより、意識の変化がうまれ、先述のようにしつけの名の下に虐待が行われることもあるだろう。これらのことを検討するためのデータが取られていないこと自体が、非血縁パートナーからの虐待に対するリスク意識がないことを示している、とも言えるだろう。

交際について関与することは難しいが、内縁関係におけるリスクの示唆、再婚やステップファミリーの特性についての情報提供や注意喚起はできるだろう。

（3）ステップファミリーに対するケアの必要性

先述の中澤（二〇一三）がステップファミリーにおける虐待者として、継父母の存在をあげているが、野沢・菊地（二〇一〇）や勝見（二〇一四）が指摘するように、日本ではステップファミリーの研究が少ないだけでなく、その社会的認知度も低い。

中澤が「ステップファミリーにおいては継父による虐待が多いということが特徴である」（中澤 二〇一三：五四）と述べていることを踏まえると、継父および継父の予備軍である内縁夫、交際相手を視野に入れた対応策を検討することが求められる。特に日本では、離婚時に母親が子どもを引き取るケースが八割強[10]であるため、継父／実母型のステップファミリーが多数であると推測できる。子どもがある程度以上の年齢であり、同居していない場合は問題とならないかもしれないが、未成年で同居している子どもがいる場合は、その子どもとの関係形成が必要となる。ステップファミリーが形成される前に、一方の親子関係において血縁がないということをどのように捉えるかをきちんと協議し、良好な関係形成のために双方が協力し合うことが求められる。

右記のように、日本では実父／継母型のステップファミリーの方が少ないことが推測されるが、Martin（2009=2015）によれば、ステップファミリーにおいては、継母のストレスが一番高いという報告もあり、継母／実父型のステップファミリーにおける継母の虐待の割合が高い可能性があることを考慮する必要がある。菊地（二〇〇五）も日本のステップファミリーへのインタビュー調査から、継母が最もストレスを感じやすいことを指摘している。今回使用した厚生労働省と警察庁データでは、どちらにおいても養・継母、内縁の数および割合も少ない。しかし、養・継母、内縁世帯の実数がきわめて少ないのであればそれが見逃されているだけで、実際にMartin（2009=2015）がいうように、継母による虐待リスクはかなり高い可能性はある。

また、Daly と Wilson によれば、同居している継親が二歳未満の子どもを殺す危険は、同居している実親の七〇倍にのぼるという（Daly and Wilson 1988b=1999: 152）。日本においても早急に調査する必要があるだろう。

通常ステップファミリーが形成されるときには、血縁が乗り越えられるものとして捉えられている、と思われる。しかし、実際にステップファミリーが形成されると、自身と継子との血縁意識を乗り越えることの難しさに直面することがある。そのような状況の中で、継親と継子および、内縁者とパートナーの実子の関係についての研究やデータが少ないことは、今後の課題となるであろう。

離婚の増加と再婚の増加にともない、ステップファミリーも増加している。近年、婚姻の四組に一組は再婚[11]といわれており、そのうちどのくらいの割合で一八歳未満の児童を含むステップファミリーが形成されるかをあらわすデータは存在しないが、増加傾向にあることは間違いなく、いずれステップファミリーがごく普通の家族形態とみなされる時がくるだろう。それまでに、ステップファミリーの先進国といわれるアメリカの研究を参照しながら、日本社会におけるステップファミリーの研究を進める必要があるだろう。そのためには、これまでの既存調査だけでなく、遺伝子研究の進展や血縁意識を問うものを含めて行い、家族支援を再考することが求められる。

（4）望まない妊娠／計画していない妊娠

「望まない妊娠／計画していない妊娠」は、妊娠先行型の結婚となるケースもあり、特に母親が10代の場合は離婚する確率が高い。10代の妊娠先行型の結婚では、子育てについての話し合いが十分にされている可能性も低いことが予測され、それが虐待や離婚の要因ともなりうる。また、離婚した場合、年齢が若いほど新たな交際や再婚の確率も高くなるため、非血縁パートナーがかかわる子育てについての支援策が求められる。その際、交際関係が優先されると、子どもが疎ましい存在となることもある。また、既述の、元パートナーへの憎悪が子どもへの虐待の要因となり殺害に至ったケースに見られるように、「望まない妊娠／計画していない妊娠」が子どもへの虐待のリスクとなりうることを考慮する必要がある。第3章で触れた、性産業に従事していたあるインフォーマントの客の子どもが出来てしまったことに対する「私の嫌いな人種の子だから、かわいいとは思えない」（白井 二〇一四：六七）という意識は、虐待につながる可能性がある。

したがって、「望まない妊娠／計画していない妊娠」に対する支援においても血縁という視点を検討すべきである。

（5）虐待における血縁あるいは血縁意識の影響をはかるために

まず、現代社会において、人びとの親子関係における血縁規範意識がどの程度なのか再確認してみる。日本において、血縁意識に主眼をおいた調査はこれまで行われていないが、第2章でも述べたとおり、厚生労働省が行った「生殖補助医療技術についての意識調査二〇〇三」（厚生労働省 二〇〇三）では、ひとつだけ親子関係における血縁意識を問うた設問がある。その結果、およそ半数が「血は水より濃し（親子関係は血のつながりが大切）」と回答しており、一般的な血縁規範意識は強いように見える。

親子関係における血縁が重要であるという意識は、非血縁親子間に軋轢をもたらす可能性がある。非血縁パートナーの血縁意識により、元のパートナーの血を引き継ぐ子を疎ましく思ったり、子どもがなつかないことを血縁関係に還元したり、自分の子どもではないので養育する気になれない、と考えることもありうる。もし、非血縁パートナーの虐待に血縁意識が関与しているのであれば、これまでの貧困や育児ストレスなどの血縁者と非血縁者を分節しない視点では対応策が提示できない。

さらに、元パートナーとの血縁を嫌悪する可能性は、非血縁パートナーだけでなく、実親にもある。それは、元パートナーへの怒りや憎悪などがある場合、血縁が「切っても切れない」からこそ、子どもに元パートナーの姿を見てしまう可能性があるからだ。

では、虐待において血縁（意識）が影響しているかを検討するためには、何が必要とされるだろうか。

ひとつは、虐待に関するデータの取り方の改善が求められる。厚生労働省データは、虐待者を「主たる虐待者」として扱っているため、それぞれのケースにおいて、「主たる」以外の虐待者が見えないのである。さらに、厚生労働省データにおける実母の婚姻状況が不明であり、実父との核家族なのか、継父とのステップファミリーなのか、シングルマザーなのか、その場合、交際相手がいるかどうかなどの状況がわからないため、非血縁パートナーがどれだけ、どのように関与しているかを把握できない。また、先述のように内縁関係でない実親の交際相手による虐待は、実親のネグレクトとして分類されてしまうという問題がある。さらに、警察庁データも交際相手は「その他」として祖父母などと一緒に扱われるため、非血縁パートナーとしての交際相手の存在が漏れてしまう。厚生労働省データと警察庁データにおいて、期間、虐待者の属性の扱いを統一し、交際相手も独立分類として扱うことにより、非血縁パートナーという新たな分析視点が獲得できる。

したがって、子ども虐待に関する調査は、「主たる虐待者」だけではなく、すべての虐待者を把握し、その理由、虐待者の世帯員または内縁関係、経済状況などさまざまな視点から捉え、それらを系統ごとに分類し、支援策を検討することが必要とされる。

次に、非血縁パートナーからの虐待ケースの検討である。厚生労働省と警察庁が協力し、特に虐待事件における継親や内縁者、交際相手の虐待理由や背景を精査し、血縁（意識）が影響しているかを把握する必要がある。厚生労働省では二〇〇五年から「子ども虐待による死亡事例等の検証結果等について」を出しているが、主たる加害者における母親の交際相手の割合が一番高かった第五次報告（厚生労働省 二〇〇九）でも、若干の事例が紹介されているだけで、血縁意識などの細かな検証はされていない、と思われる。第一一次報告（厚生労働省 二〇一五b）では、母親の交際相手による乳幼児揺さぶられ症候群における加害動機として、「しつけのつもり」との報告があるだけであり、第一二次報告（厚生労働省 二〇一六）では、継母による身体的虐待により死亡した事例の紹介、養父による身体的暴力と自殺教唆の事例紹介および対応策の検討はあるが、そこには血縁という視点は見られない。二〇一八年には、通常の第一四次報告に加え、被害女児が書いたとされる「反省文」が社会に衝撃を与えた、養父による五歳児の虐待死のケースのみを個別事例として検証している。しかしながら、その検証において、血縁意識という視点が見られないだけでなく、そもそもリスクアセスメントにおいて養父が指導の対象となっていなかった（厚生労働省 二〇一八e）。もし、この事例の背後に血縁意識が関与しているのであれば、その問題を正面から捉えない限り、同様のことが繰り返されるのである。直近の第一六次報告でも、養父が男児に身体的虐待を行い死亡させた事例が取り上げられているが、上記の個別事例と同様に血縁という視点からは検証されていないだけでなく、関係機関が養父から直接話を聞いておらず、リスクアセスメントの対象となっていなかった（厚生労働省 二〇二〇）。

したがって、虐待者の検挙において、血縁意識を問うような取調べも行われるべきではないだろうか。養・継親と内縁者、交際相手の虐待理由に違いがあるのか、そして、児童相談所の相談対応においても、「主たる虐待者」としての実親の世帯状況（シングルペアレントやステップファミリー、内縁関係など）や、交際相手がいるかどうかを把握し、実親の虐待に非血縁パートナーが関与していないかを精

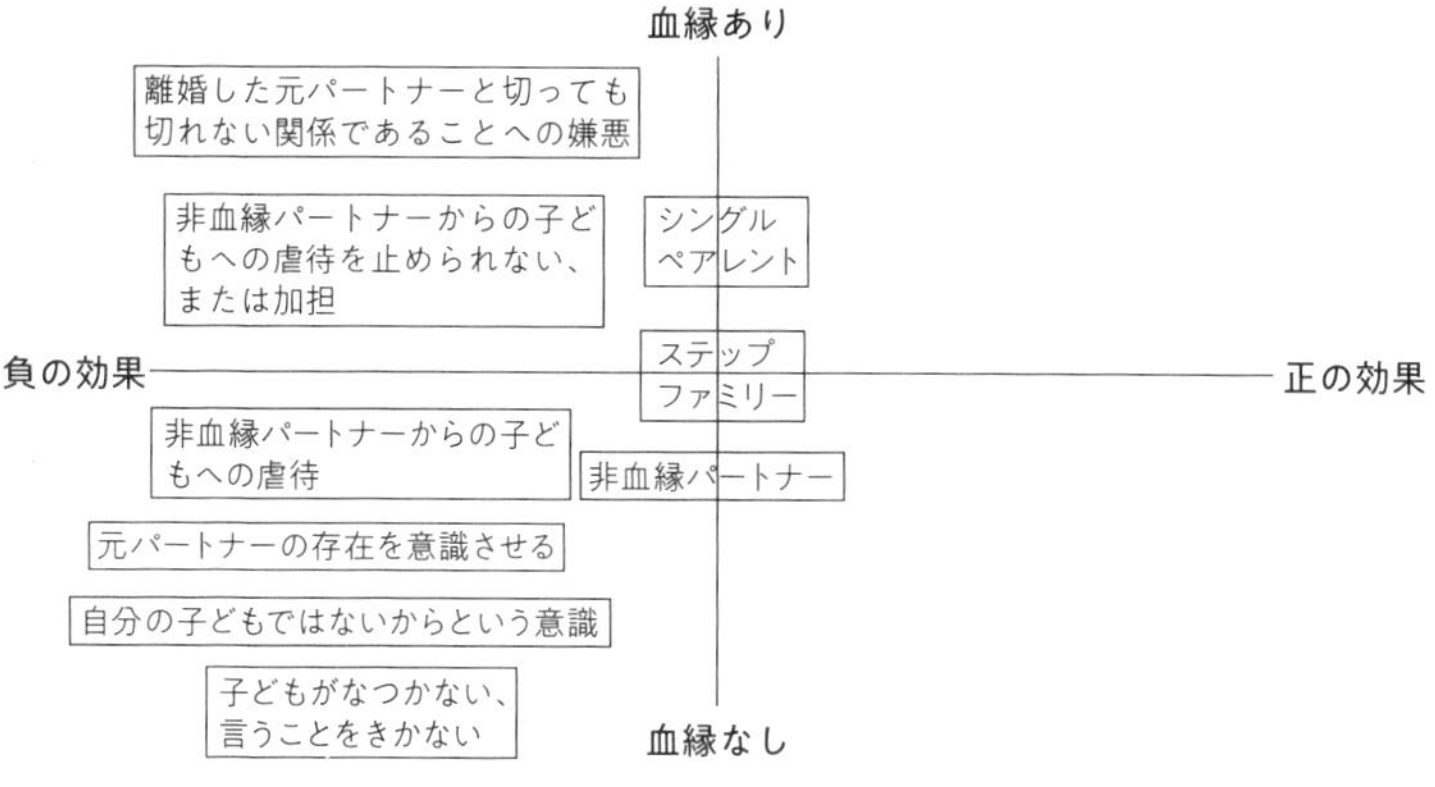

図6-6　虐待における血縁の効果

注）ここでは、血縁／非血縁親子関係とシングルペアレントに着目しているため、一般的血縁家族における虐待との関連は含まない。

査し、対応策を検討する必要がある。

また、先述のように、実親の虐待に、元パートナーとの血縁という「血縁があること（切っても切れない）」がもたらす憎悪が要因となるものもあることを考慮する必要がある。

以上のように、本章では、子ども虐待における非血縁パートナーからの虐待について、血縁（意識）という視点から検証を試みた。その結果、非血縁パートナーからの虐待には、血縁（意識）が関与している可能性が高いにもかかわらず、現在の対応において血縁（意識）という視点がないことが明らかとなった。そして、「血縁がない」ことだけでなく、「血縁がある」という「切っても切れない」関係であることが、実親からの虐待の要因になることがあることも確認できた。本章で見てきた血縁の効果を**図2−2**に当てはめると、**図6−6**のようになる。

非血縁パートナーからの虐待は、シングルペアレントに新たな交際相手ができることから始まる。そしてその時点で、実親及びパートナーが子どもをどのように捉えているかが重要となる。実親が新たなパートナーとの関係において、自身に子どもがいることを負い目に感じたり、パートナーとの関係を優先するがために、実子を疎ましい存在だと感じてしまうと、パートナーと子どもの良好な関係形成を困難にし、虐待の要因ともなりうる。さらに、パートナーからの虐待を止められなかったり、自身も虐待に加担してしまうかもしれない。そして、パートナーと子どもの関係がきちんと構築される前にステップファミリーが形成されると、パートナーの親意識が強化されることにもなり、子どもが理不尽と感じるようなしつけが行われ、それに従わない子どもに苛立ち虐待につながる可能性もある。また、子どもの容姿や言動が元パートナーの存在を想起させるような事態は、自身の嫌悪感を惹起させる可能性だけでなく、新たなパートナーに元パートナーの存在を意識させることにもつながり、そのことが虐待の要因となることもある。

このように、血縁がある／ないことへの負の意味づけが強化されると、虐待の要因となることが見てとれる。そしてそれは、人びとが、血縁がある／ないことにどのような意味づけをするかにより変容する。判例にも見られたように、血縁（意識）が虐待の要因となることがあるのである。虐待の防止を唱えるのであれば、血縁（意識）をひとつの視点として取り入れるべきである。

注

（1） 大分地方裁判所、二〇〇三、「平成一五（わ）三三　傷害致死」。広島高等裁判所、二〇〇五、「平成一七（う）八〇殺人」。福岡地方裁判所、二〇〇一、「平成一三（わ）一三五傷害致死」。

（2） 厚生労働省データは年度ごとのデータであり、警察庁データは年ごとのデータである。また、厚生労働省データでは、「実父以外の父」の下位分類はなく、警視庁データでは、父親等の下位分類として、「実父」「養・継父」「内縁」「その他」と分類されているが、本章では血縁関係を論点にしているため「養・継父」「内縁」

を同一分類とし、厚生労働省データの「実父以外の父」と同等のものとして扱う。また、「実母」「実母以外の母」についても同様の扱いとする。

(3)　本章では、「主たる虐待者の推移（児童相談所）」（厚生労働省　二〇一五a：一〇）及び「児童虐待の現状」（厚生労働省　二〇一四）データを組み合わせ再編している。二〇一四年度データでは、それまでの「主たる虐待者」という分類ではなく、「虐待者別」の分類となっているが、データを見る限り、同じ区分で分類されていることと、その割合が本章の分析において影響がないと考えられるため、二〇一四年度データも「主たる虐待者」として扱う。

(4)　「児童虐待の防止等に関する法律第六条（児童虐待に係る通告）」において、通告対象が「虐待を受けた児童」から「虐待を受けたと思われる児童」に改められた。

(5)　検挙においては、殺人、傷害、暴行を身体的虐待として比較している。

(6)　本章では、血縁関係を軸にしているため、養・継父、内縁をまとめて扱っているが、警察庁データでは、養・継父と内縁をわけており、ここでは、同年の内縁夫の検挙者数六四人を使う。

(7)　これは統計的に有意であるかどうかを検証するものではない。状況や背景、母数の違いなど、正確に比較できるデータがそもそも存在しないため、統計的な検証はできない。しかしここでは、非血縁パートナーという視点を考慮することの重要性を示すために、既存データから仮定による検証を試みる。

(8)　平成二七年「配偶者からの暴力に関するデータ」内閣府男女共同参画局。

(9)　八万八六八九世帯（二〇一〇年）。

(10)　総務省統計局　平成二七年人口動態調査　上巻　離婚　第10・10表「親権を行わなければならない子をもつ夫妻別にみた年次離婚件数及び百分率」より。

(11)　厚生労働省厚生統計要覧（平成二七年度）第一編　人口・世帯　第2章　人口動態「第1―36表　婚姻件数、年次×初婚・再婚の組み合わせ別」より。

第7章 人びとの血縁意識とは――考察

本書は、親子関係における血縁（意識）を図2―2の枠組みを用いて、児童養護施設、里親、特別養子縁組、ステップファミリーという非血縁者が関与する子どもの養育、そして、シングルマザーへのインタビュー調査、大学生へのアンケート調査、さらに、生殖補助医療、子ども虐待から検討してきた。

ここで、先行研究の問題を再確認すると、これまでは、親子関係における血縁とアイデンティティが分節されて捉えられていること。生殖補助医療や里親や養子縁組などのそれぞれの事象における親子（養育）関係の血縁には焦点が当てられたが、親子（養育）関係における血縁（意識）から、それぞれの事象が検討されることがなかったこと。さまざまな親子（養育）関係における血縁（意識）がどのようなものであるか、ということが検討されなかったこと。そしてそのために、それぞれの事象における血縁（意識）がかかわっていると考えられる問題に、その対処法を提示することができなかったことである。

そこで本章では、第3章から第6章までの分析を総合的に考察することにより、上記の問題への回答を提示する。特に、これまで議論されてこなかった、血縁意識とアイデンティティに焦点を当てながら、考察していきたい。

1　潜在化されている血縁意識

第4章で見たように、親子関係における血縁は「非常に重要である」と思っている人たちが、DNA鑑定で親子に血のつながりがないとわかったとしても、いままで暮らしてきた両親を選択しており、多くの人がこの矛盾するような血縁意識を違和感なく共存させているように見えた。それは、多くの人びとが自身の血縁意識を問われるような機会に遭遇していないことや、自身の血縁意識に自覚的ではないことがもたらしていると考えられる。通常人びとは、自身の血縁意識が自分の問題として問われる機会に遭遇しない限り、それを正面から捉えることはしない。したがって、一般論として血縁を考慮するときには、状況に依存しており、血縁（意識）の全体像からその問題を捉えていないため、それが矛盾していても気づかないこともあるだろう。しかしそれは、血縁意識が弱いということではなく、血縁意識が潜在化されているがゆえに、自身の血縁意識に自覚的ではないということである。そして自身が、離婚、再婚、不妊などの血縁意識を問われるような機会に遭遇したときに、潜在化されていた血縁意識が顕在化され、自身の血縁意識を自覚させられるのである。

そしてこれは、第2章で述べたターンら（二〇一九）が指摘している「遺伝的つながり」と「社会的つながり」に対する潜在的態度と顕在的態度と同様のものであると見ることができる。つまり、顕在的態度としては「社会的つながり」（いままで暮らしてきた両親）を重視しており、潜在的態度としては「遺伝的つながり」（血縁は非常に重要）を重視しているが、それを「意識的か非意識的か表出しない」（自覚的でない）のである。

では、この学生アンケート調査に見られた、家族であることにとって血縁が「非常に重要である」

ということは、どういうことなのだろうか。それは、第4章で見られた、DNA鑑定の結果両親と血がつながっていないことが発覚した時に、親子関係が変わると回答した人の理由に、「親子ではないから（他人と思う）」「血のつながりが重要」というものがあることから、本当に重要だと思っている人もある程度いることがわかる。けれども、それ以外の多くの人は、通常親子には血縁があることや、一般的にそう思われているということから「非常に重要である」と思っているが、実はその血縁意識は状況依存的なものであると考えられる。だからこそ、家族であることにとって血縁が「非常に重要である」と回答しながらも、半数以上の人がDNA鑑定の結果両親と血がつながっていないことが発覚しても「いままで暮らしてきた両親」を選択したのだろう。

では、親子関係における血縁は重要ではないのだろうか。その答えは、AIDで生まれた人たちの語りから捉えることができる。親子関係における血縁は、自身のアイデンティティ形成における「自分が何者である」ことを証明する「ルーツ」として重要なのである。

血縁は、実質的につながっていること自体が効果をもたらすわけではなく、「つながっている」ということがもたらす、「切っても切れないもの」という概念により、あるときは「安心感」や「紐帯」として、またあるときは「嫌悪感」や「憎悪」として捉えられるという表裏一体なものとなるのである。したがってそれは、生殖家族において、婚姻中に限らず離婚しても自身が子どもとつながっているという連帯意識（安心感）となることもあれば、別れた元パートナーは離婚により関係が完全に解消されるが、子どもを介してはつながっており、それは解消することができない。たとえ離別後に一切会うことがなくとも、その事実を完全に忘れることはできないだろう。

また、定位家族としては、親との連帯意識（安心感）となり、親に対する依存度を高めるものとなることもあれば、親との関係が悪化したときには、第5章で述べたような「親の血を抜きたいぐらい」なものとなることもある。そして、血縁という「切っても切れないもの」があると思っていたら実はなかった、というＡＩＤの事実がもたらす親子関係への影響もある。

これまで当たり前のものとして問われることがなかった血縁が、ＡＩＤで生まれた人たちが父親探しをすることや、離婚後の元パートナーと子どもとのつながり、ステップファミリーにおける非血縁親子関係、そして近年の生殖補助医療における配偶子提供や代理出産などの登場により、意識せざるを得ない対象となった。

過去に血縁がそれほど重視されなかった時代があったのは、「家」の方が重要視されていたことだけでなく、遺伝子にかかわる情報が現代のように確立されていなかったこともある、と思われる。しかし、親子間における遺伝的なつながりが明らかになればなるほど、それを意識しないことの方が難しいと言わざるを得ない。

通常私たちは、自分の両親との血縁に何の疑いを持たずかつ、親の愛情を感じ、良好な関係を維持できていれば、親と血縁がなかったら、などと想像することもないだろう。

しかし、学生アンケート調査にも見られたように、ＤＮＡ鑑定の結果両親と血がつながっていないことが発覚した時に、本当の親のことを知りたいと希望する人も当然出てくる。また、ＡＩＤで生まれた人の中には、その事実を知るまでまったく疑わなかった人もいる。そしてその事実を知った衝撃は、親に真実を伏せられていたことだけでなく、自分の本当の父親が誰かわからないことにもある。学生アンケート調査において、血縁がないとわかっても、結果として現在の親を選択することはある意味当然かもしれない。けれども、子どもの取り違えという事実を突如知って、衝撃を受けなかったり、実親のことがまったく気にならないということなどありうるのだろうか。

「親子に血縁があることは当たり前」という意識は、そのことを問うこと自体を退ける。つまり、「自身と親の間に血縁がなかったら」ということを想像することすらないだろう。であるからこそ、それが覆されたときに想像を超える衝撃や事態をもたらす。親子関係における血縁が当たり前ではなくなりつつある今こそ、それを問うべきではないだろうか。

では、これまで親子関係における血縁がある／ないことが議論されたにもかかわらず、なぜ血縁意識が議論の対象とされてこなかったのだろうか。

血縁や血縁意識は、優生学にもつながるため、社会学の議論の俎上に上がらなかったことも考えられる。高橋征仁は、以下のように述べている。

　第二次世界大戦後の社会学は、社会ダーウィニズムや優生主義への反省から、人間社会にかかわる進化論的アプローチをタブーとしてきた。そして、人間の系統発生的基礎や遺伝的多様性については全く触れずに、文化的・社会的要因だけで人間行動や人間社会を説明しようと腐心してきた。（高橋 二〇一三：一〇九）

定位家族と生殖家族、離婚、再婚、養子縁組、里親、生殖補助医療など血縁意識が顕在化される機会はさまざまであるが、血縁意識が潜在化されているがゆえにそれらが連結されて思考されることはほとんどなく、それぞれのケースごとに捉えられていることが血縁意識における自己矛盾などを気づかなくさせている、と考えられる。したがって、多くの人は自身の血縁意識に自覚的ではないだろう。

離婚、再婚の増加や不妊問題など、これからはそのような潜在化されている血縁意識が顕在化される機会が増えることが予想される。そのような状況において、安易な判断や誤った選択をしないためにも、血縁と血縁意識について検討するべきであろう。

2　血縁とアイデンティティ

血縁とアイデンティティの接続は、定位家族と生殖家族において異なる。たとえば、第三者がかかわる生殖補助医療では、それを利用する人たちの子どもとの血縁に対する意識と、それによって生まれてくる人たちの血縁に対する意識は、定位家族、生殖家族としての違いにより、齟齬をもたらす。それは、双方にとって親子関係における血縁が含意するものが異なることによる。

(1) 血縁と子どものアイデンティティ

振り返ってみれば、生殖補助医療は、何らかの形で親と子どもの遺伝的なつながりを獲得するためのものである。本来の生殖は、男女のカップルにおける生殖行為により、その女性が妊娠・出産するというものである。これが自然なものとして捉えられているがゆえに、生殖補助医療の現場では、不妊の原因となっている症状により、この自然な状態に一番近い結果が目指されるのである。

学生アンケートの結果においても、不妊治療を選択する理由は、男女とも「血のつながりのある子が欲しい」が一番多かった。

この背景にあるものは、右記のように自然な生殖の結果により近いものを求めることばかりではない。それは、血がつながっていることがもたらす紐帯の強化であったり、里親養育でも見られたように、養育における問題を血縁がないことに還元してしまうことへの忌避であったりするだろう。さらに重要な要素として、血縁がアイデンティティ形成と接続されていることにある。

Amartya Sen は、アイデンティティ意識について以下のように述べている。

アイデンティティ意識は、ほかの人びと、つまり隣人や同じ地区の住民、同胞、同じ宗教の信者などの関係を強め、温めるうえで重要な役割を果たす。特定のアイデンティティに関心を向けることによって、われわれは連帯感を高め、お互いに助け合い、自己中心的な営みを超えた活動をするようになる。(Sen 2006=2011: 17)

通常、親子は血縁を媒介として実親子というアイデンティティを形成する。そして、それが「切っても切れないもの」であることがその関係を強固にする。したがって、AIDで生まれた人たちが、「切っても切れない関係」であると信じていた父親とは血縁がなく、さらに、実の父親は誰かわからないと知ったときに、自身の半分を失ったような喪失感に襲われるのではないだろうか。第2章で述べたようにAIDで生まれたという事実がもたらす衝撃として、自身のアイデンティティが揺らぐ、という体験が見られる。

さらに、Sen は以下のように述べている。

アイデンティティ意識は人びとを温かく迎える一方で、別の多くの人びとを拒絶しうるものであることも、あわせて認識しなければならない。住民が本能的に一致団結して、お互いのためにすばらしい活動ができるよく融和したコミュニティが、よそから移り住んできた移民の窓には嫌がらせのために煉瓦を投げ込むコミュニティにも同時になりうるのだ。排他性がもたらす災難は、包括性がもたらす恵みとつねに裏腹なのである。(Sen 2006=2011: 17-8)

親子というアイデンティティが血縁という「切っても切れないもの」によって形成されるとすることは、すなわち親子というアイデンティティを非血縁者間に形成することへの排他性を強めることとなる。里親、養子縁組、継親子のような非血縁親子関係においては、血縁を媒介とした親子関係ではないがゆえに、血縁親子のようなアイデンティティ形成ができないことになる。

これらの背景には、血縁家族規範があることがうかがえるが、それだけでなく、遺伝子研究により、子どもは親から半分ずつ遺伝子を引き継ぐことが常識となりつつあることや、多くの遺伝的特性（病気、身体的特徴や性格など）をも引き継ぐことが知られるようになり、自分の構成要素の半分は親からもたらされたものである、と意識させられるようになってきていることもあるだろう。まさにそのことが、血縁とアイデンティティを接続させており、ＡＩＤの事実を知った人たちに自分の半分を失ったような感覚をもたらすのである。

シングルマザーへのインタビュー調査からも、定位家族における親との関係において、血縁がアイデンティティと接続されている語りが見られた。それは、血縁があることに嫌悪感を抱くものであったり、自分の「ルーツ」としての親との血縁である。

古澤は、幼年養子縁組における子どもへのテリング（真実告知）の効果として、「子どもが自分のルーツを知ることによって、自分がこの世の中に存在していることにアイデンティティを抱けるようになる」（古澤 二〇〇五：二二）と述べている。

一般的に、アイデンティティ形成における愛情や承認は他者からもらうものであるが、自分が何者（誰）であるかというアイデンティティを確立するには、自分の出自の証明である実親の存在が必要なのである。自分の親が誰であることがわかることにより、自分がどこから来た（誰の子どもである）というアイデンティティが獲得できる。ただ、これまで見てきたように、ＡＩＤにおいては、本当の親が誰かがわかることだけでは、問題の解決にはならない。

また、何の根拠もない、親が犯罪者というようなことが遺伝子に還元され、子どものアイデンティティに影響を及ぼすこともある。血縁が遺伝子やＤＮＡという言葉に置き換わりつつあることの背景には、単なる血によるつながりではなく、半分ずつ引き継ぐ自分の構成要素をもたらす存在としての親、と捉えられていることがあるのかもしれない。

（２）血縁と親のアイデンティティ

さらに、この血縁とアイデンティティの接続は、子どもたちのアイデンティティ形成に影響するだけでなく、親のアイデンティティ形成にも影響を与える。たとえば、子どもができなかったり、子どもに障がいがあった場合には、アイデンティティが揺るがされることがある。それは、不妊に含意される自分の血縁を残せないという事実がもたらすアイデンティティの揺らぎであったり、障がいのある子どもが生まれた時にそれが遺伝子と接続された場合に、その原因が自分にあるかもしれないという親が感じるアイデンティティの揺らぎである。

血縁（遺伝子）と親のアイデンティティの接続は、子どもの障がいに対するジェンダー差とも関連している、と思われる。第４章でみた、血縁「重要群」における子どもの障がいについての男女のスタンスの違いの背景には、ジェンダー差があるのではないか。

しかし、要田洋江が、「わが子が障害をもつことを知った親は、例外なく大きなショックに見舞われる」（要田 一九九九：一三七）というように、父親だけでなく、母親もショックを受ける。ある母親の「主人の方が、なんか［検査の］結果が出たとたんに、子どもに会いに来なく」（要田 一九九九：一四〇）なり、「自分の子どもがハンディを持っている子だと分かって劣等感を感じているみたい」（要田 一九九九：一四〇）という語りに見られる父親の態度にも、隠そうという意識やきちんと認識することを避けようとする傾向が見られる。障がい児がいるということがもたらす人びとの視線に対して、自身の対応を考慮せねばならず、「多くの親は、アイデンティティ管理（相互作用の場面で、自分の立場を護る）の方法として、子どもを家に〝隠す〟という『印象操作（パッシング）』を選択する」（要田 一九九九：一四〇）という。

このような父親のスタンスは、生殖補助医療であるＡＩＤにも見てとれる。大日向雅美は「原因が自分にあると知ったとき、夫が自分の機能の欠陥に傷つくというケースは案外多く、この場合の問題はいっそう深刻な様相を呈するのではないかと思われた」（大日向 一九九二：一八〇）と述べている。実際には、不妊の原因は男女間における差はあまりない（小西 二〇〇二：三一－三）。しかし、これまで不妊は女性の問題とされ、検査を受けるのは常に女性が先であり、男性が検査を拒むことが多かった。石川智基によれば、男性の不妊は「男のプライド」との関係もあり、受診を拒否したり、治療に非協力的になるケースがあるという（石川 二〇一一：二八－三五）。また石川は、「自分たちの遺伝子を持つ子供が持てない」ということが大きな逸脱感と喪失感をもたらすという（石川 二〇一一：一三五）。不妊という事実が当事者のアイデンティティ形成に影響を及ぼしていることがわかる。

血縁規範意識の強さは、血縁を介した「実親子というアイデンティティ」を強化させるが、子どもの問題が遺伝子に還元される時、男性はそれによって自身の尊厳が揺るがされるという恐怖を感じるのかもしれない。そして、それを頑なに拒否することにより自身の尊厳を護っているのかもしれない。

また、生殖補助医療の進展は、さらなる親の複数性の問題をもたらしている。ＡＩＤは父親の複数性のみであるが、提供配偶子と代理出産により、父親だけでなく母親の複数性をも生み出している。このような親の複数性や出自の複雑性は親と子どものアイデンティティ形成にどのような影響を与えるのだろうか。ＡＩＤの例に見られるように、真実告知だけでは問題の解決にはならないことを留意すべきだろう。

さらに、第4章の学生アンケートで「将来子どもを持ちたいですか？」に「そう思わない」と回答した女子学生の理由に「自分の嫌な性格を子どもに遺伝させたくない」(三件)というものがあったように、自分が子どもを持つことを否定させるようなアイデンティティが形成されることもある。

(3) 血縁と遺伝子の距離化と親子関係における信頼

では、以上の問題にどのような対処法が考えられるだろうか。

Spector は、以下のように述べている。

> 遺伝子的に見ればクローンである一卵性双生児が、互いと非常に異なっていて、遺伝子はそれほど重要でないと感じているという事実は、人間が自己アイデンティティをどう捉えているかを理解する手がかりになるだろう。(Spector 2012=2014: 352)

双子の研究やエピジェネティクスに見られるように、遺伝子の発現パターンには多様性があり、親から引き継いだ遺伝子が同じように発現するとは限らない。また、生殖細胞が形成される時の減数分裂におけるシャッフルが、きょうだい間に違いをもたらすように、親からどのような遺伝子を引き継ぐかはわからない。

したがって、親から遺伝子を引き継ぐということは、事実としてエピジェネティックな要素を持った遺伝子を引き継ぐということ以外何もない。

では、なぜ人びとは血縁にこだわるのであろうか。それは、遺伝子によって「つながっている」ということ、すなわち血縁が「切っても切れない関係」であるということがもたらすさまざまな問題と関係しているからではないか。「切っても切れない関係」であることが、お互いを切り離すことなく、安定した信頼関係の継続の保証として捉えられている可能性をこれまでの分析においても見てきた。けれども実際には、親子における信頼は、血縁ではなく、一緒に過ごした時間の長さ、濃密さ、そしてどのような関係性が構築されたかに左右される。たとえ親子に血縁があっても、良好な関係が構築できなければ、実親からの虐待問題に見られたように、信頼関係を構築することは難しい。また、ステップファミリーや養子縁組の成功例のように、親子に血縁がなくても、良好な関係が構築できれば、強固な信頼関係となることもある。ただ、親子関係における血縁は「切っても切れない」がゆえに、それ以外の関係のように、簡単に解消することができない。だからこそ、信頼関係の保証のように捉えられることがあるのだ。

信頼について、Giddens は、次のように述べている。

> 信頼とは、人格発達における重要な一般的要素であり、……その一般的な発現段階においては、幼児期の存在論的安心の感覚の獲得と結びついている。幼児と養育者とのあいだに成立する信頼は、日常生活の最も平凡な活動さえもが含んでいる潜在的脅威と危険とをシャット・アウトする「予防接種」となる。この意味での信頼は、日常的な現実への対処において自己を守る「保護皮膜 protective cocoon」にとって基礎的なものである。（Giddens 1991=2005: 3）

このように、一般的には養育者と子どもの間に信頼関係が形成される。そしてその信頼は、血縁によってもたらされるわけではない。

では、この「保護皮膜」をうまく形成できなかった子どもには、どのようなリスクがあるのか。Giddens は、以下のように述べている。

幼い頃に十分に基本的信頼が発達しなかった人の生活につきまとうかもしれない非現実感には さまざまな形態がある。たとえば対象—世界や他者が影のような存在に感じられることもある。あるいは自己アイデンティティが継続するという明確な感覚を維持できないこともある。(Giddens 1991=2005: 47)

以上のように、幼少期における親との信頼関係の構築がうまくできなかったことが、アイデンティティ形成に影響する。

学生アンケートの結果[1]にも見られたように、実際には、親子関係における信頼は血縁ではなく、一緒に過ごした時間の長さ、濃密さなどにより構築されている。だからこそ、良好な関係により信頼が構築されていれば、もし両親と血縁がないとわかったとしても、現在の両親を選択するのである。であるならば、血縁が自分の「ルーツ」であること以外には、自身の構成要素に関与するとしても遺伝子の発現はさまざまであり、関係の安定を保証しないことが理解できれば、血縁に対するこだわりからの距離化が可能になるのではないだろうか。血縁に対するこだわりからの距離化ができれば、血縁に依拠しない親子の信頼関係の構築が模索されることになる。そしてそのために、どのような知識や制度やサポートが必要とされるかが議論の対象となる。

たとえば、子どもが生まれたときから親子が一緒に過ごせば、子どもにとって親は依存の対象となり、それにこたえることによって信頼が獲得される。ただ一緒に過ごすのではなく、親から子どもへの積極的かつ、良好な関係形成へのコミットメントが信頼関係構築の重要な要素となる。虐待の多くは、このようなコミットメントの欠如によるものである。親から子へのコミットメントを阻む要因は、貧困や意図しない、望まない妊娠、離婚、再婚などさまざまであり、ケースごとの支援体制の拡充が求められる。

そして、第3章で述べたように、実親との間に信頼関係を形成することができなかった人たちは、親の代替としての人的ネットワーク、すなわちGiddensのいう純粋な関係性を模索するが、それは個人間の相互信頼に依拠しており、それについてGiddensは、以下のように述べている。

> 純粋な関係性における個人的絆は、そのような性質[2]を剝ぎ取られることで、新たなかたちの信頼を要求する――それが他者との親密な関係を通して構築される信頼に他ならない。そのような信頼は、個人が他者に心を開くことを前提とする。というのも、他者がコミットしており、自分への敵対心をなんら心に抱いていないということを知ることが、外的支柱がほとんど不在である場合には信頼の唯一の枠組みであるからだ。（Giddens 1991=2005: 107-8）

そのため、「信頼は精を出して獲得されなければならないものである」（Giddens 1991=2005: 107）がゆえに、児童養護施設退所者にとって自分の出自を明かさなければならない状況を生み出し、新規の人的ネットワーク獲得に躊躇してしまうのである。そのため、退所までに築いた関係性に依存することが多く、その中でも施設職員や当事者支援団体が親の代替としての大きな位置を占めることとなる。ただ、その関係は、血縁によるものではなく、これまでの養育関係や当事者同士という関係性によるものであるため、より純粋な関係性に近いものとなりかつ、職員や当事者支援団体の方からその関係を解消するようなことがきわめて起こりにくい、という安定性がある。

したがって、実親子関係においても血縁に依存しない信頼関係の構築、すなわち純粋な関係性が求められるのである。

3 血縁がある／ないことがもたらす正／負の効果と信頼関係の構築

個人間の相互信頼ということでは、非血縁親子関係においても同様のことが言える。里親や養子縁組においては、養育者双方に子どもとの血縁がないことが前提とされているため、子どもの養育におけるコミットメントは強い。ただその一方で、既述のように、養育における問題が「血縁がない」ことに還元されるリスクがある。そして、そうなった場合には、関係の終結に至ることもある。

里親、養子縁組、継親子のように、生まれたときから一緒に過ごすとは限らない非血縁親子関係における信頼関係の構築には、慎重なコミットメントが求められる。それは、子どもの年齢や性格、ジェンダーにより、求められるものが異なるからである。子どもがある程度の年齢になり、実親や血縁を意識できるような場合には、積極的なコミットメントが状況を悪化させることもあるだろう。場合によっては、ある程度の距離を保つことが信頼関係の構築につながることもある。したがって、非血縁親子関係においても、ケースごとの状況に応じた信頼関係構築のためのコミットメントが必要となるであろう。

ステップファミリーにおいては、問題はさらに複雑になる。それは、先に述べたように、ステップファミリーには、親子関係において血縁がある／ないことが混在するからである。第3章の**図3―1**で示したように、ステップファミリーには四象限のすべての要素があり、それが構成員それぞれによって変わるため、問題の捉え方が立場によって異なることがある。そのような状況における信頼関係の構築には、さまざまな困難がともなう。野沢が指摘しているようなステップファミリー形成における留意点を考慮せずに、初婚家族を想定し安易にステップファミリーを形成することの危うさを知る必要がある（石原編 二〇〇八：二二五－二四二）。親子関係の多様化が進んだ現代社会においては、血縁や遺伝子などのような所与のものに依存しない信頼関係やネットワークの構築が求められる。

また、第5章で述べたように、ステップファミリー形成過程において、シングルペアレントの存在がある。シングルペアレントの再婚は必ずステップファミリーを形成するため、シングルペアレントにおいても血縁が考慮されるものとなる。それは、新しく形成されるステップファミリーの継親子関係における血縁だけではなく、子どもの実親である元パートナーと子どもの血縁もである。シングルマザーへのインタビュー調査にも、実子と継子への対応の平等性や、自分の子どもでない（血縁がない）ということがもたらす対応そのものの難しさが語られていた。それは、第5章第3節（4）④の語りにおける「子どものどんなところでも受け入れられる」ことは、血縁のある自分の子どもだからであり、すなわち、血縁のない「子どものどんなところでも受け入れられる」ことが難しいことを意味していると思われる。さらに、継父を「お父さん」と呼びなさいと言われ「すごい嫌だった」という自身の体験から懸念するケースもある。

初婚夫婦関係が良好な時は、子どもは両者の遺伝子を引き継ぐ愛情の結晶というかけがえのない存在であり、少し前までは「子は鎹」というように、関係が多少悪化してもそれをつなぎとめる存在としての血縁親子関係があった。しかし、既述のように、親が不仲で一緒にいるよりは、離婚したほうが子どものディストレスが低いことなども明らかとなった（稲葉 二〇一三）。そして、離婚に対する抵抗感が弱まり、離婚は増加した。

その結果として、離婚が元パートナーと子どもの血縁を、愛の結晶から忌避するものへと変容させることがあることも見てきた。そしてそれは、離婚の原因に左右される。親子には血縁という「切っても切れない」つながりがあるが、夫婦の間にはそのような紐帯はない。したがって、相互に愛情や信頼がある時は、子どもを介したつながりを意識することがあるだろうが、愛情や信頼が失われれば、赤の他人同士に戻ってしまうか、場合によっては会いたくもない存在となってしまう。

Wallerstein と Blakeslee が行った調査によれば、「離婚から一〇年後、女性の半数と男性の三分の一はまだもとの配偶者に強い怒りを感じていた」(Wallerstein and Blakeslee 1989=1997: 174) という。ここには暴力によるものが含まれており、日本でもＤＶが原因となる離婚も多い。

また、学生アンケート調査において、親が離婚し、その後再婚した場合に、継親を受け入れられるかどうかについて、男女とも「受け入れることができると思う」と回答した人は二割程度であり、四割強の人が「受け入れられないと思う」と回答していた。これは、ステップファミリーにおける親子関係形成の難しさをあらわしているのではないだろうか。もちろん子どもの年齢などの影響も受けるが、このような意識がステップファミリーにおける継親子関係の難しさの要因のひとつとなる、と考えられる。

さらに、血縁が「切っても切れない」からこそ、継親が継子にパートナーの元結婚相手の姿を見てしまうことが起こるのである。そしてそれが嫌悪感と接続し強化されてしまうと、虐待を引き起こす可能性を生んでしまう。継親は、自分と継子との間に血縁がないことを克服しなければならないだけでなく、継子と同居していない実親とのあいだに血縁があることをも克服しなければならない。第6章で見たように、虐待事件においては、非血縁パートナーの存在が明らかに見てとれる。しかし、血縁がないということだけが虐待の要因となることは考えづらく、その背後には血縁規範意識があることは、これまでの分析からも明らかであろう。虐待の分析において、血縁に着目することの重要性は、これまでの虐待発生のメカニズムの視点[3]では捉えることができない虐待を照射することにある。それはさらに、単に非血縁パートナーからの虐待を捉えるだけでなく、実親からの虐待の背後にある非血縁パートナーの存在、つまり、非血縁パートナーへの申し訳なさが影響しているケースや、元パートナーと子どもの血縁に対する憎悪が要因となっている実親からの虐待をも捉えることができる。

それはまた、そのような子どもへの虐待が、これまでの社会において「しつけ」という言い訳として逃れること、体罰が容認されてきたこと、家庭の問題に警察などが介入しないことによって、容易になされてきたことにある。

このように、養育者と子どもの関係における血縁は、血縁がある／ないだけでなく、その双方に正／負の効果があり、それが状況によりさまざまかつ、複雑な様相を呈するのである。したがって、親子関係における血縁（意識）に着目することにより、これまでの家族社会学における視点では、捉えることができなかった問題を捉えることができる。

本章では、第3章から第6章までを総括的に考察し、先行研究の問題に対する回答を提示した。そして、人びとの血縁意識が多様であることがわかった。そしてそれは単に多様であるということではなく、人びとのライフコースにおける選択や他者との関係性、その人が置かれた状況や知識、情報によってさまざまに変容するという意味でも多様なのである。さらに、血縁がアイデンティティと接続されやすいがゆえに、血縁の正／負の効果にどのような意味づけをするかが、アイデンティティ形成に影響を及ぼすことが明らかとなった。

最終章である次章では、本書の結論を述べる。

注

（1）もし現在の親と血縁がないとわかったとしても、ほとんどの人が血縁上の親ではなく、現在の親を選択する。

（2）血縁に基づく、「日常生活を組織するかなり安定した信頼環境」（Giddens 1991=2005: 107）。

（3）①保護者の要因：・経済的な問題などによる生活基盤の弱さ・育児以外のさまざまなストレス・望まない妊娠など、育児に対するさまざまな準備不足・保護者自身の精神疾患や発達障害・子どもに対する不正確な認知・子どもへの依存と裏切られ感・しつけの手段としての体罰ポリシー・社会的な未熟さ②子どもの要因：・出生直後のさまざまな疾患・さまざまな障害の存在・容貌などの外見的特徴・性別・親に対する態度③家庭の要因：・夫婦役割と両親役割のバランスの崩れ・子どもとのコミュニケーションの歪み・保護者自身のそだちの問題・親族、近隣、友人、職場等のつながりが適切に保たれていない・家庭内に、役割関係上・コミュニケーションの困難を増やしやすい要因がある（母子・父子世帯・複合世帯等における困難など）（文部科学省二〇一二：八‐一四）。最後の項目は、非血縁パートナー含んでいると見られるが、血縁意識という視点はない。

第8章 親子にとって血縁とはなにか——結論

前章では、第3章から第6章までを総括的に考察し、人びとの血縁意識は、ライフコースにおける選択や他者との関係性、その人が置かれた状況や知識、情報によってさまざまに変容するという意味で多様であることが明らかとなった。さらに、血縁がアイデンティティと接続されやすいがゆえに、血縁の正／負の効果にどのような意味づけをするかが、アイデンティティ形成に影響を及ぼすことが明らかとなった。

そこで、最終章である本章では、本書の知見から、多様化するこれからの家族形成における示唆を提示し、家族社会学への提言を示したい。

1 親子関係における「血縁・血縁意識・アイデンティティ」

本書では、これまでの家族社会学では捉えることができなかった、家族の血縁（意識）にかかわる問題を検討してきた。そしてその問題を捉えるための新たな視座を提供するために、親子関係における「血縁・血縁意識・アイデンティティ」のかかわりとはどのようなものか、という問いを立てた。

血縁意識は血縁によってもたらされるため、両者の関係は必然である。しかしこれまで見てきたように、多くの人びとの血縁意識は、親子関係における血縁が当たり前であることなどから潜在化され、自身の血縁意識に自覚的ではないことがわかった。

しかし、結婚、離婚、再婚、生殖補助医療、養子縁組、里親など、親子関係に血縁が想像されるような機会に遭遇することにより、潜在化されていた血縁意識が顕在化され、自身の血縁意識を自覚させられる。さらにそれが状況依存的に変化することにより、一貫性のない選択や回答をもたらすように見える。

そして、親子関係における血縁は自身の出自、すなわち「ルーツ」として捉えられており、アイデンティティ形成に強く影響している。それは、AIDで生まれた人たちの語りや学生アンケート調査、シングルマザーへのインタビュー調査にも見られた。さらに、定位家族における「ルーツ」としてだけでなく、不妊治療に見られたように、生殖家族における自身の血縁のある子どもを残すことができないことや、子どもに障がいがあるということもアイデンティティ形成に影響していることがわかった。

また、親子関係における血縁は、それが「切っても切れない」ものであるがゆえに、その紐帯としての関係性における安定の「保証」として捉えられやすいことも見てきた。けれども、児童養護施設で生活する子どもにおける実親からの虐待や、親子関係修復の難しさにも見られたように、血縁が良好な関係の「保証」とはならないことも明らかとなった。さらに、血縁が「切っても切れない」ということが、夫婦関係が良好なときには子どもを介した絆となることもあるが、関係が悪化して離婚となった場合には、元パートナーと子どもの血縁が「切っても切れない」がゆえに嫌悪の対象となることがあることも見てきた。

そしてこのような状況において、増加傾向にあるステップファミリーやシングルペアレントの新たな交際における非血縁親子関係においては、血縁がある／ないことが混在することがさまざまな困難の要因となっていることが明らかとなった。血縁がある／ないことが、子どもの年齢やジェンダーと相まって、それぞれの家族成員に異なる問題の克服が要請されるのである。

このように、「血縁・血縁意識・アイデンティティ」はそれぞれ強固に関係しながらもその様相は、複雑であることがわかる。そして人びとの血縁意識は、その血縁にどのような意味づけをするかによってさまざまに変容する。さらに、その意味付けは、ライフコースにおける選択や他者との関係性、その人が置かれた状況や知識、情報に依存する。つまり、この人びとの血縁意識の全体像を捉えない限り、血縁（意識）が関与していると思われる問題への対応策を検討することはできない。

2　本書が示した親子関係における血縁意識を捉える視座

これまでは、生殖補助医療、児童養護施設、里親、養子縁組、ステップファミリーなどの研究において、個別に血縁について述べられることはあったが、血縁（意識）からその全体像を捉えることはなかった。そのため、個別の事象における血縁はみることはできても、血縁とは何かという全体像を捉えることができなかった。しかし、本書で示した**図２―２**の枠組みを用いてそれぞれの事象を捉えることにより、**図８―１**のようにその全体像と関連性を捉えることができたと思う。

そして、この親子関係における血縁（意識）を捉える視座は、多様な家族形成や親子関係、そして血縁について考える教育機会形成の必要性を明らかにした。親子の血縁にかかわる問題に対処するには、人びとの血縁意識がどのようなものであるかを理解することと、血縁のある／なしとその効果の全体像を捉えるための教育機会が必要である。

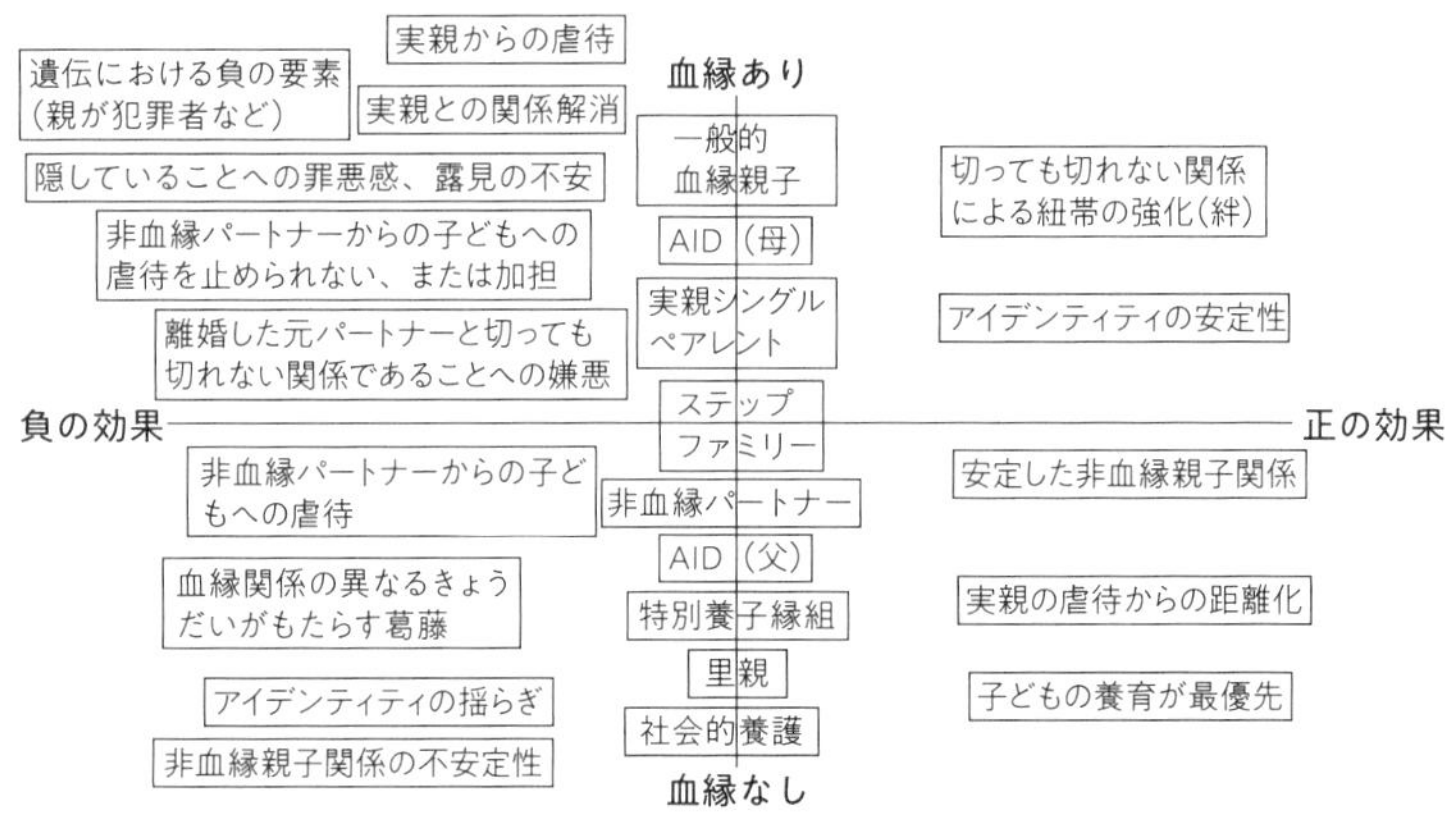

図8-1　多様な血縁の効果

注）すべての効果を記載しているわけではない。

それは、人びとが親子関係における血縁において、上記の四象限で示したどの状況に遭遇するかは、ライフコースにおける選択や他者との関係性によってさまざまに変化し、それによって血縁の効果も変容するからである。すなわち、誰しもがこの四象限で示した親子（養育）関係になる可能性がある。そして、これらの状況に置かれたときの人びとの血縁意識は、それぞれが血縁にどのような意味づけをするかに依存する。

たとえば、それは第5章で見たように、夫婦関係が安定しているときには「夫婦の愛情の証」や「絆」として捉えられるが、関係がかなり悪化して離婚したときには、同じである「血縁」が嫌悪の対象に変わることもある。そしてそれが強化されると、虐待につながることもある。しかし、シングルマザーへのインタビューでも見たように、その嫌悪感もその後の状況や生活が安定することや、「その人がいたからこそこの子がいる」というように、意味づけ直しによる気持ちの切り替えができることによって克服できるのである。

また、ＡＩＤで生まれたことを知らずに幸せに生活している人たちがいるという事実から、「血縁」が親子関係の安定の「保証」ではないことがわかる。それはすでに述べたように、エピジェネティクスや第5章の語りに見られた「実親子でも合う合わないがある」ことや、血縁家族における実親からの虐待からも明らかである。

したがって、血縁がエピジェネティックな遺伝的要素を引き継ぐ以外の何ものでもないことが理解できれば、人びとが血縁から距離をとることができると考える。そして、血縁がどのようなものであるかを理解することができれば、安易な選択や誤った選択をすることのリスクを軽減することができるだろう。そのためには、「血縁とはなにか」ということが血縁教育のようなかたちで議論される必要がある。

(1) 親子関係における血縁を捉えるために

これまで見てきたように、人びとの血縁意識は多様であることがわかった。人びとの意識は、社会状況に大きく依存する。家族に対する意識も、人びとが生きた時代や社会の影響を受けるため、年代による違いもあるだろう。したがって、家族にかかわる血縁意識も、年代やジェンダーによる違いがあることも考えられる。特に、家族の多様化が進み、親子関係における血縁が当たり前のものではなくなってきているからこそ、そして、その血縁にかかわる問題が起きているからこそ、人びとの血縁意識を知るために、大規模調査が必要であろう。

そして、生殖補助医療における血縁志向や非配偶者が関与するケース、里親、養子縁組、ステップファミリーのような非血縁親子関係における問題を、血縁（意識）から捉えることにより、新たな視点からの問題への対処法を検討する必要がある。

さらに、子ども虐待の検証においても、関係機関の連携などだけではなく、血縁（意識）から問題を検証することが求められる。これまで見てきたように、非血縁パートナーからの血縁がないことによる虐待だけでなく、非血縁パートナーの存在や、元パートナーとの血縁が要因となる実親からの虐待の可能性もあることを考慮する必要があり、ケースごとの詳細な検証が求められる。その際に、非血縁パートナーからの虐待の要因が「しつけのつもり」に還元されやすいことに注意する必要がある。「血縁がない」ことを理由として量刑に影響するかはわからないが、「血縁がない」ことを理由とするより、「しつけのつもり」とするほうが、罪の意識が低く見積もられる可能性があり、であるならば、それは減刑のために利用されるからである。

これまで、「しつけ」は子どもの社会化における親の義務とも解釈されてきたため、他者や国家が介入できないような状況にあった。しかしながら、「しつけ」とはどのようなものかということがきちんと議論されてこなかったため、それぞれの家庭によってその方法もさまざまであり、体罰も容認される傾向があった。けれども、「しつけ」とは親の言うことを子どもにきかせるためのものではない。つまり、親の思い通りにさせることが「しつけ」ではない。したがって、親が子どもに対して「しつけ」と称して行うことは、子どもの人権を尊重したものでなくてはならない。

そして現在、しつけにおける体罰を禁止することへの法制化の議論が始められた。しかしながら、それではしつけを理由にできなくなるだけで、それがほかの（もっともらしい）理由にすり替わるだけに終わらないか。それは通常、しつけによる子どもの死亡は想定されておらず、これまでの虐待における死亡事例は、その行為によって子どもが死亡する可能性が予想できるものが多くある。さらに、すでに体罰によるあざや傷に対して、子どもの不注意によるけがであるというような言い訳が散見している[1]。

また、パートナーがいる場合には、子どもの養育について話し合いが持たれ、合意に至っていたかを確認する必要もあるだろう。結婚して子どもを持つことが当たり前ではなくなりつつあることや、子どもの人権が尊重されるようになった現代社会においては、子どもの養育において、双方できちんと協議される必要があると思われる。それは、これまで見てきたように、子どもの養育における双方の考えや思いの違いが、不和や離婚、さらには虐待の要因となることがありうるからである。

現在、子ども虐待の防止という観点から、関係機関の連携強化により、虐待の兆候を見逃さないということが謳われている。しかし、虐待の予防という観点に立つのであれば、虐待の要因を突き止め、それに対処することが求められる。けれども、虐待の可能性を捉えるリスク要因に血縁意識が含まれていなければ、血縁意識が要因となる虐待を予防することはできない。既述のように、血縁のある／ないことには、それぞれ正／負の効果がある。血縁意識が関与していると思われる虐待は、非血縁パートナーからの虐待だけでなく、元パートナーに似ていることへの憎悪、非血縁パートナーへの負い目などというようなことによる実親からの虐待もあることを見てきた。したがって、子ども虐待において血縁意識に着目することは、非血縁パートナーからの虐待だけでなく、実親からの虐待をも捉える可能性をもたらす。

虐待は、一度起きてしまってからはその虐待への予防はできない。虐待が子どもに与える影響を考えれば、起きた虐待への対処はさることながら、予防策の強化およびリスク要因の見逃しを避けることは最重要課題といえるだろう。虐待における非血縁パートナーを捉えることには慎重にならなければならないからといって、その可能性を無視することは、それが要因である場合の誤った解釈や対処法を生むことになるだけでなく、問題の解決を遅らせることになる。そして、それが現状であると言わざるを得ない。

ステップファミリーのような非血縁親子関係の難しさは、継親が継子を自分の子どもと思えるかどうかだけでなく、継子（親子関係が理解できる年齢）が継親を自分の親と思えることができるかどうかも関係性に影響することにある。自身の血縁意識に自覚的になることは、そのことが親子関係にどのような意識を持つことになるかを知ることになる。したがって、ステップファミリーなどのような非血縁親子関係を形成する際に、そのことに意識的に向き合う可能性をもたらすだけでなく、血縁親子関係においても、血縁意識が負の効果をもたらす可能性について自覚することができる。そして、その血縁意識に影響する生物学的つながりを意味する血縁そのもの自体は、親子関係の安定を保証するものや、自分やパートナーの分身のような「切っても切れない」関係を意味するものではないと捉えることができれば、血縁（意識）が要因となる虐待のリスクを低減させることができるのではないか。

血縁への過度の期待は、血縁者である相手への依存を強化することもある。幼児の面倒をみるのは当然といえるかもしれないが、血縁があるということで、親の介護を子どもがすることが当然であるというような規範は、親子の関係を悪化させることもある。場合によっては、お互いに距離を取った方がよい関係を維持できることもある。

それほど簡単なことではないかもしれないが、自身の血縁意識を問われる機会に遭遇することが増えることを考慮すれば、少なくとも自身の血縁意識に自覚的になることが求められる。親子関係における血縁を捉えることは、家族とはどのようなものかを再考するうえで、欠くことのできないものであるだろう。

（2）血縁教育における家族や子育ての位置づけ

石原邦夫は、「日本では家族に対する社会教育という考え方はほとんど進んでいない」（石原編 二〇〇八：二六八）と指摘している。第5章のインタビュー調査の中でも、Eさんが、子育ては学校で習わない、と語っていた。現在も学校教育において子どもを持つこと、育てることとはどういうことか、そして、その育て方などについて教えられることはない。特に、日本の性教育はほかの先進国と比較して非常に遅れているといわれており、生殖および子どもの養育については、親や友人、メディアからの情報に依存しているように思われる。

また、教育における家族の扱いにも多くの配慮が必要となっている。親の不在、自殺、犯罪、ステップファミリー、特別養子縁組など、教育において親を題材として取り上げることが、子どものディストレスとなることもあることを考慮せねばならない。だからといって、教育において家族を扱わないということはできない。特に、家族が多様化し、関係が複雑化している状況では、その状況になってから考えるのでは遅い場合もあるだろう。

石原は、以下のように述べている。

　家族はこれまでも変化してこなかったわけではないが、人々にとっては当たり前のもの、決まりきった形として受け入れられながら、暮らし方、生き方の枠組みとなってきた。しかし、それが各人の考え方と必要に応じて選び取り、つくり上げていくものになりつつある。結婚する・しない、子どもをもつ・もたない、同居する・しないといったことが当たり前に定まるのではなく、個人個人が選択するものになってきた。どちらを選んでも批判されたり非難されることはない。他方で、自由度が増す代わりに、黙っていて、とくに考えなくても自然に形になっていく、というようにはいかなくなる。家族の中の人間関係、役割関係の一つ一つを選択し、努力して実行しない限り形とならない状況になりつつある。その意味では、家族を揺さぶる大事件が生じたとい

うことでなくても、日常的に家族関係の再構成・再調整が求められる状況になってきた。（石原編 二〇〇八：二七〇）

結婚して子どもを持つことの意味が多様化しつつあること、そして離婚や再婚が特別なことではなくなりつつあるからこそ、結婚とはどのようなものか、家族とはどのようなものでありそれぞれの成員にどのような役割が期待されているか、さらに離婚や再婚がもたらすもの、というような家族にかかわる事象について、きちんと認識されることが求められる。そして、家族にかかわる選択を迫られたときに、適切な判断をするための知識や情報について、教育において議論する必要がある。さらに、結婚や再婚における男女の役割意識やストレスの違いを考慮する必要がある。それは、稲葉が指摘しているように、婚姻上の地位（有配偶、無配偶、未婚、離婚後非再婚、再婚）という個人の属性とディストレスの関連において男女差があるからである（石原編 二〇〇八：一八九‐二〇五）。

そして、いわゆる「ゆとり教育」の失敗にも見られたように、日本では多様性を共有するための教育がうまく機能していない状況にある。したがって、子育ても教育となったとたんに画一的なものとなることが予測され、かえって状況を悪化させる可能性がある。したがって、教育として教えるのではなく、議論の対象として、それぞれの状況においてどのような選択肢がありうるのかを知っておくことが必要となる。

学生の中にはすでに**図8―1**の縦軸の一番上にある「一般的血縁親子」以外の状況に置かれている人もいるだろう。しかし多くの学生は現在この「一般的血縁親子」に属していると思われる。そしてこれからのライフコースにおける選択において、それ以外の状況に置かれる可能性はすべての学生にあると言っていいだろう。その時に最適と思われる選択肢を見逃さないようにするためにも、血縁教育が求められる。

これまで見てきたように、血縁がもつ「切っても切れないつながり」という概念は、良好な関係においては強い紐帯となることもあるが、関係が悪化した時には嫌悪の対象となることもある。しかしながら、その状況によって血縁自体が変化しているわけではない。つまり、血縁自体が直接その関係性に影響しているわけではなく、その状況によって血縁に対する意味づけが変化しているだけである。「血がつながっているから」という表現は、しばしばつながりがもたらす関係の良さや強さをもっともらしく補完するために使用される。したがって、血縁と関係の良し悪しのつながりを切り離すことができれば、血縁の影響を軽減できるのではないか。

遺伝子を引き継ぐという意味では、遺伝的なつながりがあることは否定できない。しかしながら、既述のように遺伝子を引き継ぐということは、生物学的父親と母親からシャッフルされた遺伝子を半分ずつ引き継ぐということであるが、その遺伝子の発現については、エピジェネティクスに依存する。そして、遺伝子を引き継ぐのだから、似ているところがあるのは当然であるが、それは血縁間に限ったことではない。

社会において人が他者とかかわらずに生きていくことが困難であることは、人が他者とのつながりを求めることをもたらす。社会関係資本としての他者の存在は、現代社会を生きる上で重要となる。そのような状況において、安定した「切れない関係」を、「切っても切れない」関係である血縁に求めるのは、ある意味自然なことだろう。しかしながら、日本における殺人の過半数が親族間によるものであること[2]や、介護や相続において親族間に軋轢が生まれることなどからも、血縁は関係の安定を保証しない。そしてそのつながりに、「家族なんだから」というような期待や見返りを求めると、関係が悪化した時には、他者に対するものよりも強い憎悪になるかもしれない。

社会において、DNAや遺伝子を引き継ぐという表現が血縁の代わりに使われることがよくあるが、そこにも「つながり」ということが含意されている。人びとの意識は、性格、知識、情報、経験などさまざまな要因により構築され、変化する。つまり、社会や自分の周りにおいて、血縁やDNA、遺伝子が人びとのつながりとして扱われる機会が多ければ、それが当たり前と考えるようになることもあるだろう。そして、当たり前と考えられるようになると、それを疑う機会も失ってしまう。

したがって、血縁教育によって、血縁が関係の安定を保証するものではないこと、そして自身の血縁意識がどのようなものであるかを自覚し、血縁に負の意味づけをしないようにするための知識を身につけることが必要となるだろう。そして、自身にとって家族とはなにか、血縁とはなにか、子どもをもつとはどういうことかを考えることが求められる。われわれは、親になるとはどういうことかを学ばなければならない時代に入っているのではないだろうか。

(3) 子どもを持つということ

以前であれば、結婚して子どもを持つことは人として当たり前とまで思われていたが、個人の生き方の多様性が認められるようになり、結婚しても子どもを持たないことや、結婚しないという選択をする人も増えている。「結婚＝子どもを持つこと」ではない場合、子どもを持たないことを選択するカップルにとって結婚は、そのシステムに乗ることのメリットによりする／しないを判断するものとなるだろう。現実には、子どもがいても法的に結婚しない事実婚を選択する人たちもいる。しかし、現在の日本の法律の下では、社会保障などの面で事実婚を選択することによる不利益の問題がある。「家」制度が崩壊しつつある今こそ、その制度を引きずった現行の戸籍制度や婚姻制度を見直すことが求められる。

下夷は、以下のように述べている。

戸籍が家族単位であることは、決して自明なことではない。家族単位を選択した当事者の真意をその語りから汲み取れば、いま取り組むべきことは、家族単位から個人単位に改めることである。個人単位に改めることで、戸籍は身分関係の公証ツールとしての機能を発揮し、人々の暮らしと人生を支えるものとなる。戸籍制度を抜本的に見直すことこそが、身の上相談に寄せられた戸籍をめぐる相談への回答である。それはまた、戸籍の呪縛から日本の家族を解放することでもある。（下夷 二〇一九：二六一）

そして、さまざまな理由から結婚しない、子どもを持たないという選択をする人が増えているとはいえ、多くの人が結婚して子どもを持つという選択をしているのも事実である。その中には、既に触れたように、妊娠先行型の結婚も含まれている。特に10代の妊娠先行型の結婚は離婚に至るケースが多い。多くの避妊方法があるにもかかわらず、このような状況が生まれるのは、日本の性教育がほかの国々比べ著しく遅れているといわれていることと関連しているかもしれない。今でも日本では、子どもを持つことには結婚を前提とする規範があるため、未婚カップルにおける計画していない妊娠は、結婚か中絶か、という選択を迫られることになる。

計画していない、望まない妊娠の場合、その子どもをどう育てるかということについて、カップルにおいて事前に協議されているとは考えにくい。そして、そのまま子どもを持った場合に、その後に起きた問題が、計画していない、望まない妊娠に還元された場合に離婚や虐待につながることも考えられる。子どもは意図的に持つものである、ということが当たり前になってきているからこそ、計画していない、望まない妊娠によって生まれた子どもを愛せない、育てられないということが起きているのではないだろうか。

妊娠・出産は、女性に大きな負担がかかる。計画していない、望まない妊娠は、女性のキャリアに影響することもある。計画していない、望まない妊娠による不本意なキャリアの断念は、その後の子育てに影響することも考えられる。さらに、そのときのパートナーのスタンスも大きく影響する。

また、意図的に子どもを持つ場合でも、結婚したら子どもを持つことが当たり前、と規範化されている場合には、事前にその子どもをどう育てるか、ということがきちんと協議されていないことも考えられる。このような場合には、子育てにおいて、カップル同士が衝突することもあるだろう。

そして、生殖補助医療の現場や学生アンケート調査にも見られたように、「自分（たち）の子ども」といった場合、それは「自分（たち）の遺伝子を引き継ぐ子ども」ということが想定されており、それは標準的な家族のかたちとして捉えることもできる。また第2章第3節（1）でも触れたように、柘植のいう「夫婦の絆を確認するための『自分たちの子ども』という意識が強まった」（上杉編 二〇〇五：一五二）というケースもあるだろう。しかし、その「自分（たち）の遺伝子を引き継ぐ子ども」という意識は、必然的に「自分（たち）の遺伝子を引き継がない子ども」という意識と排他性を生む。そしてその意識が強化されると、非血縁親子関係の形成を困難にする要因となる。

このように、子どもを持つことが当たり前ではなくなってきているからこそ、子どもを持つとはどういうことか、ということがきちんと議論されないのかもしれない。しかし、社会状況も変化し、子どもを持つことが当たり前ではなくなったからこそ、子どもを持つとはどういうことかが議論されるべきではないだろうか。

Shulamith Firestone は、今から五〇年ほど前に以下のように述べている。

人間が子供を持ちたいという偽らざる欲求をもっていることは否定できない。しかし、これがどの程度子供を本当に愛していることになるのか、あるいは別の要求の代償であるのかはわからない。われわれは、両親の満足は子供を片輪にすることによってのみ得られるということを見てきた。子供を通じてのエゴの拡大——男性の場合には、家名と財産の《不滅》、階級と人種的同一視、女性の場合には、生存の正当化としての母親、子供を通して生きようとする試み、投影としての子供。(Firestone 1970=1980: 280)[3]

第5章のシングルマザーへのインタビュー調査でも見たように、子どもへの意識は多様でありかつ、変化する。そしてそれは、パートナーとの関係性の影響を大きく受ける。さらにそこには血縁(意識)も関与していることがあることも明らかとなった。

社会の変化とともに、そこを生きる人びとに要求されるものも変化し、それが教育に反映される。そこには世代間ギャップも生まれ、世代間における齟齬も生まれる。それは、子どもを持つことの意味や子育てについても同じである。

以上のように、社会状況の変化や科学技術の進展により、子どもを持つということの意味が変容してきた。特に、「自分たちの子どもを持ちたいのに持てない」ということは自分たちの人生設計だけでなく、個人のアイデンティティにも揺らぎをもたらす。そして、それに対処するために生殖補助医療にのめり込むという状況が生まれている。第4章の学生アンケートの結果にも見られたように、今でも、結婚を望む人は多い。そしてその理由は、一人でいることの寂しさや孤独を補う家庭(家族)を持つことである。これまで見てきたような、家族にかかわる問題に遭遇する可能性は、すべての人にある、と言ってよいだろう。だからこそ、教育に家族をどのように組み込むかを検討するべきではないだろうか。

子どもは基本的に親の意思によって生まれてくるが、配偶者以外がかかわる生殖補助医療によって生まれてくる子どもたちは、そのことによってアイデンティティに揺らぎを感じ、さまざまな困難に遭遇する。それは、「ルーツ」としての血縁が、自分が何者であるかを証明するものであり、自分が「望まれて生まれてきたか」のように、自分の存在に対する自己肯定感を獲得するために不可欠だからである。そして、「望まれて生まれる」ということは、子どもが「望まれないで生まれる」ことや「勝手（自然）に生まれてくる」ことがないということが前提とされているということである。われわれは、そのことにもっと真摯に向き合うべきではないか。

3　本書の意義

本書の家族社会学に対する意義は、親子関係を血縁（意識）から捉えることにより、先行研究に見られたような家族にかかわる問題に新たな視座を提供したことである。家族の問題を血縁（意識）からみた研究はほとんどなく、そのため血縁（意識）が関与していると思われる家族の問題への対応策が提示されることがなかった。その意味で、血縁（意識）を捉えることの重要性を示した本書の意義は大きい。血縁（意識）という視点からの検証がない子ども虐待において、非血縁パートナーに着目することにより、血縁（意識）が家族の構成員にさまざまに作用することが示唆された。特に、血縁（意識）という視座により、血縁がないことだけでなく、血縁があることも虐待の要因となることがあることを捉えることができた。非血縁者ではなく血縁者である実母の虐待の背後には、元パートナーとの血縁に対する憎悪や非血縁パートナーへの負い目などがある可能性や、非血縁パートナーからの虐待に血縁（意識）が関与している可能性を明らかにしたことは、今後の検証における重要な示唆となる。

そして、これまで大規模調査が行われたことがない血縁についての学生へのアンケート調査により、血縁の問題に直面していない人びとの血縁意識がどのようなものであるかを明らかにすることもできた。さらに、シングルマザーへのインタビュー調査により、定位家族としての血縁意識や、生殖家族として結婚・出産・離婚という経験がもたらす血縁意識への影響もみることができ、大規模調査を検討することの意義も提示できた。[4]

さらに、血縁（意識）の全体像を捉えることができたことにより、さまざまな事象の関連性をみることができた。そしてそのことは、ある事象からの知見が、他の事象にも対応できることの可能性をもたらした。それはたとえば、児童養護施設で生活することに至った児童の実親との関係における承認やアイデンティティの喪失感について、養子縁組やステップファミリーの成功例から、アイデンティティの再構築や、自己承認の方法を獲得できるかもしれない。

次に、血縁がアイデンティティと密接に接続されていることを明らかにしたことである。先述のように野辺（二〇一八）は、養子縁組された子どものアイデンティティ形成について血縁との関連を述べているが、血縁とアイデンティティの接続は、養親子や継親子、里親子などの非血縁親子だけでなく、血縁関係がある定位家族および生殖家族における親子においてもなされる。定位家族における血縁はアイデンティティ形成の上で、自身のルーツとして捉えられ、自分がどこから来た誰であるかということの証明となる。そして、生殖家族における血縁とアイデンティティの接続は、血縁そのものがもたらす関係性だけでなく、不妊や遺伝子による子どもの障がいなどのように、血縁に含意される遺伝子やそれとかかわる身体によってもたらされることもあるのである。

また、親子関係における紐帯として捉えられやすい「血縁」が、良好な関係のための保証とはならないことも明らかとなった。一般的に、親には子どもを養育することが期待されているが、社会的養護のもとで生活する子どもの中には、実親の問題により家庭復帰することができない人や、実親と生活することを選択しない人たちもいる。そしてそのことは、社会におけるセイフティネットからこぼれ落ちやすくなることを意味する。

このような状況において、家族社会学におけるこれまでのような「血縁」を考察の外におき続けることは、すでに限界にきているのではないだろうか。親子関係における血縁を重視する傾向は、一見親子関係を強化するように見えるが、多様化する家族にとって多くの問題を誘発しかねない。血縁（意識）から家族を捉えなおし、家族を定義することではなく、多様化する家族において、前章で述べたように血縁や遺伝子などのような所与のものに依存しない信頼関係やネットワークを構築することが求められる。

最後に、親子関係における血縁を捉える上での本書からの示唆を論じていく。

（1）血縁の効果がもたらす多様な血縁意識

親子関係における血縁意識の背後には、血縁がある／ないことそれぞれがもたらす正／負の効果があることを見てきた。血縁家族を形成するときには、血縁が紐帯、すなわち関係の安定の保証として捉えられ、離婚した後は、子どもと元のパートナーの血縁が、「切っても切れない」がゆえに嫌悪感となることもある。そして、その経験が、血縁が関係の安定を保証しないことを認知させる。また、非血縁家族を形成するときには、そのことが、血縁が乗り越えられるものであるとも思わせる。けれども、非血縁関係にある子どもとの関係がうまくいかないときに、その子どもの背後にいる、実親との血縁が再浮上してくる。このように、血縁は、安定した親子関係の保証とはならない。そしてこの事実は、血縁がなくても良好な親子関係は構築できることを意味する。ただそのためには、Giddens のいう「信頼は精を出して獲得されなければならないものである」（Giddens 1991=2005: 107）ことに対するコミットメントが求められる。

そして、非血縁親子関係は、ステップファミリーだけでなく、特別養子縁組や生殖補助医療によりもたらされるものがある。それぞれにおいて子どもが持たれる理由や過程や契機、そして親子の血縁関係は、多様でありかつ、複雑である。したがって、これらの非血縁親子関係を一括りにして議論することは不可能である。また、これまで見てきたように、血縁意識や親子観にはジェンダー差がある可能性もあり、ケースごとに血縁関係や家族成員の構成を精査し、個別に対応策を検討することが求められる。

人びとの血縁意識は、自身の血縁意識に自覚的でないからこそ、場当たり的な一見矛盾するようなものに見えるが、それは多様であり変容するものなのである。しかしこれまで見てきたように、血縁のある／ないことには親子関係における正／負の効果があるが、状況依存的になると、その二面性がきちんと考慮されない可能性があり、安易な、または情報不足による選択をもたらし、意図しない結果につながるかもしれない。だからこそ、**図8―1**で示した全体像を理解する必要がある。

(2) 家族を捉える視座

これまで述べてきたような家族の問題に対応するためには、どのような視座が求められるだろうか。本書では、進化論的アプローチと人的ネットワークという視座を架橋して家族の問題を捉え、その対応策を検討することを提示する。

① 進化論的アプローチ

高橋は、これまで「社会学と生物学は、互いに相手を遺伝子決定論と文化決定論とみなして批判する一方で、自らの立場を擁護するときには『生物学的／社会学的要因を否定しているわけではない』と折衷的な態度を示すという奇妙な論戦を繰り返してきた」(高橋 二〇一三：一〇九‐一一〇)が、「多くの社会学者が、生物学的要因と文化的・社会的要因の区分を保持することで動物と人間の差異を強調しようとしてきたのに対し、生物学者の側は、そうした二項対立を止めて、動物と人間の間の連続性を探ろうとしてきた」(高橋 二〇一三：一一〇)と指摘している。そして、「進化や遺伝子という観点からジェンダー研究や家族社会学を再構成していくことが必要であり、結局のところ、いずれそうせざるを得なくなるだろうと予想している」(高橋 二〇一三：一〇六)と述べている。

筆者も高橋のいう進化論的アプローチに賛同する。既述のように、生物科学分野では「生まれか育ちか」ではなく、「生まれも育ちも」というスタンスが主流であり、これまでの研究を概観しても、「文化的・社会的要因」だけでは説明できないものがある。ただし、遺伝子本質主義のように、個人の犯罪などが遺伝子に還元され、言い逃れに利用されるような状況は避けなければならない。

人間は、本来自殺するようにプログラムされているとは考えられないが、条件次第で自殺する、とプログラムされている可能性も否定できない。たとえば、苦しみ続けることの限界を超えたときに死を選択するとプログラムされているとしたら、いじめや生活苦などによる苦しみが個人の耐性の限界を超えたときに死を選択する、ということは考えられる。そして、そのような状況を作り出さないような社会を構築することこそ社会学がやってきたことであるが、そこにおける視点は、社会構造などに対するものであり、そこに生きる人間の進化論的アプローチまでは届いていないと思われる。結果だけをみれば、構造を解消または変更することにより、問題も解消されることもある。しかし、構造自体に問題がない場合には、そこで起こる問題を構造に還元することができない。

たとえば、再婚によって形成されたステップファミリーの場合、ステップファミリーという構造自体に問題を還元することはできない。そしてそこには、血縁／非血縁という親子関係があり、構成員それぞれに固有の意識の違いがある。人びとの血縁意識は構築されたものであるが、その血縁意識をもたらす生物学的な血縁は、「親子を親子たらしめる唯一のもの」であるがゆえに、簡単に変えることができない側面を持つ。親同士は話し合いにより、問題の解決をはかることは可能であるが、子どもが、本当の親ではない人に叱られることの正当性を理解できるかどうかは、子どもの年齢や性格、経緯などにより異なるだけでなく、理屈ではない感情があり、それを無理に変えようとすること自体にも問題がある。生物学的な親からは身体的特徴だけでなく、性格なども遺伝子の影響を受けることが明らかになっている。そしてその親子関係には、理屈ではない感情や遺伝子が関与しており、もはやこのような問題に構築主義だけで対処することもできない。

さらに、これまで自然に委ねることしかできなかった遺伝子に、人為的に手を加えることも可能になった。このような状況について、高橋は、以下のように述べている。

数十億年に及ぶ生命の歴史のなかで、遺伝子組成の更新は、その大部分が有性生殖を通じて無自覚的に行われてきた。農作物や家畜の品種改良のような例を除けば、ほとんどの場合、結果を統制できる知識や技術は存在していなかった。しかし、現代社会は、そうした遺伝情報を人為的に制御できる段階にすでに突入している。遺伝子を自由と平等の敵とみなし、優生学に悪のラベルを貼り付け、タブー化するだけでは、問題は何も解決しない。現代人が手にしたこの新しい自由にどのような倫理的制約を課すのかは、これまでの性淘汰の歴史を参照しながら、われわれ自

身が決めていくほかにないだろう。（高橋 二〇一三：一一八）

私たちは、血縁や遺伝子がもたらす意識、という実体のない構造まで遡及し、そのことに自覚的に生きていかなければならなくなるだろう。

② 人的ネットワーク

しかしながら、以上のことだけでは、個人化が進む社会における家族の問題を解消または軽減することは難しい。それは、個人化がもたらした、子どもの養育を家族だけに求めることが問題の要因となることもあるからである。さらに個人化は、子どもを持たないことを選択した人たちに、子どもの養育に関与する必要がない権利を与えた、と捉えられるかもしれない。けれども、年金システムに見られるように、社会保障を後継世代に依存するシステムにおいては、すべての人が何らかの形で子どもの養育に関与することが要求される。また、第3章でも見たように、血縁というネットワークから切り離された人たちが、ほかの人的ネットワークなしに生きていくことはきわめて困難である。これを核家族における子どもの養育にあてはめてみると、育児責任を担わされた母親が、自分またはパートナーの親や近隣家庭などに子育て支援を求められないことが育児ストレスとなり、子どもを虐待してしまう、という先行研究で見た状況を生み出す。このような問題に対処するためには、以前とは異なる、新しい「社会で子どもを育てる」という視点が必要になるのではないだろうか。

安井眞奈美は、以下のように述べている。

子育てや高齢者の介護が、個人、とくに女性に大きな負担としてのしかかっている都会では、「地域のつながりやネットワーク」が今まで以上に再評価されている。もちろん、ここでいう地域のつながりとは、かつてのムラで顕著にみられ地縁、血縁、生業を基盤とした強固なつながりを指してはいない。なぜならムラの人間関係は、人々の価値観が変化していくなかで、ある時期、煩わしいものとして切り捨てられて、マイナスのイメージが与えられてしまったからだ。しかし今、私たちはそのある部分を、違った形でもう一度、都会の生活のなかに取り戻そうとしている。

（安井 二〇〇二：一四三）

社会における個人化が進んだことと、子どもの養育に求められるさまざまな条件の変容により、核家族のなかだけで子どもを養育することが困難となっている。だからといって、昔のように、気軽に近所や他者に子どもを預けられるような状況でもない。子どものしつけが家庭に押し込められたことにより、友人同士でさえもしつけに対するスタンスを共有することが難しくなっている。そのような状況においては、血縁意識と同じように、子どもの養育におけるリスクと責任に対するスタンスを意識化し、子どもを預ける側と預かる側で共有する必要がある。その場合、状況に応じて両者に妥協点が模索される必要があるだろう。しかし、そのことによって、両者の不安感を軽減できることに期待できる。第2章の注で触れたシングルマザー同士のシェアハウスにおいても、養育方針の違いは、関係性の悪化をもたらす可能性がある。また、その問題への対応も、家族によってさまざまである。

したがって、子どもの養育においても、その状況に合わせた前提の共有が求められる。われわれが、血縁から逃れられなくなってきているように、現代の社会システムにおいては、子どもの養育からも逃れることはできない。

すなわち、血縁がどのようなものであるかを理解することによって、はじめて血縁の捉え方に対する議論ができる。そしてそれによって、血縁を相対化し、血縁から距離をとるためのすべを用いて、家族のオルタナティブや家族を超える実践の議論がなされるべきではないだろうか。

4　今後の展望と課題

少子化の議論において、日本社会の婚外子に対する姿勢と関連している、という論述が多く見られるが、現在の日本の社会でみれば、たとえ婚外子の扱いや世間体などの問題が解消されても、妊娠先行型の結婚が事実婚に変わるだけで、子どもの出生数が増えるわけではない。子どもの出生数の増加を阻んでいるのは、婚外子の問題ではなく、子どもの養育にお金がかかることと、これまで見てきたように、子どもを持つということを選択することがそれほど簡単ではなくなってきている、ということではないか。

その背景にはさまざまな状況があるが、江原由美子は、「子育て」と「自分の生き方」における「母親たちのダブル・バインド[5]」が子どもを持つという選択に影響していることを指摘し、以下のように述べている。

> このようなダブル・バインド状況は、数年育児に専念することが職業を失うことを意味するような雇用環境や、育児に十分時間をとることができないような職場環境、一方が家事・育児を担うことによって夫婦間の対等性が失われてしまうような性差別意識、男女間に賃金格差があり、経済的責任は男性が負うことが前提となっている社会状況などによって、つくられていることは確かなことである。しかしそうだとしても、当分そうした状況が変化しないのであれば、このダブル・バインドから逃れるために「子どもをもたない」ことを選択する女性たちが増えたとして

も、当然であろう。（目黒・矢澤編 二〇〇〇：四六）

さらに、子が鎹とはならなくなったゆえに、妊娠先行による安易な事実婚は、カップル解消の敷居を下げることにつながり、さらなるシングルマザーの増加をもたらすかもしれない。ただし、シングルマザーの貧困が解消されるのであれば、シングルマザーの増加を否定する根拠はなにもない。

家族の変化は、宗教や科学技術など文化的、社会的背景に影響を受けている。ＤＮＡ（ヒトゲノム）の解明や、ＡＩ技術の進展によるシンギュラリティの問題などは人類に多大な影響を与えることが予想され、人びとの生き方そのものが問われる社会となることは間違いないだろう。そして、シンギュラリティにより人びとの労働時間が短縮される、または働かなくてもいいという選択は、家族で過ごす時間の増加につながる。子どもの養育に親がかかわる時間の増加は、一見子どものために良いと思われるが、現在我々が遭遇しているコロナ渦は、家族が一緒に過ごす時間の増加をもたらし、その結果として、ＤＶや子ども虐待の増加をもたらした。家族で過ごす時間の増加が家族のリスクとなるのであれば、我々はこれまで当たり前と思っていた家族を再考するしかないだろう。

最後に本書の今後の展望について論ずる。本書は、量的な研究、そして質的な研究としての限界を抱えている。量的な研究としては、母数とサンプリングの問題である。本来であれば、ランダムサンプリングによる大規模調査を利用するべきであるが、これまでにそのような調査がないため、サンプルに偏りがあることは否めない。今後、家族社会学において、このような調査が検討されることを期待する。

次に、質的な研究としては、調査対象の選定やデータの抽出と解釈の妥当性等、分析方法に関する課題がある。したがって、データに偏りがあることは否めず、調査結果からの普遍化、一般化について課題を残している(6)。

そして、第5章においてシングルファーザーにインタビュー調査を行っていないことである。シングルファーザーの実数は、シングルマザーの一〇分の一程度であり、シングルファーザーのインフォーマントを獲得することができなかった。

さらに、第6章で扱った「子ども虐待による死亡事例等の検証結果等について」のデータでは、血縁意識について検証されていないため、非血縁パートナーの犯行動機と血縁意識の関連性においては、判例以外については推測の域を出ない。しかしながら、本書で述べたように、その動機に血縁意識が関与しているとするならば、現在の対応策では、その問題を解決できない。したがって、検証において、血縁意識が関与しているかを検討する必要がある。

また、本書にはジェンダーという視点の限界もある。本書でジェンダー差について検証できたのは、第4章における大学生へのアンケート調査のみである。先に述べたように、シングルファーザーへのインタビュー調査を分析・考察することにより、離婚におけるジェンダーについても検討でき、親子関係における血縁をより明確に捉えることができるだろう。

5　おわりに

DNA検査の背景には、未病という概念がある。それは、発病する前に対策を打つということである。これからは、社会学においても同様の概念を取り入れるべきではないだろうか。これまで社会問題は、クレーム申し立てによって問題化されてきた。たとえば、これまでは「しつけ」の一部とされてきた体罰が虐待として問題化されるようになった。そのため、問題化される以前の時点で犠牲になっている人が多くいる。社会状況の変化により、それまで問題とされなかったことが問題となる。情報網の拡大や科学技術の進展により、社会状況は大きく変わるが、これまでの経験から、ある事象がもたらすかもしれない問題を推測することも可能となってきた。

　であるならば、現在の社会状況を精査し、これから起こることが懸念される事項について事前に対策を打つことが望まれる。あらゆる事象は、問題化されなければ問題とならないが、問題化されたものに対処することは事後対応となる。未病の概念のように、それが問題化される前に対処すれば、問題となりうる事象の発生を防ぐこともできる、もしくは最小限にとどめることができるかもしれない。なぜ未病の概念が必要かといえば、その事象に巻き込まれるのが子どもである場合、子ども自身の力ではそれを解決することがほぼ不可能であるからである。本書で取り上げた子ども虐待の問題は、子どもだけで解決することは不可能なのである。

　老後の生活を次世代によって支えさせるような現行の年金システムが崩壊することが予測されているが、このような社会システムにおいて、次世代は重要な存在となる。少子化の問題はまさにこの次世代に頼る社会システムにある。日本の土地の広さと人口問題を考えれば、少子化そのもの自体は問題ではない。人口バランスが崩れないという前提のもとに作られた社会システムは、そのバランスが崩れた時点で崩壊する。そのことが引き起こしている問題が現在の少子化問題である。

　そのためにさまざまな政策が打たれているが、一向に効果を示さない。その理由は実はある意味明解である。それは、本書5章で取り上げたシングルマザーへのインタビューでの、「子どもは、私は、産まないだろうと思ってたんです」という理由の「環境汚染のこととかも気になっていて……今この世の中で子どもを産んでも幸せ、子どもが幸せに育っていける環境なのかなって」にあらわれている。子育てと子どもの幸せにかかわるリスクは、環境問題だけでなく、待機児童問題やいじめ、虐待などさまざまである。子どもの幸せを望まない親はほとんどいないだろう。子どもが授かるものから持つものになった現在においては、子どもの幸せを考慮したリスク管理が必要となる。したがって、子どもを持つことがリスクとなることが予測されれば、それを回避するのはごく自然なことである。

しかし、その一方で「計画していない妊娠」による出産も増加傾向にあり、まさにそれがリスクとなっている。特に10代での「計画していない妊娠」による結婚は、離婚に至る確率がきわめて高い。その背後には、今の時代に子どもを育てるということに対する認識の低さにある、と思われる。以前は、子どもは社会が育てる、という共通認識により、周りの協力も得やすく、「なんとかなった」時代であった。したがって、昔は「親は無くとも子は育つ」ことが可能であったが、現代社会においてそれは難しい。やはり先述のように、結婚、子どもを持つということ、そして家族についての議論を学校教育に取り入れるべきだろう。三〇年ほど前に、大原長和が離婚の実態の調査研究を踏まえ、当時の離婚に至ったケースの結婚そのものがあまりにも安易・軽率であった、という場合が多いことから、「このような安易な結婚にもとづく失敗を予防するためには、結婚そのものに対する事前のトータル[7]な教育が必要なように思われる」（有地編 一九八九：三一六）と指摘している。

そして、十数年のうちにその実用化の目途が立つことが予測される人工子宮の登場が、家族概念を激変させることを踏まえた議論を始めるべきではないだろうか。既述のように、ｉＰＳ細胞研究が進めば、精子と卵子さえ必要なくなり、性別さえ関係なく二人の遺伝子を持つ子どもを持つことも可能となる。しかし、それは私たちが望む社会なのだろうか。このことは、Richard Dawkins（1989）のいう人間は遺伝子の乗り物に過ぎないということを証明することにならないだろうか。一番の問題は、そのようにして生まれてきた子どもたちが、それをどう捉え生きていくのか、そして、そのような人生に幸せを感じ、生きる希望をもてるのかということを保証できるかにある。ある意味自然に任せるという行為は、それを受け入れるという理由づけになる。しかし、遺伝子を意図的に操作することは、子どもをデザインすることになり、それは明らかに自然ではない。したがって、生まれてきた子どもに、そのデザインが気に入らなかった場合に自分を生みだした当事者に責任を問う権利を与えることにもなる。けれども、それに対処することは不可能である。もしくは、生まれた後に再度遺伝子を操作して、子どもの望むように遺伝子を改変するのだろうか。であるならば、もはやそれはヒトではない。シンギュラリティの問題に見られるように、ＡＩ技術の進展が人と変わらないロボットさえも可能にする日がくるだろう。遺伝子を操作して自分好みの人を作るよりは、自分好みの人型ロボットを作る方が思い通りのプログラムにでき、反抗することもないだろう。

Firestone は、以下のように述べている。

人工生殖（選択の問題だが）が徐々に女性だけが人類のために子孫を生むという現実を変えてゆくであろう。子供は男性にも女性にも平等に生まれるかあるいはどちらにも関係なく生まれ、どちらか一方が子供の世話をするようになるであろう。母親への子供（あるいは逆の）の依存はなくなり、一般に他人からなる小さな集団に極めて短期間依存することになるであろう。そして肉体的に大人に劣る点は文明の進歩によって補われるであろう。差別労働も労働の廃止（サイバネイションョン）によって全面的になくなるであろう。生物学的家族はもはや支配的でなくなり、それとともに権力心理も消滅するであろう。（Firestone 1970=1980: 17-8）

これは今でも私たちが望む社会なのであろうか。生命誕生からの長い歴史において、適者生存のために長い年月をかけて行われた遺伝子の突然変異が、人の手（ゲノム編集）によって簡単にできるようになった。これは、人類が遺伝子さえも支配下に置いた、と言えるのだろうか。むしろ、これこそが遺伝子の目的（意思）であり、人間は遺伝子の乗り物にすぎないことの証明なのではないだろうか。

病気の治療という観点があるゆえ、人類はこの技術を手放すことはないだろう。どのような社会を作り生きていくかは、その時代を生きる人たちが決めることであるが、筆者が願うのは、子どもが自殺したり、子どもが虐待（戦士にされることも含め）されたり、子どもの笑顔が見られないような社会にだけはなってほしくないということである。ただ、その笑顔さえもが、遺伝子操作によるものであるのであれば、それはもはや筆者のいう笑顔ではない。

次世代を担う子どもを、虐待や自殺から護ることは、家族社会学がなすべき最優先事項のひとつである。

注

（1）たとえば、子どもを階段から落として死亡させたとしても、子どもが自分で階段から落ちたと言い訳することなど。

（2）警察庁『平成二四年の犯罪情勢』警察庁ホームページ、（二〇二一年一月一七日取得、https://www.npa.go.jp/toukei/seianki/h24hanzaizyousei.pdf）。

（3）不完全な人間であるがゆえに求められる親からの養育。

（4）調査対象における偏りの問題などはあるが、これまで大規模調査は行われたことがなく、しかしながら家族の問題を捉えるうえで今後必要となる調査を行ったことの意義は大きい。

（5）「現代の母親たちは、『子育て』と『自分の生き方』との間の調停不可能な葛藤に立ち往生しているかのようである。この状況は、まさにダブル・バインドである。『仕事を続ける』ことが、子育て以外の『自分の生き方を大切にする』ことであるとともに、『自分の生き方を大切にしない』ことにも感じられる。他方『自分で子育てする』ことが、『自分自身の生き方を大切にすること』でもありながら、かつ『自分自身の生き方を失うこと』でもある……」(目黒・矢澤編 二〇〇〇：四五)。

(6)「単なる性教育だけでなく、結婚の人生に占める意義と役割、法律・経済等の社会的諸条件などを周知徹底させること」(有地編 一九八九：三一六)。

あとがき

本書は、首都大学東京大学院人文科学研究科から博士号を授与された博士論文「親子関係における血縁の位置づけ——家族の多様化と血縁意識に着目して」を大幅に加除修正したものである。

私の社会人としてのスタートは、美容師としてである。そして現在もフリーランス美容師として活動している。高校を卒業後、昼間は美容室で働き、夕方から美容専門学校の夜間部に通うという生活を一年半送り、美容師免許を取得した。その後、ヘアメイクの仕事に興味を持ち、当時ファッション雑誌のモデルが外国人ばかりであったことと、モデルと直接コミュニケーションが取れた方が面白いだろうと思い、ヘアメイクと英語を一緒に学ぶために、イギリスに留学した。二年弱の留学期間を終え、帰国してから当時ファッションの中心地であった原宿の美容室で働き始めるが、美容業界の徒弟制度のような古い体質や労働環境の問題を如何にして変えることができるかと考えるようになり、社会学と出会う。社会学の文献をあたるうちに教育問題に行きつき、その時東京都初の民間人校長として話題となった藤原和博氏が杉並区和田中学校で行っていた「よのなか科」を見学した。その後、教育関係者以外は遠慮いただきたいと言われ、どうしようかと考えていたときに、美容師としての技術を生かし、児童養護施設でヘアカットのボランティア活動をすることを思いつく。それが今から一八年前のことであり、現在も同じ施設でヘアカットのボランティア活動を続けている。

ボランティア活動で子どもたちとかかわるうちに、子どもたちの施設入所理由が、私が思っていた親の経済的理由ではなく、虐待によるものが多数であることを知り、衝撃を受ける。「なぜ血縁のある自分の子どもを虐待するのか」、これが現在の私の研究の始まりとなった。子ども虐待に関する文献をあたるうちに、独学の限界を感じ四〇歳での大学入学を決意する。成蹊大学入試に社会人AO枠があったことと、留学経験で得た英語力のおかげで入学することができた。ただし、フリーランス美容師という働き方でなければ、社会人としての大学入学は叶わなかっただろう。大学のユニバーサル化が進んでいるとはいえ、同じ学科に社会人の学生は私以外いなかった。しかしながら、物珍しさもあったのか、年の離れた多くの学生ともよい関係を形成することができた。また、高校までの部活動のおかげもあってか、体育の授業でつまずくこともなかった。卒業論文は「家族形成における血縁の位置づけ」とし、本書で扱った学生アンケート調査のもとになる調査も行った。大学卒業後そのまま大学院に進学することを決め、首都大学東京（現東京都立大学）大学院を受験。入試の面接において入学希望の経緯を説明した際、随分遠回りしたねと言われたが、私にとっては常に目の前の問題と向き合ってきた結果としてのことであり、高校卒業後にそのまま大学入学を目指していたら、今の私とは違ったのではないかと想像する。

大学院博士前期課程では、少し視点を変えて、児童養護施設を退所した人たちが、実親を頼れないことなどの人的ネットワークの問題について研究を行った。通常、高校卒業と同時に施設を退所するが、その後も実親と生活することなく一八歳で自立を余儀なくされるケースも多い。また、多くの退所者が対人コミュニケーションにおける困難を経験しており、さらに、いざという時に頼れる存在（一般的には実親）がいないことも困難の要因の一つとなっている。そして、施設入所理由ともなっている虐待についての研究を進めていくうちに、虐待者は実親だけでなく、養・継親、内縁、交際相手によるものが多くあることを知り、血縁意識が関与している可能性を考える。修士論文は「生きるためのネットワーク形成――児童養護施設退所者の追跡調査より」というテーマで提出し、学位を取得した。

大学院博士後期課程では、テーマを親子の血縁に焦点化し、虐待との関連性について研究を進めた。また、第三者がかかわる生殖補助医療やステップファミリーなど、家族の多様化が進み、親子関係における血縁が当たり前ではなくなりつつあるが、血縁がないということは簡単に乗り越えることができるのだろうかと疑問を持った。そして、先行研究をあたるうちに、血縁意識に関する研究がほとんどないことが明らかとなった。また、先行研究で述べられる血縁意識はきちんと定義されておらず、「血縁にこだわる＝血縁意識が強い」「血縁にこだわらない＝血縁意識が弱い」というような二項対立図式によるものであった。そのため、人びとがそれ以外に血縁に対してどのような意識をもっているかが明らかにされていなかった。そのことが私の研究意欲を増すことになったが、一方で多くの困難の要因ともなった。それは、投稿論文や研究費の申請において、査読者や審査員から先行研究がないということは、その研究に意味がないということではないのか、または先行研究の有無とは無関係にその研究に意義があるとは思えないという指摘を受けることが幾度となくあった。そのたびに、研究を断念しなければならないのかと落胆することもあったが、それを救ってくれたのが施設でかかわる子どもたちや甥、姪の笑顔であった。これまでの人生の困難において、子どもたちの笑顔にどれほど救われてきただろうか。本書「おわりに」でも触れたが、私は多くの子どもが虐待されたり、自殺を選択しなければならなくなるような状況を生んでいる現在の社会をまともだとは思っていない。子どもたちの笑顔に救われてきたからこそ、子どもが虐待されたり、自殺を選択することがないような社会を作るための研究を続けることが社会学者としてなすべきことだと考えている。

大学院博士後期課程在籍時に一年間教室の助教ポストが不在となり、その間にリサーチアシスタントを務めさせていただいた。研究時間の減少にはなったが、教室運営の実務にかかわり多くのことを学ばせていただいた。ただ、フリーランス美容師としての活動は続けていたため、その後も研究のみに専念することはできず、博士論文の執筆にも時間がかかってしまった。二〇一九年に博士の学位を取得した時には、やっと終わったと思いつつ、これからがスタートなのだとも感じた。

二〇二一年度に科学研究費助成事業「研究活動スタート支援」による基金を得ることができ、インターネットを利用した、人びとの血縁意識に関する調査を行うことができた。結果は順次公表するが、自由記述欄に、多くの若年層の方からこのようなテーマを学校の授業で扱ってほしいというコメントが得られ、この研究の意義を確信した。

博士論文を書き上げる過程においては、多くの方々からご指導をいただいた。博士後期課程に進む際、当時副学長の職にあり多忙であったにもかかわらず、私の指導教員を引き受けてくださり、退職後にも副査として助言をいただいた江原由美子先生に深く感謝したい。そして、江原先生の退職後に指導教員となり論文指導および論文審査をして下さった丹野清人先生と副査の中川薫先生、研究科の違う私に先行研究ならびにさまざまな資料検索にご協力していただいた稲葉昭英先生、さらに研究発表の機会を与えて下さった首都大学東京・都立大学社会学研究会、江原ゼミ、丹野ゼミのみなさまに拝謝したい。

また、アンケート調査に応じていただいた学生、そしてインタビュー調査を快諾していただいた児童養護施設退所者、職員、当事者支援団体代表者、シングルマザーの方々のご協力なしにこの本を完成させることはできなかった。心よりお礼申し上げたい。

出版に関しては、晃洋書房創業六〇周年企画「すごい博論大賞」において大賞を受賞したことによるものである。書籍のタイトルは、晃洋書房の皆さんの意向によるものである。当初私は『血縁の社会学――親子にとって血縁とはなにか』というタイトルを想定していた。家族といった場合、成人親子関係やきょうだい関係なども含まれるが、本書では扱っていない。しかし、晃洋書房の皆さんから、より多くの読者に関心をもってほしい内容であるため、親子とすることによって読者を限定することを避けたいとの意向を受け家族としている。ただし、本書の枠組みは成人親子関係やきょうだい関係にも適用できる。また、現在行っている研究において、およそ七割の人が「これまで親子の血縁（血のつながり）について考えたことがない」ことがわかっている。しかしながら、本書で扱った事象は誰もが遭遇する可能性があり、本書がより多くの人の血縁について考えるきっかけとなってほしいという思いは私も同じであるため一任した。このような機会を提供していただいたこと、そして大賞に選出していただいたみなさまに心より感謝申し上げたい。担当の坂野美鈴さんには、丁寧な編集作業およびご助言をいただき、御礼申し上げる。

最後に、四〇歳での大学入学から大学院への進学という選択を理解し続けてくれた家族と、笑顔で私を支えてくれた子どもたちに大変感謝している。本当にありがとう。

二〇二一年六月

久保原　大

参考文献

秋山さと子，1981，『母と子の深層』青土社.
天冨美禰子，2003，「大学生の育児観と生殖補助医療技術に関する意識——大阪教育大学生の場合」『生活文化研究』大阪教育大学，43：1-14.
安藤藍，2017，『里親であることの葛藤と対処』ミネルヴァ書房.
安藤寿康，2011，『遺伝マインド——遺伝子が織り成す行動と文化』有斐閣.
荒木晃子，2013，「家族形成のための〈問題解決型〉生殖医療のあり方——国内解決をめざす当事者とその家族」日比野由利編，2013，『グローバル化時代における生殖技術と家族形成』日本評論社79-104.
Arendt, Hannah, 1958, *The Human Condition*, the University of Chicago Press.（＝1994，志水速雄訳，『人間の条件』筑摩書房.）
Aries, Philippe, 1960, *L'enfant et la vie familiale sous l'ancien regime*, Seuil.（＝1980，杉山光信・杉山恵美子訳『〈子供〉の誕生——アンシャン・レジーム期の子供と家族生活』みすず書房.
有地亨編，1989，『現代家族の機能障害とその対策』ミネルヴァ書房.
有地亨，1993，『家族は変わったか』有斐閣.
有村大士・山本恒雄・永野咲他，2012，「児童養護施設におけるアフターケアの専門性と課題に関する研究」『日本子ども家庭総合研究所紀要』49：1-18.
有賀喜左衛門，2001，『［第二版］有賀喜左衛門著作集Ⅳ家と親分子分』未來社.
有賀美和子・篠目清美編，2004，『親子関係のゆくえ』勁草書房.
浅井美智子・柘植あづみ編，1995，『つくられる生殖神話——生殖技術・家族・生命』制作同人社.
浅井美智子，2008，「生殖補助医療——法整備への動向」『家族社会学研究』20(2)：77-84.
浅倉恵一・峰島厚編，2006，『新・子どもの福祉と施設養護』ミネルヴァ書房.
渥美雅子編，2014，『家族をこえる子育て——棄児・離婚・DV・非行……を救うセーフティネット』工作舎.
粟津文葉・米田昌代・曽山小織，2015，「出生前診断において胎児異常を告げられた女性の心理に関する文献的考察」『石川看護雑誌』12：105-114.
Baker, Robin, 1999, *Sex In The Future*, The Susijn Agency.（＝2000，村上彩訳，『セックス・イン・ザ・フューチャー——生殖技術と家族の行方』紀伊國屋書店.）

Bancroft, Lundy, 2002, *Why Does He Do That?; Insaide the Minds of Angry and Controlling Men.* Berkley.（=2008, 高橋睦子・中島幸子・山口のり子監訳,『DV・虐待加害者の実態を知る――あなた自身の人生を取り戻すためのガイド』明石書店.）

Berger, Peter L and Thomas Luckmann, 1967, *The Social Construction of Reality; A Treatise in the Sociology of Knowledge,* Doubleday & Company.（=1977, 山口節郎訳,『日常世界の構成――アイデンティティと社会の弁証法』

Cartwright, C, 2008, "Resident parent-child relationship in stepfamilies," in Pryor, J., ed., *The International Handbook of Stepfamilies: Policy and Practice in Leagal, Research, and Clinical Environments,* Hoboken, New Jersey: John Wiley & Sons, 208-230.

Clark, William R. and Michael Grunstein, 2001, *Are We Hardwired?; The Role of Genes in Human Behavior,* Oxford University Press.（=2003, 鈴木光太郎訳,『遺伝子は私たちをどこまで支配しているか― DNA から心の謎を解く』新曜社.）

Coleman, James Samuel, 1988, "Social Capital in the Creation of Human Capital" *American Journal of Sociology,* 94: 95-120.（=2006, 野沢慎司編・監訳『リーディングス　ネットワーク論――家族・コミュニティ・社会関係資本』金光淳訳「人的資本の形成における社会関係資本」勁草書房, 205-38.）

Daly, Martin, and Margo Wilson, 1988a, "Evolutionary Social Psychology and Family Homicide", *SCIENCE,* 242: 519-24.

――――, 1988b, *Homicide,* New Brunswick.（=1999, 長谷川眞理子・長谷川寿一訳,『人が人を殺すとき――進化でその謎をとく』新思索社.）

――――, 1998, *THE TRUTH ABOUT CINDERELLA: A Darwinian View of Parental Love,* Weidenfeld &Nicolson.（=2002, 竹内久美子訳,『シンデレラがいじめられるほんとうの理由』新潮社.）

Dawkins, Richard, 1989, *The selfish gene; New edition,* Oxford University Press.（=1991, 日高敏隆・岸由二・羽田節子ほか訳,『利己的な遺伝子――増補改題『生物=生存機械論』』紀伊國屋書店.）

――――, 1994, *River Out of Eden,* Brockman, Inc.（=1995, 垂水雄二訳,『遺伝子の川』草思社.）

出口顯, 1999,『誕生のジェネオロジー』世界思想社.

江原由美子, 1988,『フェミニズムと権力作用』勁草書房.

————, 2002,『自己決定権とジェンダー』岩波書店.
江原由美子編, 1996,『生殖技術とジェンダー』勁草書房.
Friedan, Betty, 1977, *The feminine mystique,* Curtis Brown Ltd.（＝1977, 三浦冨美子訳,『〈増補〉新しい女性の創造』大和書房.）
Firestone, Shulamith, 1970, *The dialectic of sex; The case of feminist revolution,* William Marrow & Company, Inc.（＝1980, 林弘子訳,『性の弁証法』評論社.）
Forward, Susan, 1989, *Toxic Parents,* Bantam Books.（＝2001, 玉置悟訳,『毒になる親——一生苦しむ子供』講談社.）
Fox, Sidney W, 1988, *The emergence of life,* Raines & Raines.（＝1989, 松野孝一郎,『生命の出現と分子選択』東京図書.）
福井洋平・金城珠代, 2014,「親子は血縁か愛着か——そして親になれなかった」『AERA』朝日新聞社, 17-9.
福祉士養成講座編集委員会, 2007,『児童福祉論』中央法規出版.
藤崎宏子編, 2000,『親と子——交錯するライフコース』ミネルヴァ書房.
藤田裕司, 2011,「特別支援教育論考（4）」『大阪教育大学紀要』第Ⅳ部門59(2)：195-204.
古橋エツ子, 2007,『家族の変容と暴力の国際比較』明石書店.
古澤頼雄, 2005,「非血縁家族を構築する人たちについての文化心理学的考察——その人たちへの社会的スティグマをめぐって」『東京女子大学比較文化研究所紀要』66：13-25.
Giddens, Anthony, 1991, *Modernity and Self-Identity: Self and Society in the Late Modern Age,* Stanford University Press（＝2005, 秋吉美都・安藤太郎・筒井淳也訳『モダニティと自己アイデンティティ——後期近代における自己と社会』ハーベスト社.）
————, 1992, *The Transformation of Intimacy; Sexuality, Love and Eroticism in Modern Societies,* Polity Press.（＝1995, 松尾精文・松川昭子訳,『親密性の変容——近代社会におけるセクシュアリティ, 愛情, エロティシズム』而立書房.）
Goffman, Erving, 1961, *Asylums: Essays on the Social Situation of Mental Patients and Other Inmates,* Doubleday & Company, Inc.（＝1984, 石黒毅訳『アサイラム——施設被収容者の日常世界』誠信書房）
————, 1963, *Stigma: Note on the Management of Spoiled Identity,* Prentice Hall, inc.（＝2003, 石黒毅訳『スティグマの社会学——烙印を押されたアイデンティティ』改訂版　せりか書房）

後藤絵里，2013，「日本における特別養子縁組の現状と課題」特別養子縁組を考える国際シンポジウム報告原稿，（2017年 4 月11日取得，http://happy-yurikago.net/wpcore/wp-content/uploads/2013/12/44ef2e21e9106178f4c194a37aa74d8b.pdf）.

グループ・女の人権と性編，1989，『ア・ブ・ナ・イ生殖革命』有斐閣.

Hamer, Dean & Peter Copeland, 1998, *Living with our genes,* Bantam Doubleday Dell Publishing Group, Inc.（＝2002，吉田利子訳，『遺伝子があなたをそうさせる――喫煙からダイエットまで』草思社.）

花田裕子・永江誠治・山崎真紀子ほか，2007，「児童虐待の歴史的背景と定義」『保健学研究』長崎大学，19(2)：1-6.

長谷川眞人編，2009，『地域小規模児童養護施設の現状と課題』福村出版.

長谷川眞人・堀場純矢編，2005，『児童養護施設と子どもの生活問題』三学出版.

――――編，2007，『児童養護施設の援助実践』三学出版.

橋本卓史・荒井博子・小沢愉理他，2013，「10代の母親から出生した児81例の臨床像と養育状況」『小児保健研究』72(1)：35-40.

Hayes, Peter, and Toshie Habu, 2006, *Adoption in Japan; Comparing Policies for Children in Need,* Routledge.（＝2011，津崎哲雄監訳，『日本の養子縁組――社会的養護施策の位置づけと展望』明石書店.）

日比野由利編，2013，『グローバル化時代における生殖技術と家族形成』日本評論社.

日比野由利，2014，『アジアの生殖補助医療と法・倫理』法律文化社.

――――，2015，『ルポ生殖ビジネス――世界で「出産」はどう商品化されているか』朝日新聞出版.

――――，2016，「生殖医療における医療ツーリズム」『産科と婦人科』3(35)：275-79.

樋田敦子，2015，『女性と子どもの貧困――社会から孤立した人たちを追った』大和書房.

樋貝繁香・遠藤俊子・比江島欣慎ほか，2008，「生後 1 ヵ月の子どもをもつ父親の産後うつと関連要因」『母性衛生』49(1)：91-7.

東村知子，2015，「出生前診断に対する短期大学生の意識――展開されるロジックと潜在する「妊娠―出産」観」『紀要』奈良学園大学奈良文化女子短期大学部，46：101-11.

廣井真美・太田俊・甲斐寿美子，2008，「出生前診断に対する看護学生の意識」『帝京平成監護短期大学紀要』18：13-6.

広井多鶴子，2011，「家族概念の形成――家族と family」『実践女子大学人間社会

学部紀要』7：55-75.
広田照幸，1999,『日本人のしつけは衰退したか――「教育する家族」のゆくえ』講談社.
久武綾子・戒能民江・若尾典子ほか，1997,『家族データブック』有斐閣.
星野信也，2004,「ユニセフ調査にみる児童虐待と児童の貧困」，星野信也ホームページ，(2017年4月11日取得，http://www008.upp.so-net.ne.jp/shshinya/ShukanShahoChildPoverty11.pdf).
堀田あきお＆かよ，2011,『不妊治療，やめました．――ふたり暮らしを決めた日』ぶんか社.
堀場純矢，2009,「地域小規模児童養護施設の課題と展望」長谷川眞人編，『地域小規模児童養護施設の現状と課題』福村出版，170-176.
法務省，2019,「児童虐待に係る事件　検挙人員（被害者と加害者の関係別，罪名別）」『犯罪白書』第4編，法務省ホームページ，(2021年1月17日取得，http://hakusyo1.moj.go.jp/jp/66/nfm/n66_2_4_6_1_0.html).
法務総合研究所，2013,「無差別殺傷事犯に関する研究：第2章　殺人事件の動向」『研究部報告』50：6-38.
伊部恭子，2013,「施設退所後に家庭復帰をした当事者の生活と支援――社会的養護を受けた人々への生活史聞き取りを通して」『佛教大学社会福祉学部論集』9：1-26.
――――，2015,「社会的養護における支援課題としての権利擁護と社会関係の形成――社会的養護経験者の生活史聞き取りから」『福祉教育開発センター紀要』佛教大学，12：1-16.
市川隆一郎・藪野栄子，1988,「児童虐待――「育てにくさ」を訴える事例から予防を考える」『児童学研究』聖徳大学児童学研究紀要，1：5-11.
稲葉昭英，1989,「家族ストレス理論の再構成――「家族の状相」概念の導入」『家族社会学研究』1：94-102.
――――，2013,「貧困・夫婦関係の不安定性と子ども」2012年課題公募型共同研究「家庭環境と親と子の意識に関する研究」成果報告会原稿（於：東京大学).
稲熊利和，2007,「生殖補助医療への法規制をめぐる諸問題――代理懐胎の是非と親子関係法制の整備等について」『立法と調査』263：128-36.
井上眞理子，2004,『現代家族のアジェンダ――親子関係を考える』世界思想社.
一般社団法人　日本家族計画協会，2016,「目で見る日本の人工妊娠中絶」『家族と健康』742：4-5. 日本家族計画協会ホームページ，(2018年3月7日取得，https://www.jfpa.or.jp/paper/main/000559.html).

石井光太，2016，『「鬼畜」の家――わが子を殺す親たち』新潮社.

石川准，1999，『人はなぜ認められたいのか――アイデンティティ依存の社会学』旬報社.

石川智基，2011，『男性不妊症』幻冬舎.

石原邦雄編，2008，『家族のストレスとサポート［改訂版］』放送大学教育振興会.

石原理，1998，『生殖革命』筑摩書房.

――――，2016，『生殖医療の衝撃』講談社.

伊藤晴夫，2006，『生殖医療の何が問題か』緑風出版.

伊藤嘉余子，2010，「児童養護施設退所児童のアフターケアにおける施設と学校の連携――アフターケア実践事例からの考察」『埼玉大学教育学部付属教育実践総合センター紀要』9：51-60.

――――，2013，「満年齢で措置解除となった児童養護施設退所者へのアフターケア：支援内容と支援時期との関連性の検証」『社会問題研究』62：1-11.

岩本通弥，2002，「イエ」小松和彦・関一敏編『新しい民俗学へ――野の学問のためのレッスン26』せりか書房，155-67.

和泉広恵，2006，『里親とは何か――家族する時代の社会学』勁草書房.

――――，2015「生殖補助医療と家族」『家族研究年報』40：1-5.

Jones, Gill and Claire Wallace, 1992, *Youth, Family and Citizenship*, Open University Press.（＝1996，宮本みち子監訳，徳本登訳『若者はなぜ大人になれないのか――家族・国家・シティズンシップ』新評論.）

門野里栄子，2006，「生殖技術の受容と〈近代家族〉の構成要素」『甲南女子大学研究紀要』42：53-62.

釜野さおり，2008，「レズビアン家族とゲイ家族から「従来の家族」を問う可能性を探る」『家族社会学研究』20(1)：16-27.

金子敬明，2011，「養子制度の利用実態」『千葉大学法学論集』25(4)：155-80.

柏木恵子，2001，『子どもという価値――少子化時代の女性の心理』中央公論社.

――――，2003，『家族心理学――社会変動・発達・ジェンダーの視点』東京大学出版会.

加藤秀一，2007，『〈個〉からはじめる生命論』日本放送出版協会.

勝見吉彰，2014，「ステップファミリーにおける親子関係に関する研究――子どもの視点からの検討」『人間と科学』県立広島大学保険福祉学部，14(1)：129-36.

河合隼雄・小林登・中根千枝編，1984，『親と子の絆――学際的アプローチ』創元社.

河合蘭，2013，『卵子老化の真実』文芸春秋.

――――, 2015,『出生前診断――出産ジャーナリストが見つめた現状と未来』朝日新聞.
川名はつ子・菊地潤・中村泉, 2000,「出生前診断についての人びとの意識の現状」『日本保健福祉学会誌』7(1)：31-40.
川崎二三彦, 1999,『虐待』明石書店.
――――, 2019,『虐待死――なぜ起きるのか，どう防ぐか』岩波書店.
香山リカ, 2012,『絆ストレス――「つながりたい」という病』青春出版社.
Kenward, Helen and Denise Hevey, 1992, “The Effects of Physical Abuse and Neglect”, Rogers, Wendy Stainton, Hevey, Denise, Roche, Jeremy and Ash, Elizabeth eds. *Child Abuse and Neglect*, B. T. Batsford Ltd, 203-9.
警察庁, 2014,「児童虐待及び福祉犯の検挙状況（平成25年1～12月）」, 警察庁ホームページ,（2016年7月20日取得, https://www.npa.go.jp/safetylife/syonen/jidougyakutai_fukushihan_kenkyoH25.pdf）.
――――, 2016,「児童虐待及び福祉犯の検挙状況（平成27年1～12月）」, 警察庁ホームページ,（2016年7月20日取得, https://www.npa.go.jp/safetylife/syonen/jidougyakutai_fukushihan_kenkyoH27.pdf）.
――――, 2017,「平成28年における少年非行，児童虐待及び児童の性的搾取等の状況について」警察庁ホームページ,（2018年1月17日取得, https://www.npa.go.jp/safetylife/syonen/hikou_gyakutai_sakusyu/H28.pdf）.
――――, 2020,「令和元年における少年非行，児童虐待及び子供の性被害の状況（訂正版）」警察庁ホームページ,（2020年8月1日取得, https://www.npa.go.jp/safetylife/syonen/hikou_gyakutai_sakusyu/R1.pdf）.
菊池綾子, 1959,『家族の研究』新曜社.
菊地真理, 2005,「継母になるという経験――結婚への期待と現実のギャップ」『家族研究年報』30：49-63.
木宮敬信, 2016,「出生前診断および先天異常に対する理解と自己決定との関連について」『常葉大学教育学部紀要』36：237-46.
木村尚三郎, 1985,『家族の時代――ヨーロッパと日本』新潮社.
金城清子, 1998,『生命誕生をめぐるバイオエシックス――生命倫理と法』日本評論社.
桐野由美子, 1998,「意識調査を通してみた日本の子どものための養子縁組――その1：当事者と非当事者の比較」『社会学部紀要』関西学院大学, 81：129-41.
岸田秀, 1998,『母親幻想』新書館.
北村達, 1955,『近代家族』大明堂.

木津隆司，1979，「ヨーロッパ中世における血縁意識――血縁関係用語を通して」『学園論集』北海学園大学，35：1-63.

――――，1983，「血縁意識の比較史的研究」『学園論集』北海学園大学，44：25-43.

Klein, Renate D ed., 1989, *Infertility; Woman speak out about their experiences of reproductive medicine*, Unwin Hyman Ltd.（＝1991，「フィンレージの会」訳，『不妊――いま何が行われているのか』晶文社.）

小林亜津子，2014，『生殖医療はヒトを幸せにするのか――生命倫理から考える』光文社.

小林一久，2011，『親からの DNA で人生は決まるのか？――健やかで幸せに生きるための羅針盤』鳥影社.

小林美智子・松本伊智朗編，2007，『子ども虐待　介入と支援のはざまで――「ケアする社会」の構築に向けて』明石書店.

小林武彦，2017，『DNA の98％は謎――生命の鍵を握る「非コード DNA」とは何か』講談社.

子どもの虐待防止ネットワーク・あいち編，2000，『防げなかった死――虐待データブック2001』キャプナ出版.

小浜逸郎，2003，『可能性としての家族［復刊・第一版］』ポット出版.

小西宏，2002，『不妊治療は日本人を幸せにするか』講談社.

孝本貢・丸山茂・山内健治，2003，『父――家族概念の再検討に向けて』早稲田大学出版部.

厚生労働省，1999，「生殖補助医療技術に対する患者の意識に関する研究：全国調査の結果から」，厚生労働省ホームページ，（2017年４月11日取得，https://www.niph.go.jp/wadai/mhlw/1999/h1118028.pdf）.

――――，2003，「生殖補助医療技術についての意識調査2003」集計結果，厚生労働省ホームページ，（2016年10月６日取得，http://www.mhlw.go.jp/wp/kenkyu/db/tokubetu02/index.html）.

――――，2007，「平成18年度児童相談所における児童虐待相談対応件数等」，厚生労働省ホームページ，（2018年10月20日取得，https://www.mhlw.go.jp/bunya/kodomo/dv16/index.html）.

――――，2009，「子ども虐待による死亡事例等の検証結果等について（第５次報告）」，厚生労働省ホームページ，（2017年７月11日取得，http://www.mhlw.go.jp/bunya/kodomo/dv37/dl/10.pdf）.

――――，2012，「平成23年度　全国母子世帯等調査結果報告」，厚生労働省ホームページ，（2017年10月17日取得，http://www.mhlw.go.jp/seisakunitsuite/

bunya/kodomo/kodomo_kosodate/boshi-katei/boshi-setai_h23/dl/h23_29.pdf).
———, 2014a,「児童虐待の現状」, 厚生労働省ホームページ, (2016年7月5日取得, http://www.mhlw.go.jp/file/06-Seisakujouhou-11900000-Koyoukintoujidoukateikyoku/0000108127.pdf).
———, 2014b,「社会的養護の現状について(平成26年3月版)」, 厚生労働省ホームページ, (2018年3月29日取得, http://www.mhlw.go.jp/bunya/kodomo/syakaiteki_yougo/dl/yougo_genjou_01.pdf).
———, 2015a,「子ども家庭福祉の動向と課題」, 厚生労働省ホームページ, (2016年7月28日取得, http://www.crc-japan.net/contents/situation/pdf/201505.pdf).
———, 2015b,「子ども虐待による死亡事例等の検証結果等について(第11次報告)」, 厚生労働省ホームページ, (2016年10月5日取得, http://www.mhlw.go.jp/file/06-Seisakujouhou-11900000-Koyoukintoujidoukateikyoku/0000099959.pdf).
———, 2015c,「ひとり親家庭の現状について」, 厚生労働省ホームページ, (2017年9月26日取得, http://www.mhlw.go.jp/file/06-Seisakujouhou-11900000-Koyoukintoujidoukateikyoku/0000083324.pdf).
———, 2016a,「平成27年度児童相談所での児童虐待相談対応件数(速報値)」, 厚生労働省ホームページ, (2016年8月31日取得, http://www.mhlw.go.jp/file/04-Houdouhappyou-11901000-Koyoukintoujidoukateikyoku-Soumuka/0000132366.pdf).
———, 2016b,「子ども虐待による死亡事例等の検証結果等について(第12次報告)」, 厚生労働省ホームページ, (2017年7月11日取得, http://www.mhlw.go.jp/file/06-Seisakujouhou-11900000-Koyoukintoujidoukateikyoku/0000137018.pdf).
———, 2016c,「児童相談所における児童虐待相談対応件数, 児童虐待相談の相談種別×主な虐待者別(福祉行政通例報告例平成28年度児童第26表)」.
———, 2017a,「社会的養護の現状について(参考資料)平成29年3月」, 厚生労働省ホームページ, (2017年4月11日取得, http://www.mhlw.go.jp/file/06-Seisakujouhou-11900000-Koyoukintoujidoukateikyoku/0000154060.pdf).
———, 2017b,「平成28年度児童相談所での児童虐待相談対応件数(速報値)」, 厚生労働省ホームページ, (2017年8月22日取得, http://www.mhlw.go.jp/file/04-Houdouhappyou-11901000-Koyoukintoujidoukateikyoku-Soumuka/0000174478.pdf).

――――, 2017c,「里親及び特別養子縁組の現状について」, 厚生労働省ホームページ,(2018年 2 月 6 日取得, http://www.mhlw.go.jp/file/05-Shingikai-11901000-Koyoukintoujidoukateikyoku-Soumuka/0000148755.pdf).

――――, 2017d,「子ども虐待による死亡事例等の検証結果等について(第13次報告)」, 厚生労働省ホームページ,(2021年 6 月17日取得, https://www.mhlw.go.jp/file/06-Seisakujouhou-11900000-Koyoukintoujidoukateikyoku/0000177954.pdf).

――――, 2018a,「市町村・都道府県における子ども家庭相談支援体制の整備に関する取組状況について」, 厚生労働省ホームページ,(2020年 8 月 1 日取得, https://www.mhlw.go.jp/content/11920000/000394627.pdf).

――――, 2018b,「児童虐待相談における主な虐待者別構成割合の年次推移」平成30年度福祉行政報告例の概況, 厚生労働省ホームページ,(2021年 1 月17日取得, https://www.mhlw.go.jp/toukei/saikin/hw/gyousei/18/index.html).

――――, 2018c,「児童相談所における児童虐待相談の対応件数, 児童虐待相談の相談種別×主な虐待者別」e-Stat ホームページ,(2021年 1 月17日取得, https://www.e-stat.go.jp/stat-search/files?page=1&layout=datalist&toukei=00450046&tstat=000001034573&cycle=8&tclass1=000001136626&tclass2=000001136634&tclass3val=0).

――――, 2018d,「子ども虐待による死亡事例等の検証結果等について(第14次報告)」, 厚生労働省ホームページ,(2021年 6 月17日取得, https://www.mhlw.go.jp/content/11900000/000362705.pdf).

――――, 2018e,「子ども虐待による死亡事例等の検証結果等について(個別事例)」, 厚生労働省ホームページ,(2021年 6 月17日取得, https://www.mhlw.go.jp/content/11900000/000348286.pdf).

――――, 2019,「子ども虐待による死亡事例等の検証結果等について(第15次報告)」, 厚生労働省ホームページ,(2021年 6 月17日取得, https://www.mhlw.go.jp/content/11900000/000680019.pdf).

――――, 2020,「子ども虐待による死亡事例等の検証結果等について(第16次報告)」, 厚生労働省ホームページ,(2021年 6 月17日取得, https://www.mhlw.go.jp/content/11900000/000533868.pdf).

国立青少年教育振興機構, 2017,「若者の結婚観・子育て観等に関する調査」.

小山隆編, 1960,『現代家族の研究――実態と調整』弘文堂.

久保原大, 2016,「児童養護施設退所者の人的ネットワーク形成――児童養護施設退所者の追跡調査より」『社会学論考』首都大学東京・都立大学社会学研究会, 37：1-28.

――――，2019，「親子関係における血縁の位置づけ――家族の多様化と血縁意識に着目して」首都大学東京大学院博士学位論文.

久保田裕之，2009a，「若者の自立／自律と共同性の創造――シェアハウジング」牟田和恵編，2009，『家族を超える社会学――新たな生の基盤を求めて』新曜社104-36.

――――，2009b，「「家族の多様化」論再考――家族概念の分節化を通じて」『家族社会学研究』21(1)：78-90.

共同通信社社会部編，2014，『わが子よ――出生前診断，生殖医療，生みの親・育ての親』現代書館.

牧里毎治・山野則子編，2009，『児童福祉の地域ネットワーク』相川書房.

牧野カツコ，1989，「母親の就労化と家族関係」『教育社会学研究』44：50-70.

――――，1999，「子どもと家族」『家族社会学研究』11：3-7.

――――，2007，「誰が，どう，家族を定義しようとするか」『家族社会学研究』18(2)：5-6.

牧野カツコ・山根真理，2003，「現代社会における結婚の意味とはなにか」『家族社会学研究』14(2)：7-12.

牧野暢男・牧野カツコ・渡辺秀樹ほか，1990，「母親の就労と育児援助について――「母親の就労を中心とした社会参加と親役割に関する調査」より」『日本教育社会学会大会発表要旨集録』42：10-3.

Martin, Wednesday, 2009, *Stepmonster; A New Look at Why Real Stepmothers Think, Feel, and Act the Way We Do*, Miriam Altshuler Literary Agency.（＝2015，伊藤幸代訳，『継母という存在――真実と偏見のはざまで』北大路書房.）

Mattei, Jean-Frncois, 1994, *L'enfant oublie; ou les folies genetiques*, Editions Albin Michel S. A.（＝1995，浅野素女訳，『人工生殖のなかの子どもたち――生命倫理と生殖技術革命』築地書館.）

まさのあつこ，2004，『日本で不妊治療を受けるということ』岩波書店.

正岡寛司・望月嵩，1988，『現代家族論』有斐閣.

増沢高・大川浩明・南山今日子ほか，2010，「児童虐待に関する文献研究（第6報）――子ども虐待と発達障害の関連に焦点をあてた文献の分析」『子どもの虹情報研修センター紀要』8：154-62.

松木洋人，2013，『子育て支援の社会学――社会化のジレンマと家族の変容』新泉社.

松本伊智朗，1987，「養護施設卒園者の「生活構造」：「貧困」の固定的性格に関する一考察」『北海道大學教育學部紀要』49：43-119.

――――，1990,「養護施設卒園者の生活と意識」『帯広大谷短期大学紀要』27：79-104.
――――，2010,「子ども虐待問題の基底としての貧困・複合的困難と社会的支援」『子ども虹情報研修センター紀要』8：1-11.
――――編，2010,『子ども虐待と貧困――「忘れられた子ども」のいない社会をめざして』明石書店.
――――，2012,「子どもの貧困と「重なり合う不利」――子ども虐待問題と自立援助ホームの調査結果を通して」『季刊社会保障研究』48(1)：74-84.
――――，2013,『子ども虐待と家族――「重なり合う不利」と社会的支援』明石書店.
松本三和夫，2002,『知の失敗と社会――科学技術はなぜ社会にとって問題か』岩波書店.
松岡悦子編，2017,『子どもを産む・家族をつくる人類学――オールターナティヴへの誘い』勉誠出版.
目黒依子・矢澤澄子編，2000,『少子化時代のジェンダーと母親意識』新曜社.
南貴子，2010,『人工授精におけるドナーの匿名性廃止と家族――オーストラリア・ビクトリア州の事例を中心に』風間書房.
――――，2014,「配偶子ドナーの匿名性のもとに生まれた子の出自を知る権利の遡及的保障をめぐる課題――オーストラリア・ビクトリア州の事例を中心に」『医学哲学　医学倫理』32：22-32.
三谷はるよ，2013,「里親の危機対処過程――社会関係の影響に着目して」『家族社会学研究』25(2)：109-20.
光川晴之，1973,『家族病理学』ミネルヴァ書房.
三浦謹一郎，1984,『DNA と遺伝情報』岩波書店.
三輪清子，2014,「里親制度の長期的動態と展望」首都大学東京大学院博士学位論文.
宮台真司，2008,『14歳からの社会学――これからの社会を生きる君に』世界文化社.
宮地尚子，2007,『環状島＝トラウマの地政学』みすず書房.
宮本みち子，2012,『若者が無縁化する――仕事・福祉・コミュニティでつなぐ』筑摩書房.
水谷徹・今野義孝・星野常夫，2000,「障害児の出生前診断の現状と問題点」『教育学部紀要』文教大学，34：25-36.
文部科学省，2012,「虐待の基礎的理解――発生のメカニズムと子どもが被る影響」，文部科学省ホームページ，(2018年 7 月25日取得，http://www.mext.

go.jp/component/a_menu/education/detail/__icsFiles/afieldfile/2012/09/28/1280766_2.pdf).
森和子, 2016,「養子縁組家族から示唆される非配偶者間生殖補助医療による家族のあり方」『心身医学』56(7):718-22.
森岡清美編, 1967,『家族社会学』有斐閣.
森岡清美, 2008,「家族機能論再考」『家族社会学研究』20(2):5-6.
森岡清志編, 2000,『都市社会のパーソナルネットワーク』東京大学出版会.
――――編, 2002,『パーソナルネットワークの構造と変容』東京都立大学出版会.
森岡正博, 2002,「生殖技術と近代家族」『家族社会学研究』13(2):21-29.
向井亜紀, 2004,『会いたかった――代理母出産という選択』幻冬舎.
牟田和恵編, 2009,『家族を超える社会学――新たな生の基盤を求めて』新曜社.
村上京子・飯野英親・塚原正人ほか, 2005,「乳幼児を持つ母親の育児ストレスに関する要因の分析」『小児保健研究』64(3):425-431.
村上(横内)理絵・吉利宗久, 2015,「出生前診断に関する大学生の意識調査」『岡山大学教師教育開発センター紀要』5:149-56.
村上理絵・吉利宗久・仲矢明孝, 2017,「出生前診断に関する大学生の意識および知識に関する調査」『岡山大学教師教育開発センター紀要』7:193-202.
村上泰亮・公文俊平・佐藤誠三郎, 1979,『文明としてのイエ社会』中央公論社.
村岡潔・岩崎皓・西村理恵ほか, 2004,『不妊と男性』青弓社.
武藤素明編, 2012,『施設・里親から巣立った子どもたちの自立――社会的養護の今』福村出版.
永野咲, 2015,「施設退所後の生活実態を捉える」『世界の児童と母性』79:47-51.
長沖暁子編, 2014,『AIDで生まれるということ――AIDで生まれた子どもたちの声』萬書房.
内閣府男女共同参画局, 2013,「性別役割分担意識に関する世代による特徴:賛成の割合」, 内閣府男女共同参画局ホームページ, (2017年12月19日取得, http://www.gender.go.jp/about_danjo/whitepaper/h25/zentai/html/zuhyo/zuhyo01-00-25.html).
中田基昭編, 大塚類・遠藤野ゆり著, 2011,『家族と暮らせない子どもたち――児童福祉施設からの再出発』新曜社.
中谷勝哉・山本クニ子, 2005,「育児関連ストレスと妊娠前の母親の経験・知識」『発達研究』19:151-164.
中澤香織, 2013,「子ども虐待と家族関係――母親の家族内における立場に注目して」松本伊智朗編著『子ども虐待と家族――「重なり合う不利」と社会的

支援』明石書店，50-8.
名取道也・鈴森信宏，2010,「C. 産婦人科検査法　19. 羊水検査・絨毛検査・母体血清マーカー検査」『日産婦誌』62(3)：N-17-22.
Nelkin, Drothy and M. Susan Lindee, 1995, *The DNA mystique; The Gene as a Cultural Icon*, W. H. Freeman and Company.（＝1997，工藤政司訳，『DNA 伝説――文化のイコンとしての遺伝子』紀伊國屋書店.）
根本紀子・佐藤啓造・藤城雅也ほか，2016,「生殖補助医療法制化に向けての法医学的一考察」『昭和学士会誌』76(5)：615-32.
NHK 取材班編，2013,『産みたいのに産めない――卵子老化の衝撃』文芸春秋.
NHK 世論調査部編，1985,『現代の家族像――家庭は最後のよりどころか』日本放送出版協会.
日本学術会議，2008,「代理懐胎を中心とする生殖補助医療の課題――社会的合意に向けて」，生殖補助医療の在り方検討委員会，日本学術会議ホームページ，(2017年 9 月26日 取 得，http://www.scj.go.jp/ja/info/kohyo/pdf/kohyo-20-t56-1.pdf).
日本人文科學會編，1951,『封建遣制』有斐閣.
日本社会事業大学社会事業研究所，2016,「社会的養護の国際比較に関する研究調査報告書〈第 3 報〉」，日本社会事業大学社会事業研究所ホームページ，(2017年 4 月11日取得，http://www.jcsw.ac.jp/research/kenkyujigyo/roken/files/kadai9-3.pdf).
西川祐子，1991,「近代国家と家族」『ユスティティア』 2，ミネルヴァ書房.
西舘好子，2015,『血縁という力』海竜社.
西田知己，2002,『血筋はそこからはじまった』研成社.
西田芳正編著，妻木進吾・長瀬正子・内田龍史著，2011,『児童養護施設と社会的排除――家族依存社会の臨界』解放出版社.
西尾祐吾編，2005,『児童福祉論』晃洋書房.
西山哲郎編，2013,『科学化する日常の社会学』世界思想社.
西澤哲，2009,「虐待というトラウマ体験が子どもに及ぼす心理・精神的影響」『北海道医療大学看護福祉学部学会誌』5(1)：5-10.
野辺陽子，2011,「実親の存在をめぐる養子のアイデンティティ管理」『年報社会学論集』24：168-79.
――――，2012,「なぜ養子縁組は不妊当事者に選択されないのか？――「血縁」と「子育て」に関する意味づけを中心に」『季刊　家計経済研究』93：58-66.
――――，2013,「養子縁組の社会学――血縁をめぐる人々の行為と意識」東京大学大学院博士学位論文.

――――, 2015,「非血縁親子における「親の複数性・多元性」の課題――養子縁組における生みの親を事例に」『比較家族史研究』29：129-45.
――――, 2018,『養子縁組の社会学――〈日本人〉にとって〈血縁〉とはなにか』新曜社.
野辺陽子・松木洋人・日比野由利ほか, 2016,『〈ハイブリッドな親子〉の社会学――血縁・家族へのこだわりを解きほぐす』青弓社.
野田聖子, 2004,『私は産みたい』新潮社.
――――, 2011,『生まれた命にありがとう』新潮社.
野田聖子・根津八紘, 2011,『この国で産むということ』ポプラ社.
野口康彦, 2009,「親の離婚を経験した大学生の将来に対する否定的な期待に関する一検討――親の仲の良い群, 親の仲の悪い群, 親の離婚群との比較から」『中央学術研究紀要』38：152-162.
野々山久也・袖井孝子・篠崎正美編, 1996,『いま家族に何が起こっているのか』ミネルヴァ書房.
野沢慎司・茨木尚子・早野俊明ほか編, 2006,『Q&A　ステップファミリーの基礎知識――子連れ再婚家族と支援者のために』明石書店.
野沢慎司・菊地真理, 2010,「ステップファミリーにおける家族関係の長期的変化――再インタビュー調査からの知見」『研究所年報』明治学院大学社会学部付属研究所, 40：153-64.
――――, 2014,「若年成人継子が語る継親子関係の多様性――ステップファミリーにおける継親の役割と継子の適応」『研究所年報』明治学院大学社会学部付属研究所, 44：69-87.
野沢慎司, 2015,「ステップファミリーの若年成人子が語る同居親との関係――親の再婚への適応における重要性」『社会イノベーション研究』成城大学, 10(2)：59-84.
NPO 法人　ブリッジフォースマイル, 2015,「全国児童養護施設調査2015社会的自立に向けた支援に関する調査――施設職員アンケート」, ブリッジフォースマイルホームページ, (2017年4月11日取得, http://www.b4s.jp/_wp/wp-content/uploads/2015/12/e51d6758a7a9a455776faec103127ae3.pdf).
NPO 法人　社会的養護の当事者参加推進団体　日向ぼっこ, 2009,『施設で育った子どもたちの居場所「日向ぼっこ」と社会的養護』明石書店.
お茶の水女子大学生命倫理研究会, 1992,『不妊とゆれる女たち――生殖技術の現在と女性の生殖権』学陽書房.
落合恵美子, 1989,『近代家族とフェミニズム』勁草書房.
――――, 2004,『21世紀家族へ――家族の戦後体制の見かた・超えかた［第三

版]』有斐閣.
岡克彦, 2017,『「家族」という韓国の装置——血縁社会の法的なメカニズムとその変化』三省堂.
岡野八代編, 2010,『自由への問い 7 家族——新しい「親密圏」を求めて』岩波書店.
奥田晃久・川松亮・桜山豊夫, 2016,「子どもの貧困と児童虐待」『公衆衛生』80(7):491-5.
大場健, 1997,『自分であるとはどんなことか』勁草書房.
大原美知子, 2003,「母親の虐待行動とリスクファクターの検討——首都圏在住で幼児をもつ母親への児童虐待調査から」『社会福祉学』43(2):46-57.
大日向雅美, 1992,『母性は女の勲章ですか？』産経新聞社.
大村海太, 2014,「児童養護施設退所者の自立に関する一考察」『研究紀要』駒沢女子短期大学, 47:49-60.
大野和基, 2009,『代理出産——生殖ビジネスと命の尊厳』集英社.
太田素子・森謙二編, 2006,『〈いのち〉と家族——生殖技術と家族 I』早稲田大学出版部.
大竹秀男・竹田亘・長谷川善計編, 1988,『擬制された親子——養子』三省堂.
Papernow, Patricia L, 2013, *Surviving and thriving in stepfamily relationship,* Routledge.（=2015, 中村伸一・大西真美・吉川由香訳,『ステップファミリーをいかに生き, 育むか——うまくいくこと, いかないこと』金剛出版.）
樂木章子2006,「家族：血縁なき「血縁関係」」, 杉万俊夫編,『コミュニティのグループ・ダイナミクス』京都大学学術出版会, 239-70.
Ridley, Matt, 2003, *Nature Vie Nurture; Genes, Exprrience and What Makes Us Human,* Felicity Bryan Ltd.（=2014, 中村佳子・斉藤隆央訳,『やわらかな遺伝子』早川書房.）
李文雄, 2004,「血縁観の持続と変容——現代韓国の親族関係」(都知美訳)『都市文化研究』3:194-202.
Rogers, Wendy Stainton, Denise Hevey, Jeremy Roche and Elizabeth Ash eds., 1992, *Child Abuse and Neglect,* B. T. Batsford Ltd.（=1993, 福知栄子・中野敏子・田澤あけみほか訳,『児童虐待への挑戦』法律文化社.）
貞岡美伸, 2011,「代理懐胎で生まれた子どもの福祉」『Core Ethics』7:365-73. 立命館大学.
相模あゆみ・小林登・谷村雅子, 2003,「児童虐待による死亡の実態——平成12年度児童虐待全国実態調査より」『子どもの虐待とネグレクト』5:141-50.
才村純, 2012,「虐待死事例から見た我が国の虐待対応の課題」『子どもの虹情報

研修センター紀要』10：11-19.
才村眞里，2008,『生殖補助医療で生まれた子どもの出自を知る権利』福村出版.
斎藤真緒，2006,「今日における子どもをもつ意味変容――イギリスにおける Parenting Education の台頭」『立命館人間科学研究』11：125-35.
斎藤嘉孝，2008,「児童養護施設退所者へのアフターケアの実践――全国施設長調査の結果をめぐる考察」『西武文理大学研究紀要』13：49-54.
坂井律子・春日真人，2004『つくられる命――AID・卵子提供・クローン技術』日本放送出版協会.
櫻谷眞理子，2014,「児童養護施設退所者へのアフターケアに関する研究――社会的自立を支えるための施設職員の役割を中心に」『立命館産業社会論集』49(4)：139-49.
佐々木陽子，2007,「日本の家族における血縁原理の一考察――「縁切り訴訟」の事例を通じて」『福祉学部論集』鹿児島国際大学26(1)：15-30.
佐藤幸子・藤田愛・宇野日菜子，2014,「「児童養護施設職員が被虐待児との受容的な関わりを進展させるプロセス」モデルの検証」『小児保健研究』73(4)：563-69.
青少年福祉センター，1989,『強いられた「自立」』ミネルヴァ書房.
関沢明彦・左合治彦，2014,「無侵襲的出生前遺伝学的検査の現状と今後」『日本周産期・新生児医学会雑誌』50(4)：1202-7.
Sen, Amartya, 2006, *Identity and Violence; The Illusion of Destiny*, W. W. Norton & Company.（＝2011，大門毅監訳,『アイデンティティと暴力』勁草書房.）
千田有紀，2011,『日本型近代家族――どこから来てどこへ行くのか』勁草書房.
芹沢俊介，2003,『「新しい家族」のつくりかた』晶文社.
――――，2008,『もういちど親子になりたい』主婦の友社.
――――，2009,『家族という絆が断たれるとき』批評社.
瀬田川昌裕，2000,『家族物語の幻想――児童虐待とドメスティックバイオレンスの深層』白順社.
島村八重子・寺田和代，2004,『家族と住まない家――血縁から〈暮らし縁〉へ』春秋社.
清水昭俊，1989,「「血」の神秘――親子のきずなを考える」田辺繁治編『人類学的認識の冒険――イデオロギーとプラクティス』同文館，45-68.
清水浩昭・森謙二・岩上真珠ほか，2004,『家族革命』弘文堂.
『施設で育った子どもたちの語り』編集委員会，2012,『施設で育った子どもたちの語り』明石書店.

下夷美幸，2019，『日本の家族と戸籍――なぜ「夫婦と未婚の子」単位なのか』東京大学出版会.

下重暁子，2015，『家族という病』幻冬舎.

新・アジア家族法三国会議編，2017，『親子関係の決定――血縁と意思』日本加除出版.

白井絵里子，2013，「いま日本で若者が自立するということ――里親家庭を巣立つ若者に求められる支援について考える」『里親と子ども』明石書店，8：26-31.

白井千晶，2013，「不妊女性がもつ非血縁的親子に対する選好について――親族的選択原理を手がかりに」『社会学年誌』早稲田大学，54：69-85.

――――，2014，「妊娠葛藤・子の養育困難にある女性の養子に出す意思決定プロセスと公的福祉――特別養子縁組で子を託す女性の語りから」『和光大学現代人間学部紀要』7：55-75.

――――，2017，「昭和初期と現代における養育困難な妊娠と養子縁組――籍から愛へ」岩上真珠・池岡義孝・大久保孝治編『変容する社会と社会学――家族・ライフコース・地域社会』学文社，75-100.

首都大学東京，2015，「平成27年度学生生活実態調査」，首都大学東京学生サポートセンターホームページ，（2018年８月７日取得，http://www.gs.tmu.ac.jp/gakuseika/pdf/01_160609.pdf）.

総合研究開発機構・川井健共編，2005，『生命倫理法案――生殖医療・親子関係・クローンをめぐって』商事法務.

総務省，2010a，「平成22年国勢調査第48表　母子世帯及び父子世帯の親の年齢（５歳階級），親の配偶関係（２区分）別世帯数及び世帯人員―全国（昭和55年～平成22年）」総務省統計局.

――――，2010b，「児童虐待の防止等に関する意識等調査」総務省ホームページ，（2018年２月20日取得，http://www.soumu.go.jp/main_content/000094685.pdf）.

――――，2015「表Ⅲ－１　母子世帯，父子世帯に占める子供の数別割合及び最年少の子供の年齢別割合」『平成27年国勢調査――世帯構造等基本集計結果』（結果の概要）総務省統計局.

――――，2016，「2-12　家族類型別一般世帯数」『日本の統計』総務省統計局.

園井ゆり，2013，『里親制度の家族社会学――養育家族の可能性』ミネルヴァ書房.

Specter, Michael, 2016,「DNA 革命」『NATIONAL GEOGRAPHIC（日本版）』8：32-57.

Spector, Tim, 2012, *Identically Different; Why You Can Change Your Genes*, Weidenfeld & Nicolson Ltd.（＝2014，野中香方子訳，『双子の遺伝子――「エピジェネティクス」が2人の運命を分ける』ダイヤモンド社.）
杉本昌子・横山美江，2015，「父親の虐待的子育てに関連する要因の検討」『小児保健研究』74(6)：922-9.
杉山春，2016，『家族幻想――「ひきこもり」から問う』筑摩書房.
住田正樹，2014，『子ども社会学の現在――いじめ・問題行動・育児不安の構造』九州大学出版会.
ターン有加里ジェシカ・村田光二・唐沢かおり，2019，「血縁関係に対する潜在的態度と顕在的態度」『日本認知科学会第36回大会発表論文集』419-21.
橘木俊詔，2011，『無縁社会の正体――血縁・地縁・社縁はいかに崩壊したか』PHP 研究所.
高橋征仁，2013，「遺伝子共同体としての家族――マルクス主義フェミニズムからダーウィニアン・フェミニズムへの道」『社会分析』40：105-22.
竹原健二・須藤茉衣子，2012，「父親の産後うつ」『小児保健研究』71(3)：343-9.
武井優，2000，『他人が子どもを育てるとき――里親と暮らした50人の今』かもがわ出版.
田間泰子，2001，『母性愛という制度――子育てと中絶のポリティクス』勁草書房.
田中理絵，2009，『家族崩壊と子どものスティグマ［新装版］――家族崩壊後の子どもの社会化研究』九州大学出版会.
棚瀬一代，2010，『離婚で壊れる子どもたち――心理臨床家からの警告』光文社.
田沼靖一，1997，『遺伝子の夢――死の意味を問う生物学』日本放送出版協会.
戸田貞三，1982，『家族構成［新装版］』新泉社.
徳永雅子・大原美和子・萱間真美ほか，2000，「首都圏一般人口における児童虐待の調査」『厚生の指標』47(15)：3-10.
殿村琴子，2007，「生殖補助医療をめぐる不妊当事者の行動と意識――不妊当事者を対象としたアンケート調査より」『ライフデザインレポート2007．5-6』第一生命経済研究所，28-35.
富田富士也，2008，『「いい家族」を願うほど子どもがダメになる理由』ハート出版.
東京大学生命科学教科書編集委員会，2011，『文系のための生命科学第2版』羊土社.
東京女性財団，2000，『女性の視点からみた先端生殖技術』東京女性財団.
東京都，2011，「東京都における児童養護施設退所者へのアンケート調査報告書」，

東京都ホームページ，（2013年 1 月 7 日取得，http://www.metro.tokyo.jp/INET/CHOUSA/2011/08/DATA/60l8u200.pdf）.
遠矢和希，2013，「性的マイノリティの家族形成と生殖補助医療」日比野由利編，2013，『グローバル化時代における生殖技術と家族形成』日本評論社131-51.
戸谷修，1970，『家族の構造と機能』風媒社.
柘植あづみ，2003，「精子・卵子・胚提供による生殖補助技術と「家族」」『家族社会学研究』15(1)：48-54.
――――，2012，『生殖技術――不妊治療と再生医療は社会に何をもたらすか』みすず書房.
柘植あづみ・加藤秀一編，2007，『遺伝子技術の社会学』文化書房博文社.
柘植あづみ・菅野摂子・石黒眞里，2009，『妊娠――あなたの妊娠と出生前診断の経験をおしえてください』洛北出版.
辻由紀，2012，『家族主義福祉レジームの再編とジェンダー政治』ミネルヴァ書房.
津崎哲雄，2009，『この国の子どもたち　要保護児童社会的養護の日本的構築――大人の既得権益と子どもの福祉』日本加除出版.
津崎哲郎，2015，『里親家庭・ステップファミリー・施設で暮らす子どもの回復・自立へのアプローチ――中途養育の支援の基本と子どもの理解』明石書店.
Turner, Heather A., David Finkelhor and Richard Ormrod, 2006, “The effect of lifetime victimization on the mental health of children and adolescents” *Social Science & Medicine*, 62: 13-27.
内田節子・林浩康・福知恵子ほか，1995，「児童虐待に関する研究～国際比較～――その 1 児童虐待の定義と実態」『岡山県立大学短期大学部研究紀要』2：27-45.
植田康孝，2017，「人工知能の進化がもたらす「おそ松さん」の価値観と生き方――2030年「シンギュラリティ」以降の「脱労働化生活」」『江戸川大学紀要』27：1-34.
上野千鶴子編，2005，『脱アイデンティティ』勁草書房.
上野千鶴子，2008，「家族の臨界――ケアの分配公正をめぐって」『家族社会学研究』20(1)：28-37.
上野加代子・野村知二，2003，『〈児童虐待〉の構築――捕獲される家族』世界思想社.
上杉富之編，2005，『現代生殖医療――社会科学からのアプローチ』世界思想社.
海野信也，2017，「人工子宮ー人口胎盤 revisited」『医学のあゆみ』261(13)：

1235-9.

歌代幸子，2012，『精子提供――父親を知らない子どもたち』新潮社.

Wallerstein, Judith, S. and Sandra Blakeslee, 1989, *SECOND CHANCES; MEN, WOMAN & HILDEN A DECADE AFTER DIVOCE*, Ticknor & Fields, Inc., New York.（＝1997，高橋早苗訳，『セカンドチャンス――離婚後の人生』草思社.）

渡井さゆり，2010，『大丈夫．がんばっているんだから』徳間書店.

渡辺秀樹，2015，「家族の内の多様性と家族の外の多様性」『家族研究年報』40：25-37.

矢内原巧・山縣然太郎・田原隆三ほか，1999，「生殖補助医療に対する患者の意識に関する研究――全国調査の結果から」平成11年度厚生科学研究費助成金（子ども家庭総合研究事業）分担研究報告書.

山田勝美，2008，「児童養護施設における子どもの育ちと貧困――社会的不利におかれた子どもの「あてのなさ」」浅井春夫・松本伊智朗・湯沢直美編『子どもの貧困――子ども時代のしあわせ平等のために』明石書店，136-53.

山田昌弘，1988，「少子時代の子育て環境――子育ての動機づけの危機」『教育社会学研究』63：25-38.

――――，1994，『近代家族のゆくえ――家族と愛情のパラドックス』新曜社.

山室周平・姫岡勤編，1970，『現代家族の社会学――成果と課題』培風館.

山手茂，1972，『現代日本の家族問題』亜紀書房.

安田裕子，2006，「血のつながりのない家族関係を築くということ――非配偶者間人工授精を試み，その後，養子縁組で子どもをもった女性の語りから」『立命館人間科学研究』11：107-23.

――――，2012，『不妊治療者の人生選択――ライフストーリーを捉えるナラティヴ・アプローチ』新曜社.

――――，2013，「不妊治療の終結をめぐる当事者の語り――生殖補助医療の進展のなかで可視化される，子をもつ願望とその相克」日比野由利編，2013，『グローバル化時代における生殖技術と家族形成』日本評論社55-78.

安井眞奈美，2002，「村（ムラ）」小松和彦・関一敏編『新しい民俗学へ――野の学問のためのレッスン26』せりか書房，134-44.

横堀昌子，2016，「非血縁の「家族」の養育とその支援をめぐって」『総合文化研究所年報』青山学院短期大学，24：27-49.

横山登志子，2013，「虐待問題を抱える母子の生活支援における「多次元葛藤」――支援者の経験的側面からみた子ども虐待の状況特性」『社会福祉学』54(3)：16-28.

読売光と愛の事業団，2003，『夢追いかけて――児童養護施設からはばたく子どもたち』中央公論新社．

――――，2010，『夢をかなえる力――児童養護施設を巣立った子どもたちの進学と自立の物語』明石書店．

米本昌平・松原洋子・橳島次郎ほか，2000，『優生学と人間社会――生命科学の世紀はどこへ向かうのか』講談社．

吉田あけみ・山根真理・杉井潤子編，2005，『ネットワークとしての家族』ミネルヴァ書房．

吉田菜穂子，2015，「家族としての非血縁児養育――里親家庭の実際を通して」『社会分析』42：25-43．

吉村泰典，1999，『我が国における生殖補助医療の実態とその在り方に関する研究（分担；非配偶者間人工授精により挙児に至った男性不妊患者の意識調査)』厚生省科学研究費補助金（子ども家庭総合研究事業）（分担）研究報告書，慶応義塾大学．

吉原和男・鈴木正崇・末成道男，2000，『〈血縁〉の再構築――東アジアにおける父系出自と同姓結合』風響社．

善積京子編，1992，『非婚を生きたい――婚外子の差別を問う』青木書店．

要田洋江，1999，『障害者差別の社会学』岩波書店．

由井秀樹，2013，「不妊治療を経て特別養子縁組を選択した患者の経験――特別養子縁組成立までのプロセスに着目して」『保健医療社会学論集』23(2)：49-58．

――――，2015，『人工授精の近代』青弓社．

全国社会福祉協議会全国養護施設協議会，1990，『養護施設ハンドブック』全国社会福祉協議会．

《著者紹介》

久 保 原　大（くぼはら　まさる）

1967 年生まれ.

首都大学東京大学院博士後期課程修了，博士（社会学).

現在，東京都立大学非常勤講師 博士研究員.

児童養護施設でのボランティアを継続しながら，美容師として，そして研究者として活動している.

主要業績

「児童養護施設退所者の人的ネットワーク形成——児童養護施設退所者の追跡調査より」『社会学論考』（首都大学東京・東京都立大学社会学研究会）37: 1-28，2016 年.

血のつながりと家族のかたち
——わたしたちが血縁を意識するとき——

2021 年 11 月 30 日　初版第 1 刷発行

＊定価はカバーに表示してあります

著　者　久 保 原　大©
発行者　萩 原 淳 平
印刷者　田 中 雅 博

発行所　株式会社　晃 洋 書 房

〒615-0026　京都市右京区西院北矢掛町 7 番地
電話　075(312)0788 番㈹
振替口座　01040-6-32280

装幀　三森健太（JUNGLE）　印刷・製本　創栄図書印刷㈱

ISBN978-4-7710-3552-2